FERDINANDES MAGALANES LVSITANVS *anfr*
eiusque navis omnium prima atque novissima Solis cursum in

Agustín R. Rodríguez González

La primera vuelta al mundo

Crónicas de la Historia

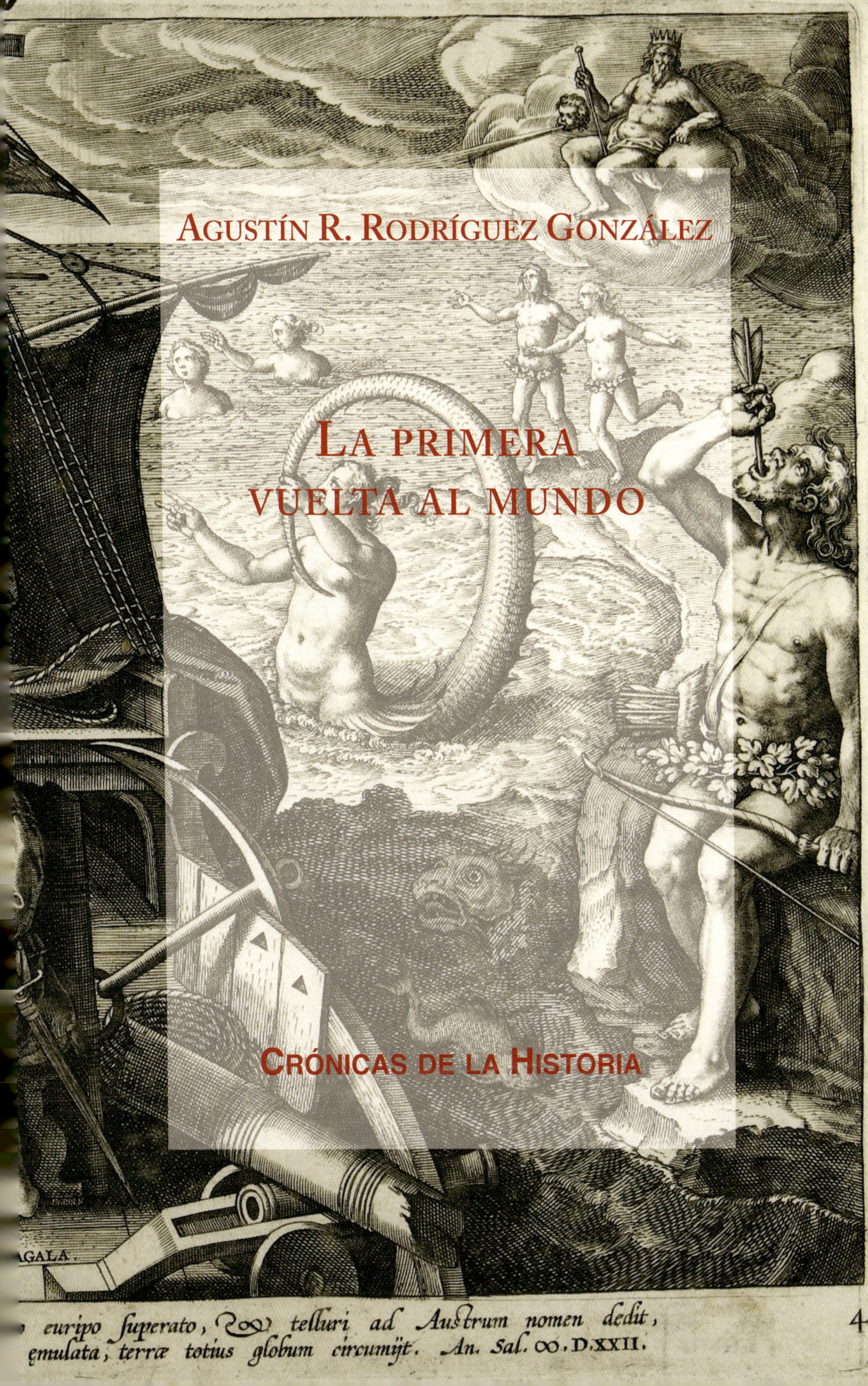

AGUSTÍN R. RODRÍGUEZ GONZÁLEZ

LA PRIMERA VUELTA AL MUNDO

edaf

www.edaf.net

MADRID - MÉXICO - BUENOS AIRES - SANTIAGO
2018

EDITORIAL EDAF, S. L. U.
Jorge Juan, 68. 28009 Madrid
Tel. (34) 91 435 82 60
http://www.edaf.net
edaf@edaf.net

ALGABA EDICIONES, S. A. DE C. V.
Calle 21, Poniente 3323, entre la 33 Sur y la 35 Sur
Colonia Belisario Domínguez
Puebla 72180. México
522222111387
jaime.breton@edaf.com.mx

EDAF DEL PLATA, S. A.
Chile, 2222
1227 Buenos Aires, Argentina
11 43 08 52 22
edaf4@speedy.com.ar

EDAF CHILE, S. A.
Coyancura, 2270 Oficina, 914
Providencia, Santiago de Chile
Chile
Tel (56) 2/335 75 11 - (56) 2/334 84 17
Fax (56) 2/ 231 13 97
comercialedafchile@edafchile.cl

1.ª edición: septiembre de 2018

ISBN: 978-84-414-3883-5
Depósito legal: M-23.040-2018

IMPRESO EN ESPAÑA PRINTED IN SPAIN

Graficas COFÁS. Pol. Ind. Prado Regordoño. Móstoles (Madrid)

Índice

APÉNDICES

El viaje hecho por los españoles en el espacio de tres años alrededor del mundo es una de las cosas más grandes y maravillosas que se han ejecutado en nuestro tiempo y aún de las empresas que sabemos de los antiguos, porque esta excede en gran manera a todas hasta las que ahora conocemos.

GIOVANNI BATTISTA RAMUSIO, 1555
Geógrafo y humanista veneciano (1485-1557)

En manos de portugueses y españoles estuvo la frontera del conocimiento, y fueron ellos los que enseñaron la navegación de alta mar a los demás.

ADAM SMITH, 1776
Economista británico (1723-1790)

INTRODUCCIÓN

Con gran frecuencia, los seres humanos atribuimos a una sola persona determinado logro o avance en cualquier aspecto, situándolo además en un momento cumbre en que tal hecho se produce, adquiriendo así caracteres que lindan en lo mágico.

Pero el estudio del pasado humano muestra, a nuestro entender, que las cosas no se han producido de esa manera, al menos en la generalidad de los casos. Aunque y efectivamente, presentarlas así tiene un gran impacto dramático, tanto por lo portentoso e inesperado de lo conseguido, como por la personalidad tan fuera de lo común que se supone al autor del prodigio.

Así, la Historia parece reducida a la sucesiva aparición de personajes extraordinarios, verdaderos héroes en todo el sentido de la palabra, que consiguen con sus enormes e insólitos poderes, grandes maravillas... o también grandes males, ante lo cual al resto de la humanidad solo le queda el papel de contemplar como espectadores pasivos con enorme dicha o gran espanto lo conseguido de forma tan excepcional por seres supuestamente sobrehumanos.

Sin embargo, cuando se estudian racionalmente los hechos humanos, tal visión, por popular, tradicional y extendida que sea, demuestra estar más cerca de una visión mitológica de la sociedad humana y de su comportamiento, que de la realidad. Y en más de un sentido no parece que hayamos progresado mucho desde los mitos de Prometeo, el que puso en conocimiento de los humanos el fuego, o el de Pandora, a la que se hace responsable de los males que aquejan a la humanidad.

Y no deja de ser curioso el que personas que manifiestan su total desapego a las ideas religiosas, y no digamos ya a las míticas, simplemente hayan substituido a unos demiurgos o salvadores simplemente por otros, atribuyéndoles virtudes, capacidades, sabiduría e intenciones que estuvieron muy lejos de poseer.

Lo cierto es que si la especie humana ha progresado, ha sido por el hecho constante de la trasmisión de conocimientos y experiencias de una generación a la siguiente, y gracias a ese tesoro acumulado por nuestros mayores, un niño puede recorrer en pocos años el camino que a la humanidad le ha costado al menos milenios de esfuerzos, errores y aciertos.

Es cierto que hay personas que consiguen dar un gran paso hacia delante con su trabajo y que hay otras en que su paso es pequeño o inexistente, pero lo decisivo es que la sociedad en su conjunto ha hecho posible todo lo anterior, empezando por propiciar ese gran o más modesto paso o simplemente por transmitir los avances anteriores. Y, por supuesto, para que a ese paso sigan otro y otro. Y eso, que parece banal, es lo realmente decisivo, pues solo así se sigue en movimiento y se llega a alguna parte.

Por no hablar de que, en muchas más ocasiones de las que se suele recordar, incluso el protagonista de ese gran paso tan importante, muere sin ser plenamente consciente de lo conseguido, y su aportación debe de ser desarrollada y aplicada por otras personas.

Y es que, lejos de la visión más popular y extendida, los autores de esos avances no eran personas excepcionales más que en algunos aspectos, y no dejaban de tener serias carencias, cometer errores y dejar que desear en algunas otras cuestiones. En resumen: no eran semidioses ni héroes mitológicos, como pretenden los autores o divulgadores de auténticas hagiografías, que nos presentan personalidades perfectas, sino nada más y nada menos que seres humanos dotados especialmente para tal o cual tarea, pero con sus fortalezas y debilidades, y estas a veces muy serias.

Por ello, y de forma mucho más usual de lo que se pretende, los logros de la humanidad son logros justamente de la humanidad, en los que solo accidentalmente el protagonismo ha correspondido a un determinado ser humano.

Podríamos poner muchos ejemplos de como esto es justamente lo que ha sucedido a lo largo de la Historia, pero creemos que estas mismas páginas son un buen ejemplo de ello: para dar la vuelta al mundo fue necesario que a lo largo de siglos, con avances y retrocesos, sabios viviendo en épocas y culturas muy distintas convinieran en que el mundo era más o menos esférico, que era limitado, que la mayor parte de su superficie, aparte la masa continental de Eurasia y África, era líquida y se podía navegar por ella, que se podía navegar con otras referencias que las del relieve terrestre, por medio de instrumentos, de la observación de los astros, etc. Y aún fue necesario que se inventaran y perfeccionaran buques que pudieran navegar por esas aguas, que se desarrollase la cartografía para comunicar a otros cómo llegar y cómo eran los lugares descubiertos, etc, etc.

Y hubo que vencer los supersticiosos temores a «mares tenebrosos», «islas de los muertos» y monstruos terroríficos o amenazas de toda índole, por supuesto, y a la cerrazón de los que creían que todo aquello era alterar el orden natural de las cosas, o que era una empresa tan irracional como irrelevante.

El lector comprobará en estas páginas que la hazaña de dar la vuelta al mundo empezó mucho antes que Magallanes, al menos desde Colón, y que solo se concluyó con el tornaviaje de Urdaneta, más de setenta años después. Y en cuanto a la tarea de explotar plenamente dicho descubrimiento, aún sigue vigente en nuestros días, con las sucesivas mejoras en medios de transporte y de comunicación.

Ninguna de estas reflexiones quiere menoscabar o quitar mérito alguno a los seres humanos que lo lograron, de ningún modo. Al contrario: mostrar que pese a serlo, con carencias y debilidades en muchos órdenes, fueron capaces de planearlo y llevarlo a cabo, pese a la inmensidad de la tarea, lo mezquino de los medios y conocimientos que tenían, y pese a los obstáculos de todo orden que les opusieron otros seres humanos.

Y en ello radica su propia grandeza, que lo consiguieron pese a todas esas dificultades y pese a sus propias flaquezas. Ahí justamente está su gran mérito: que eran esencialmente humanos, y que no tenían características especiales que los situaran por encima de la generalidad de los seres humanos. Mejor y más saludable para todos nos parece recordar esto, con la meta de animar a cualquiera a imitarlos en su pequeña o gran esfera, en un sentido u otro, que convertirlos en ídolos inalcanzables y sobrehumanos.

Siendo tan distintos como fueron entre sí, una característica sin embargo les hermana: su enorme voluntad, el tesón y la tenacidad con que afrontaron su empresa.

No pretendemos ser originales en esto: hace ya más de cien años, que algo muy parecido decía y escribía nada menos que don Santiago Ramón y Cajal, si bien seguramente mejor escrito y expuesto que nosotros, cuando en medio del fervor popular por nuestro primer Nobel en Ciencia (el autor más citado en la literatura científica desde entonces, junto con Albert Einstein) rechazaba el calificativo de «genio» con el que era universalmente ensalzado.

Y no era solo modestia por su parte: era la simple, aunque valiente y sincera constatación de un hecho comprobado y repetido. En contra de los ilusos que siguen creyendo en la suerte, la magia y otros espejismos. O en verdaderos mutantes con superpoderes.

I. En la estela de Colón

Aún hoy, cuando hace pocos años se conmemoraba el medio milenio de la muerte del gran navegante, persisten las dudas y las polémicas entre los investigadores sobre su vida y su obra, y es muy dudoso que los grandes interrogantes que persisten puedan ser solucionados en breve plazo, salvo sorprendentes e improbables descubrimientos documentales.

Tal vez el análisis genético de los restos, reales o no, del gran descubridor y de sus descendientes puedan aclarar algo sobre su procedencia, a la que se han dado respuestas tan distintas como de gallego a balear, corsario francés, judío sefardí y otras menos creíbles, inclinándose en general la opinión por la más seria procedencia genovesa, aunque no deja de llamar poderosamente la atención cómo el gran marino corrió un espeso velo sobre sus orígenes y procedencia, cuestión que por sí misma ha provocado miles de páginas.

Pero lo verdaderamente importante de una persona, y más de alguien como Colón, al que parecían traer sin cuidado tales cuestiones, no es el lugar donde nació, por más que haya numerosos y patrioteros empeños de cada cual en arrimar el ascua a su particular sardina; sino su obra, indudablemente trascendental para la Humanidad.

Y a este respecto, no solo se reproduce el problema de las opiniones opuestas, sino que se han difundido popularmente afirmaciones que tienen poco que ver con la realidad o se contempla la empresa del Descubrimiento desde unos presupuestos bastante endebles, por no decir erróneos.

La esfericidad de la Tierra

Uno de dichos mitos insiste en la genialidad de Colón al suponer al planeta esférico, con lo cual tenía pleno sentido su proyecto de llegar a Extremo Oriente (los míticos Cipango y Catay descritos por Marco Polo), navegando siempre hacia el Oeste.

Pero a esas alturas nadie con una mediana formación científica dudaba de aquello. Lo que hacía que lo vieran como a un visionario poco informado, es que Colón, basándose en los erróneos cálculos de Toscanelli, consideraba justamente que la Tierra no era esférica, pues dando menos longitud de la debida al grado terrestre, literalmente «se comía» todo el Pacífico e infería que a la altura más o menos de las actuales costas americanas, se hallaba el continente asiático.

Nadie dudaba de que, navegando siempre hacia la puesta del Sol, se llegara a Extremo Oriente, pero el viaje se suponía tremendamente largo (entonces no se tenía la menor noticia de la existencia de un continente interpuesto), previsiblemente peligroso, muy caro, y probablemente estéril, dadas las enormes distancias. Tal vez hubiera en el camino algunas islas, como las leyendas aseguraban, pero seguramente aquello no merecía la pena.

El misterioso precedente

Lo curioso del caso es que Colón, pese a saber desacreditada la tesis de Toscanelli, insistía en ella rotundamente. Parecía como si supiera que a unas tres mil millas náuticas de las costas occidentales europeas, hubiera tierras, que ante la falta absoluta de conocimiento de algo como América, solo podían ser las míticas Cipango y Catay. Tal vez, después de todo, el criticado Toscanelli tenía razón en las dimensiones terrestres.

¿Pero de dónde había sacado Colón esa certeza?

La cuestión se complica si observamos que Colón, al parecer por mera intuición, escogió precisamente la mejor ruta posible para llegar a América: no hizo directamente rumbo Oeste al salir de Palos, sino que, sorprendentemente, bajó hasta Canarias y allí enderezó el rumbo hacia Occidente. Incluso cambió el aparejo latino de la *Niña* por uno redondo, previendo que iba a tener vientos favorables toda la travesía.

Cristóbal Colón. AMERICAE RETECTIO Joannes Stradan. inven. ; Adrianus Collaert sculp.
Autor Collaert, Adriaen (ca. 1560-1618)Straet, Jan van der (1523-1605)Galle, Philippe (1537-1612)

Hoy sabemos que, efectivamente y desde tales latitudes, está la mejor derrota para un velero que quiera cruzar el Atlántico, pues los constantes vientos alisios los empujan en la dirección más favorable, ayudados además por la Corriente del Golfo. Incluso un barco a la deriva y perdido terminaría por llegar a América.

Pero, y lo verdaderamente decisivo, como han señalado muchos autores, fue no que Colón llegara a América, sino que fuera capaz de volver y anunciar su sensacional descubrimiento. Seguramente, algunos otros buques desde la Antigüedad, sorprendidos por una tempestad en torno a las Canarias, pudieron llegar a América, lo que explicaría muchas leyendas y mitos, desde el de Quetzalcoatl en México hasta el de Viracocha en Perú.

El problema era, efectivamente, la vuelta, y para ello, de nuevo la supuesta intuición de Colón resultó decisiva: remontar en latitud hacia el Norte y aprovechar los vientos predominantes del NE a SE para volver a Europa.

Abraham Cresques, *Atlas de cartes marines* , dit [Atlas catalán], 1375.
catalogue.bnf.fr. archivesetmanuscrits.bnf.fr/ark:/12148/cc34905r

Todos estos destellos de intuición han parecido excesivos a muchos investigadores, y máxime si tenemos en cuenta que el Océano es muy grande: ¿Por qué la tierra estaba según él precisamente a unas tres mil millas náuticas y no a dos mil o a seis mil?

Carte marine de l'océan Atlantique Nord-Est, de la mer Baltique, de la mer Méditerranée et de la mer Noire, accompagnée d'une mappemonde circulaire: mapa de Europa, África y el Atlántico atribuido a Colón. bnf.fr/ark:/12148/cb40670294p

Lo más revelador del caso es que, en varios documentos, Colón afirma «reconocer» tal o cual isla por alguna característica especial.

Corresponde a don Juan Manzano y Manzano el mérito de haber documentado la muy seria hipótesis de que Colón actuaba sobre seguro, al haber conocido y casi con toda seguridad heredado los papeles de un navegante anterior, que realizó la travesía por accidente, y que, agotado y cercano a la muerte, le confió su gran hallazgo, al llegar moribundo a Porto Santo, donde por entonces residía Colón. Se trataba de un tal Alonso Sánchez de Huelva, que con su barco se dedicaba al comercio entre el puerto andaluz, los de Canarias y Madeira e incluso remontaba más al norte, hasta los ingleses. Al parecer, sorprendido por una tempestad, con el buque en mal estado y pocos marineros, derivó hacia el Oeste, llegando tras muchas penalidades a una isla que normalmente se identifica con Santo Domingo, siendo bien tratado por los indígenas, que ya tenían memoria de casos semejantes, y que consiguió volver a aguas europeas tras muchas penalidades.

Es más, parece que fue justamente la presentación de sus papeles, hasta entonces celosamente preservados y ocultos por Colón, lo que proporcionó la primera prueba tangible de que la empresa no era una quimera, y fue lo que decidió a los Reyes Católicos a patrocinarla, aunque estuvieran muy lejos de suponer la existencia de un nuevo continente.

Y la noticia la recogen desde Bartolomé de las Casas hasta Garcilaso el Inca en sus *Comentarios Reales*, aunque ambos dicen que sus únicas fuentes son orales. Indudablemente el asunto permaneció en el más absoluto secreto.

Sobre el nombre del supuesto navegante se han hecho muchas conjeturas, pero no parece haber dudas de que era español o tal vez portugués. Pese al mito del «tenebroso Océano», lo cierto es que unos y otros ya se habían adentrado en él, y descubierto y conquistado las Azores, Madeira y Canarias, y hasta disputado por ellas. Pero muchas millas al Oeste de estos archipiélagos no hay tierra alguna, lo que había disuadido otras exploraciones, aunque seguramente en una de ellas tuvo lugar ese viaje preliminar que tanta seguridad inspiró a Colón.

Suponer que solo el genio de Colón y las lecturas que hizo en su afán autodidacta, le aclararon la ruta que debía de seguir, tanto a la ida como a la

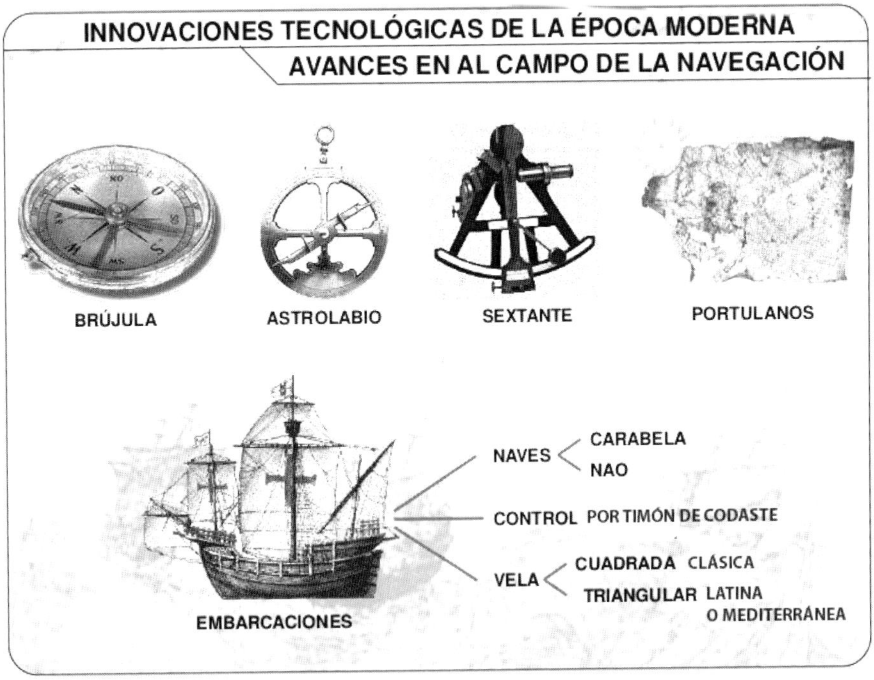

Innovaciones tecnológicas de la época.

vuelta, es muy arriesgado. En primer lugar, porque no tenemos pruebas de que tuviera una excepcional pericia marinera, ni siquiera esa «intuición» que se atribuye a los grandes navegantes, que tampoco es que se demostrara precisamente en sus cuatro expediciones sucesivas bajo el patrocinio de los Reyes Católicos.

Y en segundo, porque esas lecturas nada o muy poco le aclaraban sobre esta cuestión (aunque sí sobre el planeta, la astronomía y otros desafíos de la ciencia por entonces), salvo por la repetición de leyendas, mitos o noticias más que dudosas.

Se afirma, por ejemplo, que escogió Canarias como punto de recalada por ser la posesión española situada más al Oeste de la Península Ibérica. Pero el asentamiento español en las Canarias era reciente y por tanto incompleto, y no podía ser considerado mejor base de aprovisionamiento y reparaciones o aprestos de última hora que los puertos andaluces.

Por otro lado, y de haber hecho directamente rumbo Oeste desde Palos, se hubiera ahorrado una distancia considerable en una travesía que justamente se preveía muy larga, y por ello problemática y peligrosa. Arriesgarse a semejante rodeo sabiendo que era justamente un atajo, dice mucho acerca de unas muy probables informaciones precisas de las que dispuso Colón.

La brújula, las desviaciones magnéticas y la esfericidad de la Tierra

Resulta curioso y se presta a más de una reflexión, que uno de los principales instrumentos náuticos de que dispuso Colón para su navegación había sido inventado precisamente en China, el lugar a donde quería llegar por un nuevo camino.

Es sabido que un pequeño objeto de hierro imantado, si tiene completa libertad de movimiento, se coloca en la dirección Norte-Sur, siguiendo las líneas del campo magnético terrestre. El fenómeno fue observado por los antiguos chinos, que derivaron de él un mecanismo para lograr la orientación.

Curiosamente lo aplicaron en tierra, dada la extensión de su Imperio, y, sobre todo, las enormes llanuras semidesérticas del Norte, faltas de toda referencia. Típico de su idiosincrasia fue montar el artilugio en «carrozas magnéticas», con una figurita humana que señalaba con el brazo la dirección Sur, es decir, la vuelta segura a casa, no el frío y peligroso Norte siberiano.

El hallazgo pasó a la India, y de aquí al Islam, llegando finalmente a Europa, que sacó del invento mucho más provecho que sus creadores y propagadores, como igualmente sucedió con otros inventos chinos como la pólvora, la tinta, el papel o la imprenta de planchas.

Parece que llegó a Italia hacia el siglo XIII, y entonces era una pequeña cajita de madera (de ahí *bussola*, origen de la palabra española), cubierta con un cristal, donde flotaba sobre agua una maderita o caña, sobre la cual iba la aguja imantada. Poco después se mejoró el sistema montando la aguja sobre una pequeña punta o estilo, que le permitía girar en todas direcciones, e incorporándole la famosa «Rosa de los vientos», con las 32 direcciones o rumbos posibles en la circunferencia, mejores que las zodiacales chinas originales de solo 12 o 24.

Aparentemente no debían ser los europeos, con sus pequeñas y confinadas tierras y mares los que más provecho podrían sacar del nuevo instrumento. Pero la increíble energía y dinamismo de aquella pequeña parte del mundo se sirvió de este y otros inventos paralelos para la navegación, desde instrumentos para hallar la situación del buque, hasta el buque mismo, que le llevaron a su expansión por todos los mares y a la conquista del globo terráqueo.

Por supuesto que algo tan imprescindible para las largas navegaciones oceánicas como la brújula, fue sometido a continuas mejoras, buscando siempre aumentar su «Sensibilidad» a los más pequeños cambios de rumbo del buque, y su «Estabilidad», es decir, que no se viera influida por los movimientos del buque en navegación, como balances, cabezadas, pantocazos y otros.

Así se llegó a la «Bitácora», armario cilíndrico o prismático de madera y/o latón (metal no magnético), en que va protegida la brújula y, en lo posible, libre de toda interferencia exterior no magnética, y de los agentes corrosivos del mar. En ella se solía guardar el cuaderno o libro «de bitácora», donde se anotaban diariamente todas las incidencias de la navegación.

Indudablemente, el Descubrimiento de América no hubiera sido posible, o se hubiera dificultado mucho sin el nuevo instrumento, pero ya Colón notó en su primer viaje los problemas que planteaba su utilización, y que hasta entonces habían pasado poco menos que inadvertidos.

Al realizar la travesía marítima documentada más larga hasta la fecha, el navegante observó que la aguja se desviaba un tanto, pues el campo magnético terrestre no coincide exactamente con las coordenadas geográficas. Hoy sabemos que los Polos magnéticos no coinciden con los geográficos, ni el Ecuador, pero entonces pareció un serio inconveniente, pues en las grandes distancias oceánicas, una desviación original de pocos grados, puede llevar a un punto muy lejano del pretendido.

Correspondió a un español, don Alonso de Santa Cruz, cartógrafo de la Casa de Contratación, la inmensa gloria y acierto de realizar el primer mapa terrestre con las desviaciones magnéticas, realizado a base de continuas y detalladas observaciones, y gracias al cual los capitanes y pilotos podían enmendar su rumbo según el punto en que se hallaran, pues el campo magnético terrestre dista mucho de ser homogéneo, e incluso presenta singularidades de mucha entidad, debido, por ejemplo, a la existencia de grandes yacimientos de material ferromagnético y a otras causas aún no bien conocidas, pues desconocemos todavía con precisión el origen del fenómeno, aunque abunden las hipótesis más o menos fundadas.

Pero toda la historia muestra que la gran experiencia como navegante de Colón, que adujo haber navegado previamente desde Islandia (la llamada «última Thule») a Guinea fue notablemente exagerada por lo menos, y que ya era sospechosa por lo vago e impreciso de las noticias que da de esas navegaciones. Las razones esgrimidas han sido normalmente que Colón navegó entonces como pirata o en expediciones dudosamente legales, por decir poco.

Sin embargo, llama poderosamente la atención el hecho de que Colón se asombrase de tales desviaciones de la brújula solo en su viaje descubridor, cuando para él deberían ser algo normal en sus supuestas grandes navegaciones

Claustro del monasterio de La Rábida en donde Colón afinó su proyecto.

previas, casi desde el Círculo Polar al Ecuador, como si en esas aguas no se dieran igualmente esas anomalías en la brújula.

Y que achacase dichas desviaciones a que precisamente la Tierra no era esférica, sino que debía tener forma de pera, o tener grandes abultamientos, dice mucho acerca de sus autoatribuidos grandes conocimientos en la materia.

Las naves, los marinos castellanos y la Rábida

Justamente la cuestión de la vuelta o «tornaviaje» de América nos pone de relieve uno de los hechos decisivos: los adelantos técnicos no solo en astronomía, cartografía y navegación que hicieron posible el Descubrimiento, sino los referidos a los propios buques.

Durante milenios, los buques de vela (los de remos eran impensables en una travesía tan larga por razones logísticas) habían dependido de vientos favorables para realizar sus viajes, y poco o nada podían hacer si no les llegaban más o menos de popa. Por ello, las travesías dependían del conocimiento exacto de la dirección, intensidad y duración de cada viento favorable para cada destino concreto. Con tales barcos era literalmente suicida intentar descubrir nuevas tierras, a no ser que se fuera costeando y anclando cuando los vientos y corrientes no eran favorables.

Pero ahora adelantos tales como el timón de codaste y la nueva disposición del aparejo permitían a un velero dar bordadas, es decir, aprovechar cualquier viento (salvo el directamente de proa) para navegar ganando «terreno» contra el viento, literalmente «haciendo eses», hasta llegar al punto deseado. Y las carabelas y naos del siglo XV eran de los primeros buques europeos en conseguirlo, por eso pudieron volver Colón y los Pinzones.

Otra cuestión es la referente a los marinos castellanos que llevaron sobre sí el peso de la navegación. Parece como si fueran unos recién llegados a tales artes, cuando lo cierto es que los marinos castellanos: vascos, cántabros, gallegos y andaluces especialmente, hacía ya siglos que navegaban desde el mar del Norte hasta Canarias, descubriendo nuevas tierras, comerciando, pescando y luchando. La Marina de Castilla había sido decisiva en el éxito francés en su lucha contra Inglaterra en la Guerra de los Cien años, y tanto Sánchez de Tovar como Pero Niño, habían asolado las costas inglesas, el último casi noventa años antes del Descubrimiento. Y buques españoles, con lana y vino entre otros productos,

Fray Juan Pérez y fray Antonio Marchena, los dos valedores científicos de Colón.

eran habituales en los puertos del Canal de la Mancha, del Mar del Norte y hasta del Báltico desde hacía mucho, trayendo de allí desde trigo y pino rojo para mástiles hasta ámbar. Evidentemente, no eran unos aprendices.

Por último, el famoso refugio y amparo de Colón en la Rábida no se ha valorado debidamente. Parece como si los pobres, buenos y perfectamente ignorantes frailucos quedaran embelesados por la genialidad del gran navegante, y solo por sus contactos personales con la reina Isabel, por haber sido alguno su confesor, lograran ser los mejores abogados de algo que no entendían en absoluto.

La realidad es bien distinta: el modesto monasterio albergaba una enorme masa intelectual: de él dependía la evangelización de las Canarias recién colonizadas, y aquellos hombres eran de los mejor dispuestos entonces para entender y valorar las dificultades y promesas de un nuevo mundo. Es más, entre los confidentes de Colón figuraron dos padres de gran preparación, uno insigne astrónomo y otro «contador», es decir, y para los moldes actuales, economista. Así se continuaba la tradición medieval de religiosos sabios y científicos en todos los órdenes, que tanto protagonismo tuvo en la colonización y conocimiento del Nuevo Mundo. Pese a su devoción religiosa y su simpatía por los franciscanos, la muy racional y gran estadista que era Isabel I de Castilla, no se hubiera dejado influir en sus decisiones por el consejo de unos simples aunque entusiastas legos. Y Colón, por su parte, sabía perfectamente a quién se dirigía.

Un gran descubrimiento y una frustración

Como es de sobra conocido, las tres naves de Colón avistaron un 12 de octubre de 1492 la primera isla, seguida de muchas otras, lo que parecía augurar un éxito completo en la expedición.

Pero aquellas nuevas tierras, por mucho que las ponderase Colón en sus informes a los Reyes Católicos para enaltecer lo conseguido, no parecían tener nada que ver con el sofisticado y riquísimo imperio que había conocido y descrito Marco Polo, ni en sus habitantes, ni en su grado de desarrollo, ni en sus riquezas, entre otras las tan codiciadas especias.

Colón se obstinó en creer y hacer creer a los demás, en sus siguientes tres viajes, donde no solo descubrió nuevas y más grandes islas, sino que incluso llegó a tocar en el continente americano, que aquellas eran las últimas y relativamente marginales posesiones del gran emperador de Oriente, y que navegando entre aquel archipiélago, poco más al Oeste, se llegaría por fin a los ansiados Cipango y Katay. Aún se discute si Colón llegó al final de su vida a comprender que estaba, literalmente, ante un «Nuevo Mundo» y no en la periferia de Oriente, pese a todas las evidencias, como la del mismo mapa de Juan de la Cosa, de 1500, donde no solo se cartografía el Caribe, sino que se esbozan las costas americanas, las de América del Norte y las de América del Sur, ya hasta el extremo de Brasil.

Incluso Juan de la Cosa tuvo el gesto de ocultar el camino que parecía más seguro, el de un posible estrecho en Centro América, bajo una imagen de San Cristóbal, como para no contradecir al almirante, pero señalando la ruta evidente.

Por entonces las exploraciones, ya no solo de Colón, se multiplicaron, buscando ese paso y reconociendo todas esas costas, pero solo un 25 de septiembre de 1513, Vasco Núñez de Balboa resolvió la cuestión al descubrir el «Mar del Sur», primer nombre dado al Pacífico, avistado por primera vez desde una cumbre montañosa en Panamá, y del que tomó solemnemente posesión en nombre del rey de Castilla: por fin estaba claro que América era un nuevo

Mapa de Juan de la Cosa. Museo Naval de Madrid.

continente y que un nuevo océano la separaba del mítico Oriente. Y que si se querían alcanzar aquellas lejanas y deseadas tierras había que buscar otro camino, pues ya era evidente que la masa continental americana impedía la navegación directa, la que había propuesto Colón.

Pero de ello hablaremos en los siguientes capítulos, porque del sensacional descubrimiento se derivó una grave crisis diplomática con el país vecino y hermano: Portugal.

La rivalidad con Portugal

Que Colón no era tan gran navegante como pretendía se demostró palmariamente en el retorno de su primer y trascendental viaje. Perdida la *Santa María* en América (con cuyos restos se construyó el primer asentamiento español en el Nuevo Mundo: el fuerte de «Navidad») regresó a bordo de la *Niña*, mientras Martín Alonso Pinzón lo hacía en la *Pinta*.

Las dos embarcaciones se toparon con un fuerte temporal, que las separó por completo, pero mientras Pinzón supo encontrar el camino de vuelta a España, llegando a Bayona de Galicia, Colón tuvo un accidentado regreso lleno de complicaciones.

El 18 de febrero de 1493 la *Niña* entraba en el puerto de Santa María en las portuguesas Azores, siendo acogida con mucho recelo por las autoridades, que consideraban aquella presencia como indeseable, pues se reservaban aquellas aguas, más que porque supieran algo del trascendental descubrimiento. Diez hombres que bajaron a tierra para agradecer en una iglesia a la Virgen su retorno, fueron detenidos, y a Colón le costó lo suyo el que los liberaran y dejaran continuar su navegación. Todo el conveniente secreto de lo descubierto se vio en serio peligro.

Pero Colón supo aún superarse a sí mismo, pues en medio del temporal, su siguiente escala fue nada menos que Lisboa. Y es de suponer como cayó la noticia en la corte de Juan II de Portugal, que previamente había rechazado el proyecto del navegante. Inmediatamente fue detenido e interrogado, mientras en España cundía la alarma ante la posibilidad de que el navegante hubiera hecho traición y pasado al rival. Finalmente, y tras distintas peripecias y movimientos diplomáticos, fue liberado y pudo continuar su viaje y volver a España. Todo el oscuro y aún no bien conocido suceso sembró un serio problema diplomático entre los dos estados, cuyas relaciones distaban de ser cordiales. ¿Pretendió realmente Colón vender su secreto a los portugueses pero Juan II estimó más razonable buscar una salida diplomática? Tal vez, como en tantos episodios oscuros referidos al navegante, nunca sabremos con certeza la verdad.

Recordemos que no hacía muchos años que Portugal y Castilla se habían enfrentado en una guerra por la sucesión de Enrique IV de Trastamara, quien dejó como heredera a su hija, Juana la Beltraneja casada con Alfonso de Portugal, contra Isabel I, hermana del difunto rey, que acabó con la victoria de la segunda, ratificada en el Tratado de Alcaçovas de 1479, en que quedaron resueltos los problemas que enfrentaban a los dos reinos, persistiendo sin embargo las tensiones y recelos mutuos, como luego veremos.

En dicho tratado ambas partes renunciaban a cualquier derecho sobre la otra corona, y se adjudicaban a Portugal sus posesiones atlánticas y africanas: Azores, Madeira, Flores y Cabo Verde, así como Guinea y sus pretensiones sobre el reino de Fez (Marruecos), mientras que España retenía las Canarias, objeto de una larga disputa territorial y comercial entre los dos reinos. Todo ello aparte de otras cuestiones dinásticas, en las que no entraremos.

Es bien sabido que Portugal, que acabó antes su propia Reconquista que Castilla, optó por la expansión marítima desde el reinado de Juan I (1383-1433) de la mano especialmente de su hijo, Don Enrique el Navegante, que fundó en Sagres un centro para instruir, coordinar y almacenar todos los conocimientos necesarios para esa expansión, con el triple propósito de continuar la Reconquista al otro lado del Estrecho de Gibraltar (Ceuta, 1415) conseguir esclavos, marfil y oro en las costas africanas, y, señaladamente, llegar al fastuoso Extremo Oriente descrito por Marco Polo contorneando el continente africano. Pero la dificultad de la tarea y su propia inmensidad para las fuerzas del pequeño reino, hicieron que solo en 1487 Bartolomé Díaz llegara al extremo sur de África, descubriendo del Cabo de las Tormentas o de Buena Esperanza, y que once años después Vasco da Gama alcanzara la India, seis después del decisivo primer viaje de Colón.

Así que fue mortificante para los portugueses el ver cómo los castellanos habían tomado la iniciativa en la empresa de forma sorprendente, y más por el hecho de que Colón se había dirigido en primer lugar a Lisboa para que apoyara su proyecto, y solo después de ser rechazado se dirigió a España. Porque entendieron que el tratado de Alcaçovas les daba la propiedad de cualquier descubrimiento en el Atlántico, y desde luego, aseguraba su monopolio en este océano a partir del Ecuador.

El Tratado de Tordesillas

Así Juan II de Portugal, aduciendo ese tratado, reclamó para sí las tierras descubiertas por Colón e incluso planeó una expedición para tomar posesión de ellas, señalando que estaban al sur de las Canarias y que, por tanto, le pertenecían. Pero los Reyes Católicos consiguieron del entonces Papa, Alejandro VI (Rodrigo Borgia), con el que tenían gran relación y anteriores favores mutuos, la emisión de las llamadas «Bulas Alejandrinas», las dos *Inter Caetera*, la *Eximiae Devotionis* y la *Duden Siquidem* entre mayo y septiembre de 1493, estableciendo que las nuevas tierras pertenecían a España y fijando un límite entre las posesiones españolas y portuguesas en el meridiano que pasa a 100 leguas al oeste de las Azores y Cabo Verde, por lo que todo lo descubierto al Este de dicho meridiano sería posesión portuguesa y castellana las tierras situadas al Oeste.

La cuestión se complicó aún más por cuestiones técnicas, en cuanto que la legua era una medida bastante imprecisa en la época, variando según

La rosa de los vientos de Sagres.

reinos y hasta territorios distintos, entre 4 y 7 kilómetros actuales, aunque la marina estaba en torno a los 5'5.

Peor aún era que en la época el medir distancias en la mar era un asunto aún no resuelto satisfactoriamente. En Latitud, distancia de un punto al Polo (Norte o Sur) era algo bastante factible, mediante observación astronómica, especialmente del Sol. Pero en Longitud, las cosas resultaban mucho más problemáticas, pues se difería sobre el tamaño de la Tierra y sobre cuantas leguas correspondían a un grado de su circunferencia. También que el sistema para medir la velocidad de un buque y, por tanto, la distancia recorrida, era bastante primitivo, al basarse en la corredera: se echaba un flotador al agua, sujeto con una cuerda en la que se intercalaban nudos cada cierta distancia, y se suponía que aquello quedaba fijo en la superficie del mar y se iba dando cuerda. El tiempo se calculaba con una «ampolleta», en esencia un reloj de agua, y transcurrido

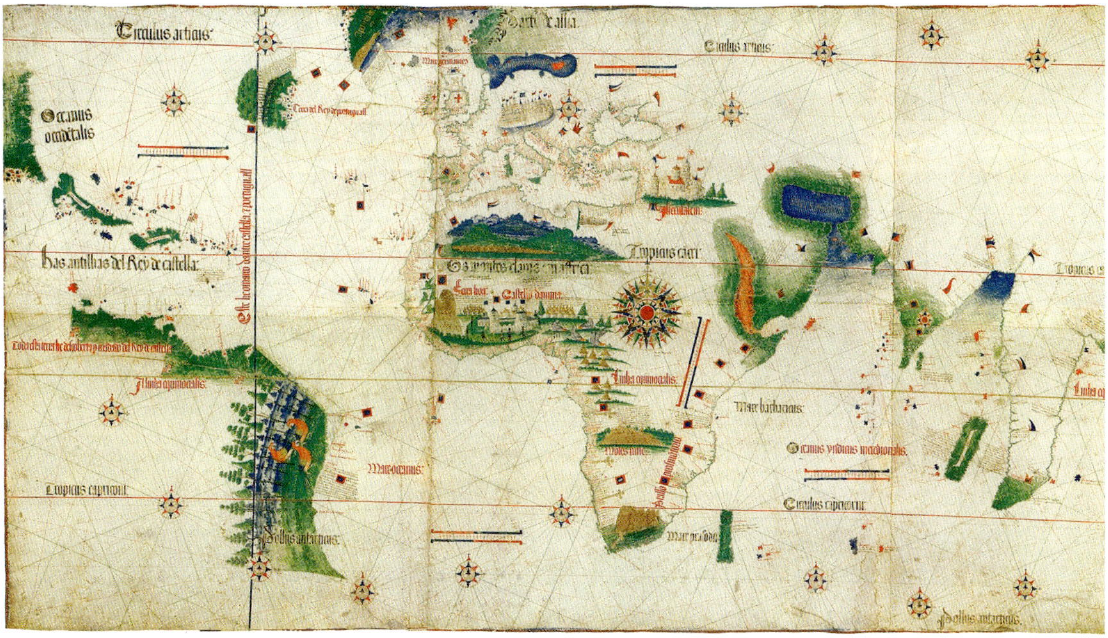

Planisferio de Cantino de 1502. Tratado de Tordesillas.

el fijado, se contaban los nudos que habían desfilado, de ahí que incluso hoy se mida por tradición la velocidad de un buque en «nudos». Pero el sistema era sumamente impreciso, y lo siguió siendo al menos hasta que en el siglo XVIII se introdujeron los primeros cronómetros, o relojes mecánicos marítimos. Hasta entonces, en navegaciones mucho menos largas y cerca de las referencias de la costa, el problema no había sido mayor, pero ahora, en grandes navegaciones oceánicas, lejos de cualquier referencia, los pequeños errores diarios se iban acumulando y distorsionando seriamente el resultado.

Juan II, ante las bulas Papales y ante la potencia del nuevo reino unido de Castilla y Aragón, libre ya de la guerra de Granada, llegó a la conclusión de que era mejor negociar que intentar una política de fuerza, y así se iniciaron conversaciones entre delegaciones dc los dos reinos en Tordesillas, que culminaron en el famoso Tratado de 7 de junio de 1494.

La parte fundamental y que más nos interesa de toda esta complicada negociación, fue que el nuevo límite se desplazó a 370 leguas al oeste de Cabo Verde. Aquello y el muy oportunista «descubrimiento» del Brasil por Álvares Cabral en 1500, permitió a Portugal su propia tajada en el nuevo continente. Y con uno u otro subterfugio, el meridiano de Tordesillas que apenas incluía una pequeña parte de Brasil situada al Este de la línea de demarcación, fue desplazándose hacia el Oeste abarcando un territorio muchísimo mayor, fuente constante de tensiones y conflictos con España hasta fines del siglo XVIII.

Y decimos «oportunista» porque ya conocían las costas brasileñas los navegantes españoles en sus viajes de exploración, de hecho, el menor de los «Pinzones» (el mayor, Martín Alonso, murió al poco de volver a España del primer viaje de Colón) llegó hasta cabo San Agustín, que llamó por entonces de «Santa María de la Consolación», y desembarcando, tomó posesión de aquellas tierras para España el 25-I-1500. Y Pedro Álvares Cabral, supuestamente desviado en su viaje al Índico por la ruta portuguesa habitual, llegó a la costa brasileña casi justamente tres meses después, el 22 de abril.

Pero y además, otra fuente de divergencias fue la muy interesada interpretación portuguesa de que las aguas y tierras al sur del Ecuador entraban en su zona, como veremos, ya que eran los únicos que hasta entonces habían navegado por ellas. Justamente casi todo Brasil está al sur del Ecuador.

Otro problema, y no pequeño, vino a sumarse a los anteriores: la ya muy espinosa cuestión de establecer el límite preciso en el extremo opuesto del planeta entre los dominios españoles y portugueses.

No hemos pretendido dar más que una somera explicación de hechos y precedentes tan decisivos para la cuestión que tratamos, y que han sido objeto de tan numerosos como polémicos estudios. Para ello remitimos al lector a la bibliografía existente sobre tan compleja cuestión, pero baste por el momento con estas líneas esenciales.

Para añadir finalmente que todo el asunto fue contemplado con celos mal disimulados por algunas de las potencias europeas. En especial Francisco I de Francia expresó su célebre frase de: «Yo bien quisiera ver la cláusula del testamento de Adán que me excluye del reparto del mundo». Notable porque parece sentar el principio de que si algún estado o particular descubre algo debe repartirlo equitativamente con los demás, que no han realizado esfuerzo ni gasto alguno por descubrirlo, y verdaderamente sangrante en un rey que provocó continuas guerras en Europa para conseguir territorios que no eran suyos.

No fueron bravuconadas, pues aunque con poco éxito, lo cierto es que los primeros piratas que atacaron los buques españoles que volvían de América fueron franceses, y el mismo origen tuvieron algunos de los primeros asentamientos no españoles ni portugueses. Solo muchos años después comenzaron los ataques de ingleses y holandeses.

II.-Solís y Magallanes

Aclarado un tanto el panorama tras el Tratado de Tordesillas, y pese a que las rivalidades, tensiones y maniobras más o menos encubiertas desde Portugal continuaron, el propósito de llegar a Extremo Oriente navegando hacia el Oeste y dando con ello la vuelta al mundo siguió adelante.

Otras dificultades se añadieron, como las guerras con Francia y en Italia, y con ella la política europea, la estrategia y el esfuerzo norteafricanos para luchar contra la piratería berberisca y la expansión otomana, desde Trípoli a Orán, desde Túnez a Melilla y los peñones (cuestión esta última que también enojó a los portugueses, que reclamaban ese litoral como dentro de su zona de expansión) y las sucesivas muertes de Isabel de Castilla, su marido Fernando de Aragón, el breve reinado de Felipe I el Hermoso y la incapacidad de su mujer, Juana de Castilla, llamada la Loca, la regencia de Cisneros y problemática coronación de Carlos I. Todo ello sin contar con el amplio desarrollo de las exploraciones y colonización en América. Pero el empeño era de tal importancia que, incluso con tantos problemas, se siguió con la tarea.

Si en el caso de Colón hay fundadas sospechas de que su seguridad y tenacidad en acometer su trascendental viaje fueron abonadas por las noticias de un viajero precedente, en el caso de Magallanes se convierte en total certeza, pues no hizo sino reanudar el intento de otro navegante: Juan Díaz de Solís.

El primer intento de hallar un paso al Pacífico

Muy poco se sabe de los primeros años de Juan Pedro Díaz de Solís, incluso el lugar de su nacimiento y fecha. La segunda parece en torno a 1470, sobre su tierra natal unos dicen que nació en Lebrija, cerca de Sevilla, y otros en San Pedro de Solís, en Portugal, no faltando quien le atribuye un origen asturiano.

Naciera en un lugar u otro, parece que participó en varias expediciones portuguesas de descubrimiento, pero lo probado es que hacia 1506 fue encargado por Vicente Yáñez Pinzón, quien como sabemos llegó casi al extremo occidental de Brasil, en el cabo San Agustín, para proseguir la exploración de las costas del Caribe, especialmente en Tierra Firme, y luego en Honduras y Yucatán, buscando siempre el ansiado paso al «Mar del Sur».

En estas misiones se acreditó lo suficiente como para que Fernando el Católico convocara a Solís en 1508, junto con Vicente Yáñez Pinzón, Américo Vespuccio y Juan de la Cosa para planear una expedición que encontrara la vital línea marítima. Y es de notar el relieve de los que fueron convocados para evaluar la consideración que tenía ya por entonces Solís.

Concretados los planes, se le dio el mando de una expedición que zarpó de Sanlúcar de Barrameda el 29-VI-1508, llevando como piloto a Pedro Ledesma. Tras una escala en Cabo Verde, los buques recalaron en las costas brasileñas de cabo San Agustín, llegando hasta el río Colorado, ya en el actual litoral argentino y en los límites norteños de la Patagonia. Pero la dureza y lo largo del viaje terminaron provocando un motín en la flotilla, que volvió sin haber logrado su propósito en octubre de 1509, y siendo Solís encarcelado y juzgado.

Sin embargo, no tardó en verse libre de toda culpa en los altercados, rehabilitado e incluso indemnizado con una buena cantidad. Es más: habiendo muerto Américo Vespuccio el 22-II-1512, fue nombrado Piloto Mayor de la Casa de Contratación de Sevilla para cubrir su vacante el 25 de marzo del mismo año, un mes después.

A fines de 1514 se le dio el mando de una nueva expedición para repetir su viaje de exploración, con el propósito no solo de hallar el paso al «Mar del Sur», sino de cartografiar la costa Oeste de América del Sur hasta llegar a Darién, donde contactaría con los asentamientos españoles fundados por Pedro Arias Dávila, dejándose para un momento posterior la travesía del nuevo Océano.

Vicente Yáñez Pinzón.Óleo sobre lienzo de Julio García Condoy. Museo Naval de Madrid.

La expedición se preparó con todo secreto, por no irritar a los portugueses, que, como indicamos anteriormente, seguían considerando pese a la demarcación de Tordesillas por meridiano, que las rutas al sur del Ecuador estaban en su esfera de influencia, vedada a los españoles. Hay noticias de que pretendieron sabotearla de una manera u otra, aparte del omnipresente espionaje, pero el mayor inconveniente fue que la capitana *Nuestra Señora de la Merced*, excesivamente cargada, tuvo tales averías que debió ser reemplazada por otra carabela.

Finalmente, fueron tres la embarcaciones que zarparon de Sanlúcar el 8-X-1515, con un total de 60 hombres en sus dotaciones, acordes con sus pequeños portes, pues la nueva capitana era de solo 60 toneles y de 30 las otras dos. Según parece, sus nombres eran *Concepción, Trinidad* y *Santiago*, muy habituales en los barcos españoles de entonces. El rey, bien que en secreto para no indisponerse con los quisquillosos portugueses, aportó cuatro mil ducados de oro, así como cuatro lombardas o cañones pesados (aparte piezas más ligeras), 60 coseletes (armaduras para soldados de a pie) y provisiones para dos años y medio.

La travesía se desarrolló sin grandes incidentes, y según todas las referencias, Solís barajó la costa en busca de una gran bahía que se suponía era la boca del estrecho, más o menos entrevista en viajes precedentes, y que hoy sabemos que no era eso en absoluto, sino el amplio estuario del Río de la Plata. Solís se maravilló que en ese mar el agua fuera dulce, pero sin descartar que fuera efectivamente el ansiado paso, exploró detenidamente la zona.

Como se acostumbraba entonces, tomó formalmente posesión de aquellas tierras en nombre del rey no lejos de Punta del Este el 2 de febrero de 1516, y plantó una cruz en el lugar al que dio el nombre de «Nuestra Señora de la Candelaria», fiesta del día, cercano al actual Maldonado.

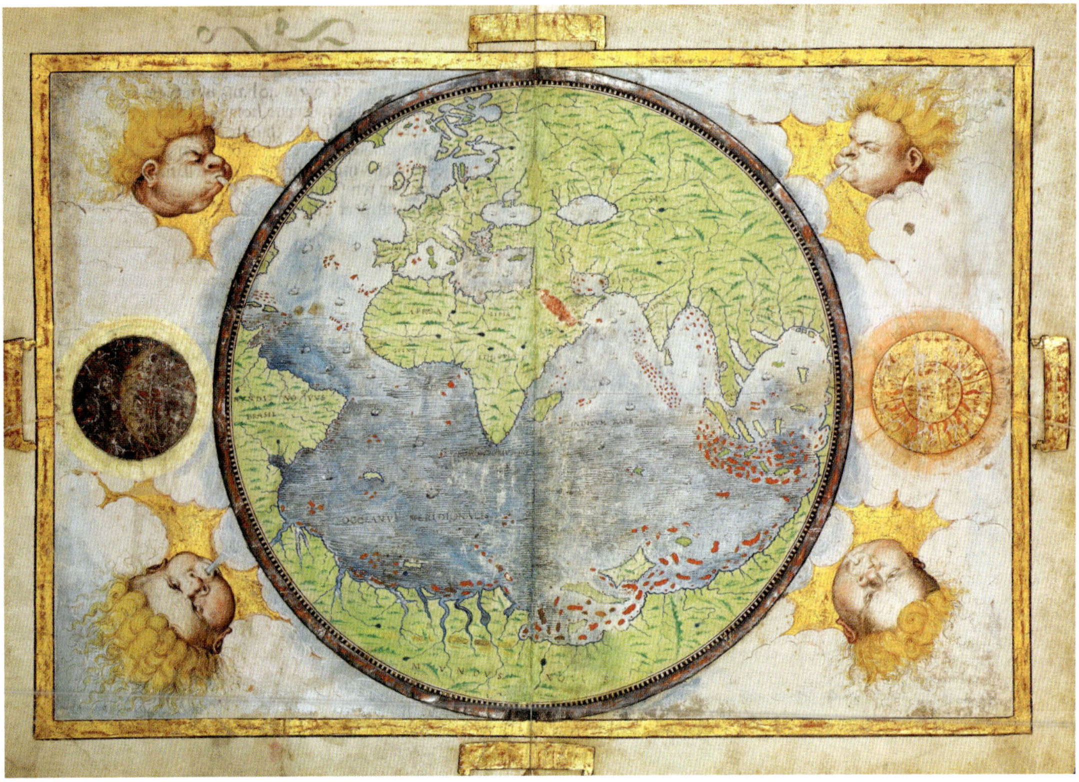

Mapa del mundo de Pedro y Jorge Reynel, Portugal, 1519. Con América y el Extremo Oriente unidos a la Antártida y el Pacífico sin representar. (i.redd.it)

Siguiendo la navegación, dio el nombre de Martín García a una isla vista poco después, por su despensero muerto por entonces y allí enterrado, Solís desembarcó en un esquife para reconocer el terreno, con solo siete hombres: Pedro de Alarcón, contador y escribano de la flotilla, Francisco de Marquina, el factor, cuatro marineros y el grumete, Francisco del Puerto. Era el 20-I-1516.

Nunca lo hiciera, pues al poco de poner pie en tierra fueron rodeados por un enjambre de indígenas que mataron o apresaron a todos. Lo más terrible es que desde las carabelas asistieron impotentes, por estar fuera de alcance de sus piezas de artillería, a la indescriptible escena de ver como eran rematados, troceados, asados y comidos en la misma orilla. Solo se salvó el grumete, por alguna razón desconocida, que fue liberado mucho después y tuvo aún una vida de lo más accidentada.

Aún se discute si los indígenas implicados eran los «charrúes», o más probablemente, los «chandules», probadamente antropófagos.

Desmoralizados los supervivientes, decidieron suspender la exploración y volver a España, bajo el mando de Francisco de Torres, cuñado de Solís. Pero aún les quedaban nuevas pruebas, pues habiendo fondeado en la Laguna de los Patos, una albufera en la costa de Rio Grande do Sul, se perdió allí una de las carabelas, quedando en tierra trece hombres, de los que siete se salvaron caminando hacia el norte y los asentamientos portugueses y el resto permaneció en el lugar, con diversas peripecias y suerte posteriores.

Tras una travesía en la que llegaron a alimentarse de lobos marinos, capturados en la isla de los Lobos, y salados para su conservación, la malhadada expedición llegó a Sevilla el 4-IX-1516.

Pero y aunque no habían conseguido hallar el paso, al menos lograron situar y cartografiar el litoral, confiando siempre en que el «Mar Dulce» fuera la solución para otros exploradores que persistieran en el empeño. Y es bien cierto que la expedición de Magallanes se planeó según esa hipótesis, que los hechos no tardaron en desmentir.

Cabe destacar por último que los intentos de hallar la comunicación entre los dos océanos se dirigieron hacia el sur, como queda de manifiesto, desdeñándose por razones tan variadas como comprensibles el buscarlo por el norte. Ese empeño quedó para otros, singularmente anglosajones, que durante siglos intentaron hallar «El Paso del Noroeste», con el poco éxito que recoge la historia.

Fernando de Magallanes en el Museo Naval de

A Solís no le acompañó realmente la suerte, pero al menos fue el primero que lo intentó y aún hoy es conmemorado como descubridor de los países del Plata.

Y desde luego, allanó el camino para que pocos años después Fernando de Magallanes descubriera lo que con tanto empeño y por dos veces había buscado Solís.

Fernão de Magalhães

Fernão de Magalhães o en español Fernando o Hernando de Magallanes, nació en Sabrosa (aunque otros lugares reclaman ser su cuna), pequeña localidad de Tras os Montes, en Portugal, en la primavera de 1480, en el seno de una familia hidalga pero modesta. Su padre era Rui de Magalhães y su madre Inés Vaz Moutinho, y hermano de Duarte y Digo de Sousa, y Aires, que entró en la carrera eclesiástica, aparte de dos hermanas: Isabel y Ginebra.

Su padre había ocupado diversos cargos, como alcalde de Aveiro, alcalde mayor de Estremoz, juez ordinario, procurador de cámara y finalmente concejal de Oporto

Tuvo la distinción, aún niño de diez años, de servir como paje de la reina Leonor, esposa de Juan II de Portugal, pero esta experiencia, si bien le familiarizó con la vida de la corte y le sacó del terruño natal, aparte de darle acceso a mayores niveles culturales, no le proporcionó un modo de vida.

Por ello, y siguiendo su inclinación personal, buscando la fama y mejor vida, se alistó como soldado en marzo de 1505, con 25 años, en la «Armada de la India», una flota de 22 buques al mando de Francisco de Almeida, primer virrey portugués de las posesiones ibéricas en la India. Allí permaneció durante ocho años, participando en las batallas de Cananor y Diu, resultando herido en la primera. También estuvo en la primera expedición a Malaca, al mando de Diego Lopes de Sequeira, que terminó en desastre debido a intrigas, señalándose Magallanes por su aviso a Sequeira, con lo que obtuvo recompensas y honores.

Dos años después, en 1511, y bajo las órdenes de Afonso de Alburquerque, estuvo en la conquista de Malaca, que marcó su destino. Magallanes regresó a Portugal, pero su amigo y posiblemente su primo, Francisco Serrão, a quien había salvado la vida en la primera expedición a Malaca, fue en dirección opuesta, a las Molucas, en la primera expedición a las míticas islas de las especias. Ambos mantuvieron una correspondencia que terminó teniendo resultados decisivos en la vida de Magallanes.

En el inmenso y creciente imperio portugués otras atenciones y luchas reclamaron su presencia, y así vemos a Magallanes en luchas en las costas marroquíes, sufriendo en Azamor una herida en batalla por lanzazo en una pierna que le dejaría cojo de por vida. Pero allí empezaron sus desdichas, pues fue acusado de vender ilegalmente ganado, botín tomado al enemigo, y aunque finalmente fue absuelto, al menos parcialmente, aquello amargó profundamente al bravo soldado, que se sintió poco y mal recompensado y víctima de envidiosas intrigas, unidas a otros incidentes (la difícil y parcial recuperación de un prestamo que hizo a un compañero) que agrió un carácter ya de por sí difícil.

Los años siguientes fueron para Magallanes de estudio y tranquilidad, lejos de empresas en ultramar que hasta entonces le habían supuesto menores beneficios en todos los órdenes de lo esperado. Se dedicó a estudiar todo lo referente a las nuevas exploraciones, astronomía y navegación, y a entrar en contacto con los mayores expertos en dichas cuestiones, pues hasta entonces había sido sobre todo un soldado. Así concibió la idea de que sería seguramente más fácil llegar a Extremo Oriente y las Molucas hallando un paso en América hacia ellas, que por la acostumbrada ruta portuguesa del Índico.

Y tras varios años de estudio y reflexión desde 1513, en 1516 solicitó una entrevista con el rey, Manuel I de Portugal. Pero allí echó todo a perder por su carácter altanero y quisquilloso.

Lo primero que hizo fue reclamar un aumento de la pensión que recibía, de medio ducado al mes, aparte de una ración de cebada, no tanto por el dinero en sí, sino porque «subir cinco reales en la pensión y moradía... era crecer mucho en la opinión general...».

Aquello fue expuesto en tales términos que provocó el enfado del monarca y le indispuso contra la proposición de Magallanes de olvidarse de la «ruta portuguesa» y buscar el paso del Atlántico al Pacífico por América. Fue tal el enfado regio que le ordenó volver a arrodillarse ante él, y ante la amenaza de Magallanes de ofrecer sus servicios a otro país, el rey fuera de sí le contestó que se fuera donde quisiera.

Aún estuvo Magallanes un año más en Portugal, completando sus estudios y concretando sus planes, mientras se aseguraba el apoyo y la asistencia de otros conocidos, parientes y amigos, antes de tomar la decisión obvia: ofrecer sus servicios al rey de España. Su amigo Francisco Serrão le aseguraba que las Molucas quedaban del lado español según la división de Tordesillas, algo muy dudoso, pero que era condición indispensable para la expedición tuviera el apoyo necesario en el país vecino.

También hizo amistad con los hermanos astrónomos y cartógrafos Rui y Francisco Faleiro, especialmente el primero, un hombre de carácter agrio y bastante desacreditado en Portugal, y con Pedro y Jorge Reynel (padre e hijo) también estudiosos de lo que podría contener el Pacífico en toda su extensión. Finalmente, con Diego y Cristóbal de Haro, comerciantes de origen judío, que

Carracas y galeras portuguesas, tabla de Joaquín Patinir.

financiaron sus proyectos y le pusieron en contacto con Diego Barbosa, un personaje decisivo en la empresa.

De Sevilla a Valladolid

Un 20 de octubre de 1517 Magallanes llegó a Sevilla, conocida entonces como la «Reina del Océano», porque de su puerto salían las flotas a Indias y volvían con sus riquezas, y porque en ella estaba la famosa Casa de Contratación, que no solo monopolizaba dicho comercio, sino donde se centraba la investigación sobre las nuevas exploraciones, incluyendo la cartografía, los instrumentos de navegación y los propios buques. Le acompañaban los hermanos Faleiro, los pilotos Estevao Gomez, Álvaro Mesquita y Juan López Carvalho y otros muchos acompañantes, entre criados, amigos e incluso un esclavo personal, el llamado Enrique de Malaca, cuyos servicios se pensaban utilizar como intérprete y conocedor de aquellas lejanas tierras.

En Sevilla el contacto principal era Diego Barbosa, curiosamente otro emigrado portugués, a raíz de un enfrentamiento con otro rey anterior, Juan II de Portugal, y que había medrado hasta el punto de ser nombrado en 1503

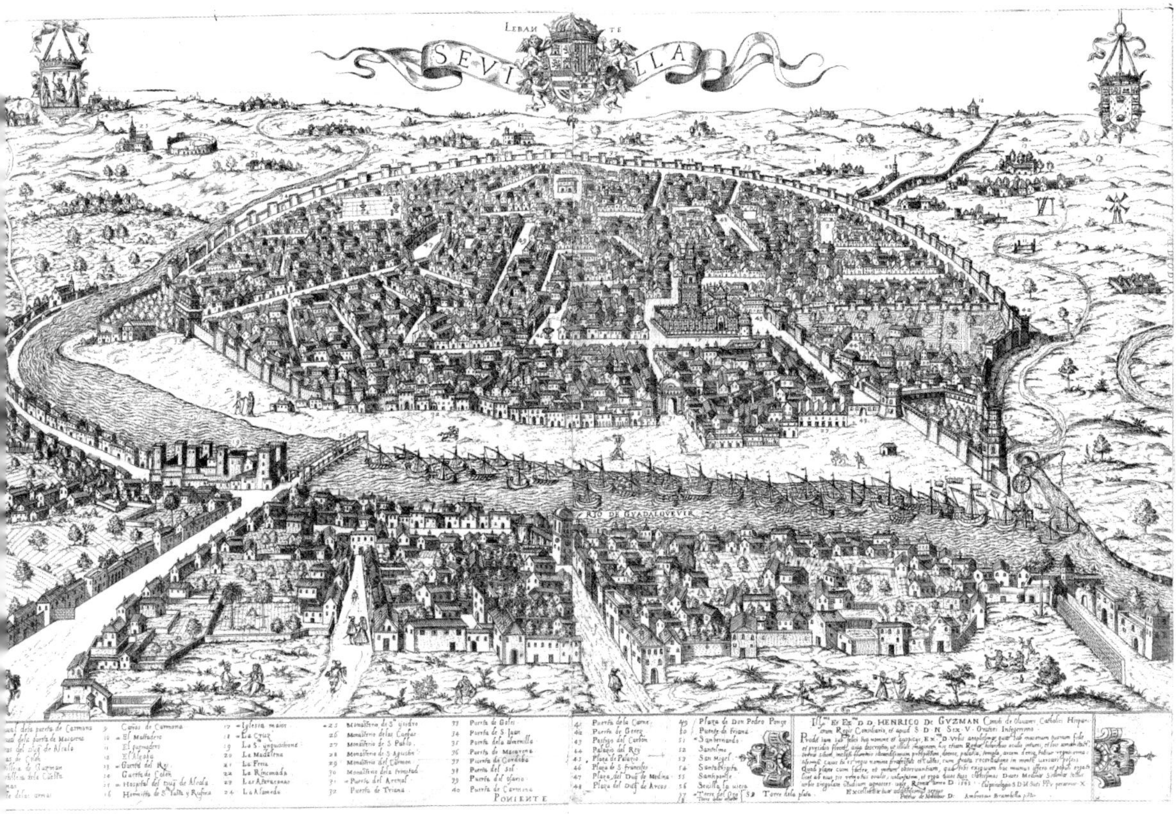

Ambrosius Brambilla. Sevilla en el siglo XVI.

Teniente Alcaide (o segundo en el mando) de los Reales Alcázares y Atarazanas (lugar donde se construyen, reparan y conservan los buques) y Comendador de la Orden de Santiago, casado con María Caldera, de la nobleza sevillana, y de la que tuvo cinco hijos. Y de ellos, uno, el llamado Duarte, seguirá a Magallanes en su viaje, y otra, Beatriz, se casará con él a los tres meses de su llegada a Sevilla, sellando así la alianza entre los dos hombres, aparte de la decisiva ayuda de una dote de 600 000 maravedíes.

Gracias al patrocinio de su ahora suegro, Magallanes fue recibido por el Tribunal de la Casa de Contratación, donde expone su proyecto de llegar a las Molucas, por un paso que dice conocer. Pero de nuevo las pocas dotes diplomáticas de Magallanes se pusieron de manifiesto y todo quedó en enfados y rechazos.

De nuevo intervino Barbosa y se reanudaron las conversaciones, ahora con el factor Juan de Aranda, a quien Magallanes envió sus proyectos en detalle, y que le animó a dirigirse al propio rey, el por entonces recién llegado de Flandes Carlos I, y a su canciller. Juan Sauvage. Animados por todo ello, Magallanes y sus acompañantes se pusieron en marcha hacia Valladolid, donde entonces residía la Corte, recibiendo durante el viaje una carta favorable del propio rey. Claro que Aranda se cobró el favor, pues firmó un acuerdo con Magallanes por el que este le cedía la octava parte de sus ganancias en la futura expedición. Y mientras, los hermanos Faleiro seguían siendo una fuente de problemas y disensiones por su difícil carácter.

Las capitulaciones de Valladolid

Llegados por fin Magallanes y Faleiro a la corte, se iniciaron las entrevistas con el rey Carlos y con su madre Juana, que tras negociaciones largas y complejas en donde tuvo especial protagonismo Juan Rodríguez de Fonseca, obispo de Burgos, que se mostró como un firme partidario del proyecto, cuajaron en un acuerdo conocido como las «Capitulaciones de Valladolid», firmado el 22 de marzo de 1518. Como en el caso de Colón con las de Santa Fé, se trataba de un acuerdo por el que los reyes encomendaban a un particular o particulares, que proponían la empresa, el descubrimiento, conquista y colonización de las tierras que se encontraran a cambio de determinados pagos y cargos, privilegios y monopolios, en principio por un número determinado de años, pero con ventajas para sus herederos.

En este caso se les concedía a Magallanes y a Faleiro el título de Adelantados y Gobernadores de las islas que descubriesen, junto con el cargo de Capitanes Generales de la Armada que realizase la empresa, con un sueldo anual de cincuenta mil maravedíes, aumentado al poco en ocho mil más, aparte de un «socorro» o ayuda de treinta mil más para gastos.

Tendrían el monopolio de la ruta que llevara a las codiciadas islas de las especias por diez años, y el veinte por ciento de las ganancias líquidas que produjesen. También la concesión de una isla para cada uno, pero reservando las seis más ricas para la Corona, de las que solo recibirían un 15% de sus beneficios. Todas, en cualquier caso, quedarían bajo el dominio de la Corona española. En el apéndice I a este trabajo podrá el lector comprobar los pormenores de este contrato.

Y, por último, Carlos I concedió el hábito de Caballeros de Santiago a Magallanes y a Faleiro, lo que significaba todo un ennoblecimiento y ascenso social para ambos.

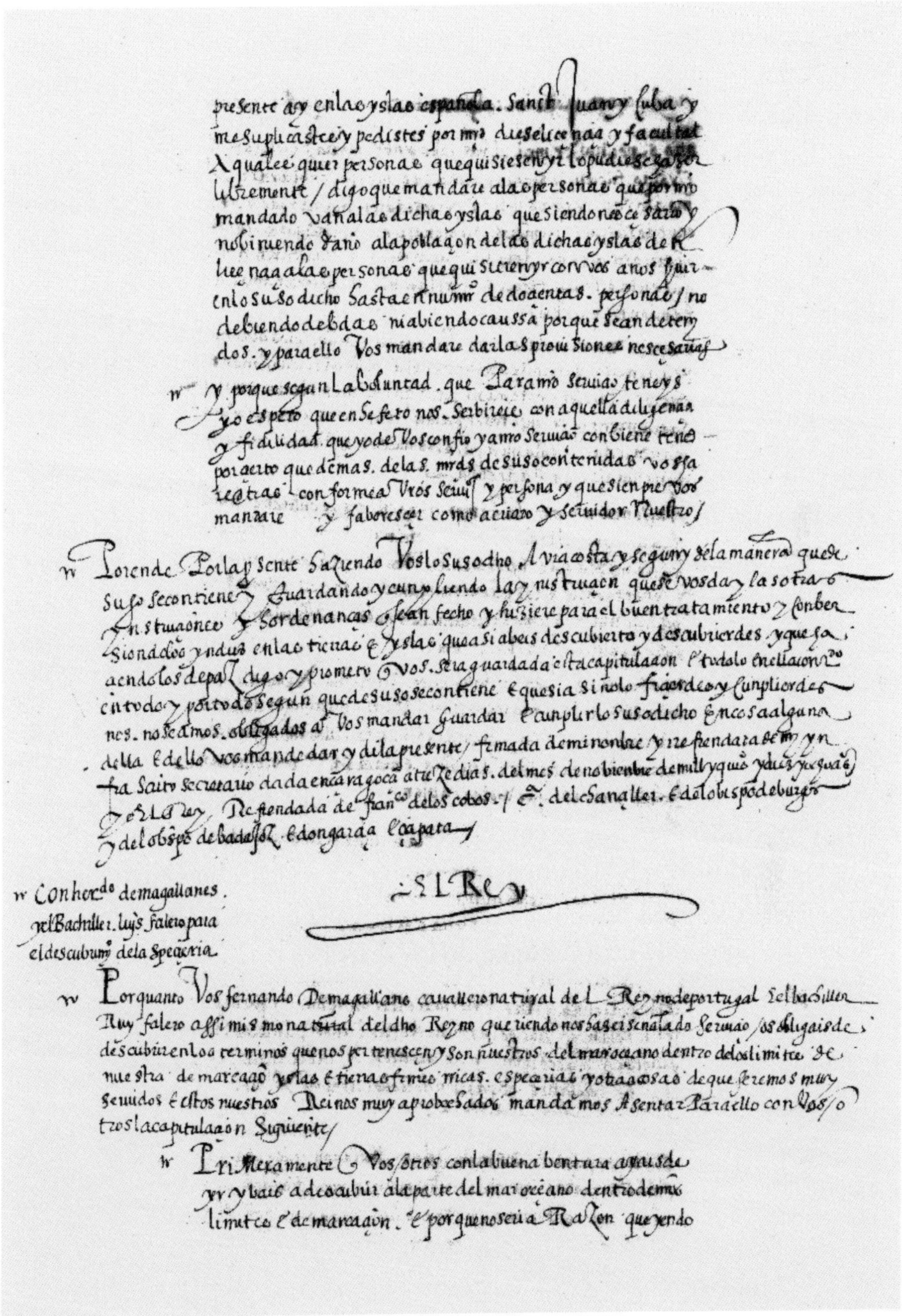

presente ay en las yslas española. Sant Juan y Cuba y
me suplicastes y pedistes por mi diese licencia y facultad
a qualesquier personas que quisiesen yr lo pudiesen hazer
libremente / digo que mandare a las personas que por mi
mandado van a las dichas yslas que siendo necesario y
no biniendo daño a la poblacion de las dichas yslas de licencia a las personas que quisieren yr con vos a nos servir
en lo susodicho hasta en numero de doscientas personas / no
debiendo debdas ni abiendo caussa porque sean detenidos. y para ello vos mandare dar las provisiones necesarias

y porque segun la boluntad que para mi servicio teneys
yo espero que en se fecho nos serbireis con aquella diligencia
y fidelidad que yo de vos confio y a mi servicio conbiene tener
por acierto que demas de las mercedes de suso contenidas vos [illegible]
otras conforme a vuestros servicios y persona y que sienpre vos
mandare y favorescer como a criado y servidor nuestro /

Por ende por la presente haziendo vos lo susodicho a vuestra costa y segun y de la manera que de suso se contiene y guardando y cunpliendo las ynstrucion que se vos dara y las otras ynstruciones y ordenanças que se an fecho y hiziere para el buen tratamiento y conbersion de los yndios en las tierras e yslas que asi abeis descubierto y descubrierdes y que haciendo los de paz digo y prometo a vos que vos sera guardada esta capitulacion e todo lo en ella contenido en todo y por todo segun que de suso se contiene e que si ansi no lo hizierdes y cunplierdes nos no seamos obligados a vos mandar guardar e cunplir lo susodicho en cosa alguna della e dello vos mande dar y di la presente firmada de mi nonbre y refrendada de [illegible] secretario dada en Çaragoça [illegible] dias del mes de nobienbre de mill y quinientos y [illegible] años. yo el Rey. Refrendada de Francisco de los Cobos [illegible] del chanciller e del obispo de burgos y del obispo de badajoz e don garcia Çapata

YO EL REY

Con Hernando de magallanes y el Bachiller luys falero para el descubrimiento de la Specieria.

Por quanto vos fernando de magallanes cauallero natural del Reyno de portugal e el bachiller Ruy falero assi mismo natural del dicho Reyno queriendo nos hazer señalado servicio os obligais de descubrir en los terminos que nos pertenescen y son nuestros del mar oceano dentro de los limites de nuestra demarcacion yslas e tierras firmes ricas especierias y otras cosas de que seremos muy servidos e estos nuestros Reinos muy aprobechados mandamos asentar para ello con vos otros la capitulacion siguiente /

Primeramente que vos otros con la buena bentura ayais de yr y bais a descubrir a la parte del mar oceano dentro de nuestros limites e demarcacion. E porque no seria Razon que yendo

Primera cara de la «Capitulación con Fernando de Magallanes y Ruy Falero encomendándoles la Armada para el descubrimiento de la Especiería». AGI, INDIFERENTE,415,L.1,F.18V-20R

Eso sí, previendo problemas con Portugal se especificaba tajantemente que los exploradores no entrarían en la zona Oeste delimitada por Tordesillas para no ofender al rey portugués, «mi muy caro y muy amado tío y hermano, ni en perjuicio suyo, salvo en los límites de nuestra demarcación».

En notable contraste con el proyecto de Colón, tan ambiguo como impreciso y con claros visos de ser excesivamente grandioso y ambicioso, el nuevo proyecto era tan realista como limitado, dentro de su indudable grandeza: hallar el paso que llevara desde el Atlántico al Pacífico por tierras de América del Sur y descubrir y tomar posesión de las Molucas. Para nada se hablaba de circunnavegar la tierra o de grandiosas expansiones de conquista y misioneras en Asia-Pacífico.

Pero no dejaba de ser una empresa descomunal, pues y pese a su insistencia en lo contrario, Magallanes no sabía, como veremos, dónde se hallaba el vital paso de un océano a otro, ni tenía resuelto el problema de la Longitud donde se hallaran las Molucas, ni por tanto, si entraba dentro o no de los límites atribuidos a los españoles por Tordesillas. Aún más: el nuevo «Mar del Sur» y todo lo que contuviera, incluyendo los vitales vientos y corrientes, seguía siendo un perfecto desconocido, salvo en algunas de sus riberas americanas.

Por ello conviene dejar claro al lector que todas esas supuestas «autoridades» que dieron informes o aportaron sus imaginativos mapas y criterios de toda índole que se alegaron para aprobar o reprobar la empresa eran nada más que especulaciones que se basaban en muy pocos o nulos datos, en discusiones tan teóricas como bizantinas que a ninguna conclusión podían llegar. Y que resulta un empeño tan erudito como inútil a la postre el detenerse en las hipótesis de unos y de otros, reseñando los «expertos» que las formularon en cualquier sentido.

Pero si el plan tenía ya enormes dificultades, otras las añadieron las rivalidades humanas, como veremos, y no fueron las menores.

III.-Unos largos y complicados preparativos

Parecería por lo dicho anteriormente, que la empresa se llevaría a cabo sin más problemas ni dilaciones, pero las cosas distaron mucho de ser así, especialmente por la intervención de Portugal en el asunto, muy receloso de perder su monopolio en las rutas a Extremo Oriente, y evidentemente resentido de las consecuencias nefastas que para ellos tuvo el haber rechazado el primer proyecto de Colón y el tener que aceptar como mal menor la demarcación de Tordesillas, para insistir en el error negándose a apoyar a Magallanes en su empresa. Por dos veces sucesivas habían rechazado probar otras vías aparte de la suya exclusiva de la costa oeste africana, cabo de Buena Esperanza e Índico, y ahora tenían que soportar, una vez más, la suerte de un «recién llegado».

Pero y además, no era solo asunto de los reyes, cortes y grandes comerciantes implicados. Aunque el sentido de la nacionalidad no era aún muy fuerte, sí lo eran las reticencias entre españoles y portugueses por evidentes causas históricas, y ello iba a lastrar y desde el primer momento la expedición, aparte de otras pasiones humanas.

Las tensiones con Portugal

Así que, y como era de esperar, las maniobras portuguesas para hacer fracasar el proyecto no tardaron en producirse. En primer lugar, por el propio embajador Álvaro da Costa, quien obtuvo una entrevista con Carlos I en la que con alguna audacia y hasta insolencia exigió que dejara de apoyar la expedición. Ante la negativa de Carlos, propuso que se retrasara su partida un año para que Portugal tuviera tiempo para organizar su propia expedición descubridora, propuesta que, comprensiblemente, tampoco mereció sino una fría pero tajante respuesta.

En Lisboa empezó a sugerirse que la única solución era preparar un atentado contra Magallanes y Faleiro, quienes se vieron obligados a tomar medidas de seguridad, como la de limitar sus movimientos y realizarlos siempre con escolta.

Recurriendo a medios menos drásticos, se ordenó al cónsul de Portugal en Sevilla, Sebastián Álvarez, para que se entrevistase con Magallanes y llegara a un acuerdo con él. Se le ofrecía el perdón del rey de Portugal y recibir nuevos nombramientos y comisiones con tal de que renunciara al proyecto, a lo que el dolido Magallanes se negó, pasando entonces el cónsul de los halagos y ofrecimientos a las amenazas, afirmando que en Portugal todos le tenían por traidor, lo que tampoco sirvió de nada.

Sin embargo, todas aquellas intrigas, incidentes y tensiones si que terminaron coadyuvando a un resultado sorprendente: el que Ruy Faleiro se enemistase con Magallanes y de forma muy grave, pues Faleiro entendía que el mando era conjunto entre los dos, y Magallanes lo quería simplemente como asesor científico de la expedición y en un papel secundario.

A tal punto llegaron los enfrentamientos y los retrasos en la expedición, que Carlos tomó la decisión de ordenar a Faleiro que se quedase en tierra, con la excusa de disponer otra que, a su mando, realizaría un viaje posterior, para redondear la empresa y que, por supuesto, nunca se realizó. Faleiro entregó sus mapas, instrumentos y demás para facilitar la expedición a Magallanes, pero lo cierto es que, como consecuencia de todo ello y de su ya probado mal carácter, su propio hermano terminó por ingresarlo en un manicomio de Sevilla, donde vivió hasta su muerte.

En su lugar nombró a Juan de Cartagena, como capitán y como veedor, es decir, como inspector de todo en representación del rey y con las mismas atribuciones que Magallanes. Pero no era este persona capaz de compartir el mando, ni es buena solución esta por lo regular, así que la buena voluntad real para orillar enojosas cuestiones, sembró el camino de los futuros graves problemas en la expedición.

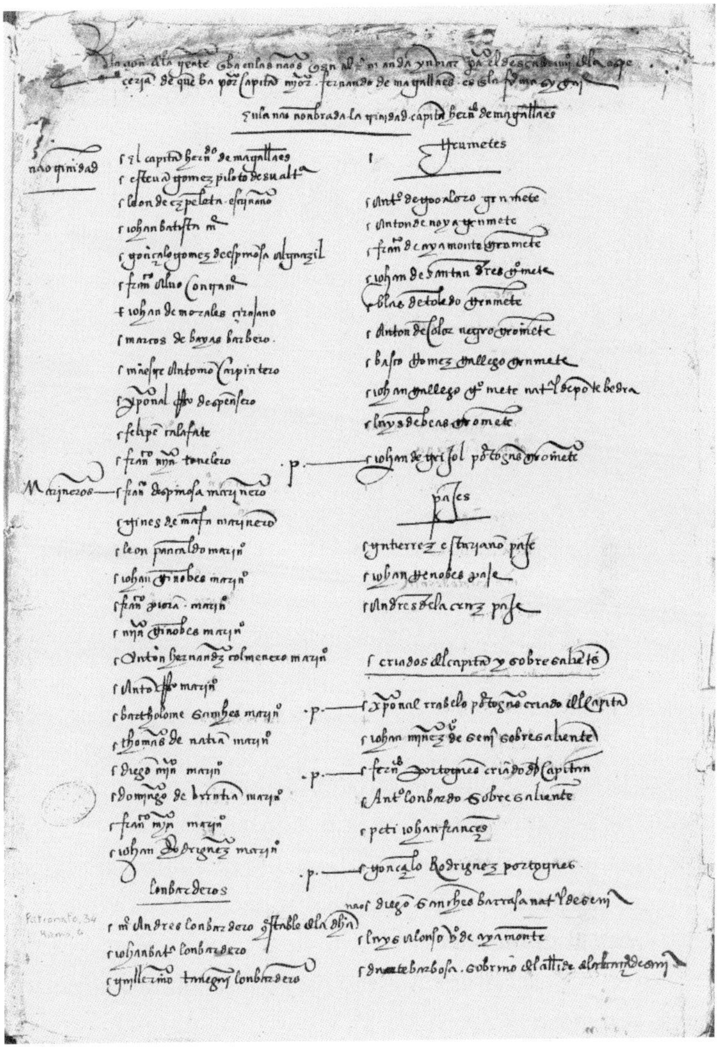

Información y relación de las personas que llevó Fernando de Magallanes al descubrimiento de la Especiería. Archivo General de Indias,PATRONATO,34,R.6 «En la nao Trinidad capitana, el capitán Hernando de Magallanes, Estevan Gomez, piloto de su Alteza, León de Ezpeleta, escrivano, ...»

Y las discordias, enfrentamientos y tensiones no iban a faltar en el ya de por sí largo, duro y peligroso viaje, según veremos, pues ni Magallanes, con todo su valor y tenacidad, era el líder adecuado, ni sabía tanto de navegación como pretendía, ni tenía una idea tan clara de dónde podría estar el paso interoceánico, ni finalmente, estuvo acertado al incluir en las dotaciones a tanto portugués. De un lado porque muchos no eran seguros en sus lealtades, o lo que es peor: se podía dudar fundadamente de su fidelidad a los ojos de los expedicionarios castellanos, después de tanta maniobra, presiones y hasta sabotajes de Lisboa, sospechas que se extendían al propio Magallanes, por no hablar ya de la rivalidad entre los dos países. Tal vez esos portugueses solo deseaban que la misión fracasase de un modo u otro, o

Brasil en 1519, según el mapa Atlas Miller, de las colecciones de la Biblioteca Nacional de Francia.

tal vez llevaban el plan de reivindicar los descubrimientos para Portugal por medio de algún engaño, consiguiendo así el agradecimiento de su rey y una alta recompensa. Así que motivos había de sobra para las sospechas, por más o menos fundadas que estuvieran. De hecho, parece que se rechazaron voluntarios para la empresa por el hecho de ser portugueses, pese a lo cual su número resultó tal vez excesivamente alto para conseguir una adecuada seguridad, como luego veremos.

Pero al fin, sorteados todos los problemas, la «armada» se hallaba preparada para zarpar, y bueno es dar noticias sobre su composición.

La «armada» de la expedición a La Especiería

Bueno es recordar al lector que entonces la palabra «armada» no se refería a la institución, como ha sido entendido desde las reformas del ministro Patiño a comienzos del siglo XVIII, sino que en el XVI y durante todo el XVII designaba cualquier agrupación de buques armados con una misión específica de la que

Guillermo Muñoz Vera ha recreado en este óleo el paso de la nao *Victoria* por el estrecho de Magallanes.

tomaba el nombre en unas ocasiones, o indicando su procedencia en otras. Así podían coexistir varias armadas al mismo tiempo, con destinos, misiones y composición y mandos completamente independientes, y que solo se reunían por orden del rey temporalmente y para una gran expedición, aunque conservando cada una su identidad, mandos y organización.

En cuanto a los preparativos, y aparte los retrasos impuestos por los problemas ya citados, debemos imaginarnos su complejidad, para una expedición que podría suponer un tiempo de dos años largos, y en una época, siglos antes de la Revolución Industrial, en la que las manufacturas eran artesanales y en la que los transportes desde los distintos puntos suministradores de unos u otros equipos, lentos e inseguros.

Y ello desde lo más elemental: por ejemplo, la dieta de los navegantes se basaba en el «bizcocho», pan cocido dos veces para que perdiera todo el agua y se conservara mejor. Y como había que conseguir un gran suministro, no era nada fácil ni sencillo conseguir hornos que hicieran la tarea, pues tenían que ser muchos, luego empaquetarlo y transportarlo hasta el puerto donde se reunía la armada. Imaginemos el problema para materiales más caros, sofisticados y difíciles de fabricar. Por supuesto se podían utilizar materiales ya terminados,

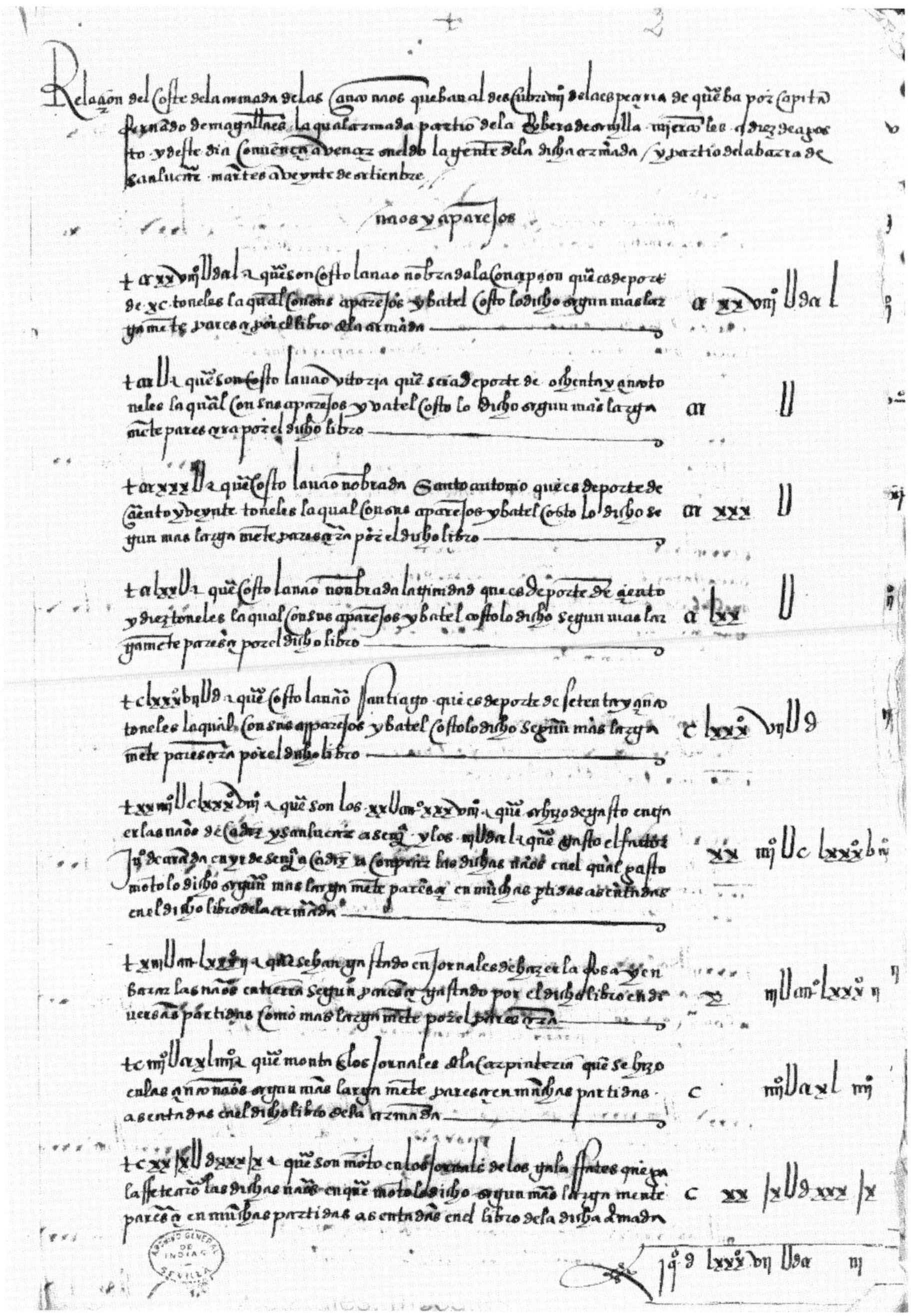

Relación del coste de la Armada de Fernando de Magallanes para el descubrimiento de la Especiería.
Archivo General de Indias, PATRONATO,34,R.10

pero ello no era lo deseable, especialmente los fungibles y que se deteriorasen con el paso del tiempo, desde la alimentación a jarcia, velas y muchos más.

En el Archivo de Indias de Sevilla, sección Papeles del Maluco, [PATRONATO, 37, R 10, legajo 1º], de 1519 se conserva una detallada relación de los gastos, que consideramos del mayor interés, tanto por consignar los materiales de toda índole embarcados, como por su coste en la época, así como en algunos casos por su origen.

Interés preferente tienen los barcos, que también hubo que comprar, pues en la época no había propiamente «barcos del rey» o de su armada, sino que se adquirían, alquilaban a sus propietarios por «asiento» o por alguna otra forma contractual, o hasta se requisaban o embargaban. Todo a elegir entre lo disponible y lo adecuado, pues el rey apenas encargaba por su cuenta buques para su servicio, salvo en el caso de las galeras. Solo mucho después de esta época se empezaron a construir buques del estado, considerando que sus misiones tan específicas no podían ser resueltas por buques mercantes o pesqueros mejor o peor reformados para su nueva misión.

Entre los buques que se construían en España tenían la mejor consideración los procedentes del Cantábrico, de Galicia al País Vasco, especialmente estos últimos, porque y aunque no eran muy grandes, eran fuertes y buenos veleros con cualquier viento y muy marineros, adecuados para la guerra y para el comercio, por no decir arriesgados viajes. Y justamente para un viaje de exploración no eran recomendables grandes, lentos y torpes buques, con gran calado que sería un peligro y una gran dificultad para explorar y navegar por aguas no conocidas y desembarcar en sus costas. Tales buques serían necesarios posteriormente, una vez iniciada la colonización, pero eran completamente inadecuados para esa previa tarea.

Las cinco naos finalmente escogidas fueron la *Concepción*, de 90 toneles y que costó 228 750 maravedíes, la *Victoria*, de 85 toneles y 300 000, la *San Antonio,* de 120 y 330000, la *Trinidad* de 110 y 270 000, y la *Santiago*, de 75 y 187 000.

Debemos indicar que los «toneles» no eran toneladas de desplazamiento, sino de su capacidad en bodegas, lo que da solo una vaga referencia de su tamaño, pero el lector puede hacerse una idea de su tamaño diciendo que medirían en torno a 20 metros de eslora (largo) por unos seis de manga (ancho). Y aún nos parece mentira que hubiese hombres que en la época, con los instrumentos de entonces, fueran capaces de dar la vuelta al mundo en semejantes buques.

Llama la atención que el más caro de todos ellos, en relación a su tamaño, fuera la *Victoria*, el barco que consiguió dar la vuelta al mundo, indudablemente se trataba de un buen barco y debía de ser nuevo. Al parecer se construyó en Zarauz por encargo del mismo Juan Sebastián Elcano. Y solo conocemos el origen de otro, la *Trinidad*, que consta se hizo en Bilbao.

Pero el coste total de los cinco buques no era los 1 316 250 maravedíes que suman las cantidades anteriores, pues como fue habitual en la larga época en que los barcos eran de lona y madera, había que ponerlos a punto constantemente, y más para tan ardua y larga empresa, y reemplazar numerosos elementos de corta duración. Por ello el precio se duplicó, con los 438 335 maravedíes en jornales, 324 170 empleados en renovar su jarcia, y otros 142 532 para la clavazón, aparte de las velas (lonas y cosido aparte) masteleros, vergas y hasta el plomo utilizado para cubrir los huecos entre la tablazón del casco.

Otro importante capítulo fue el de la artillería que montaban: 58 «versos» (piezas ligeras) y 7 falcones, 3 lombardas gruesas y 3 pasamuros, traídos todos de Bilbao, con un coste total de 160 135 maravedíes, y otros 109 028 para los 50 quintales de pólvora que llevaban. Para su tamaño, misión y época,

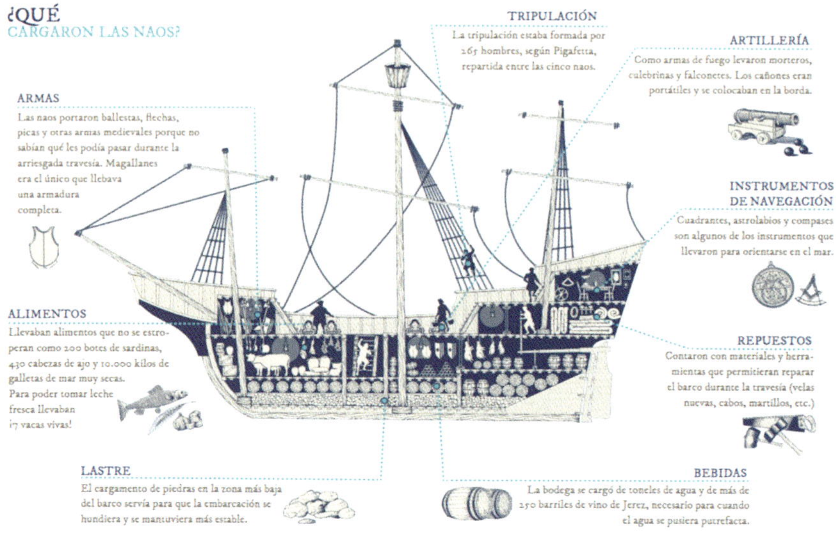

Reconstrucción del aspecto que pudo tener la nao *Victoria* lista para navegar. [iaph.es]

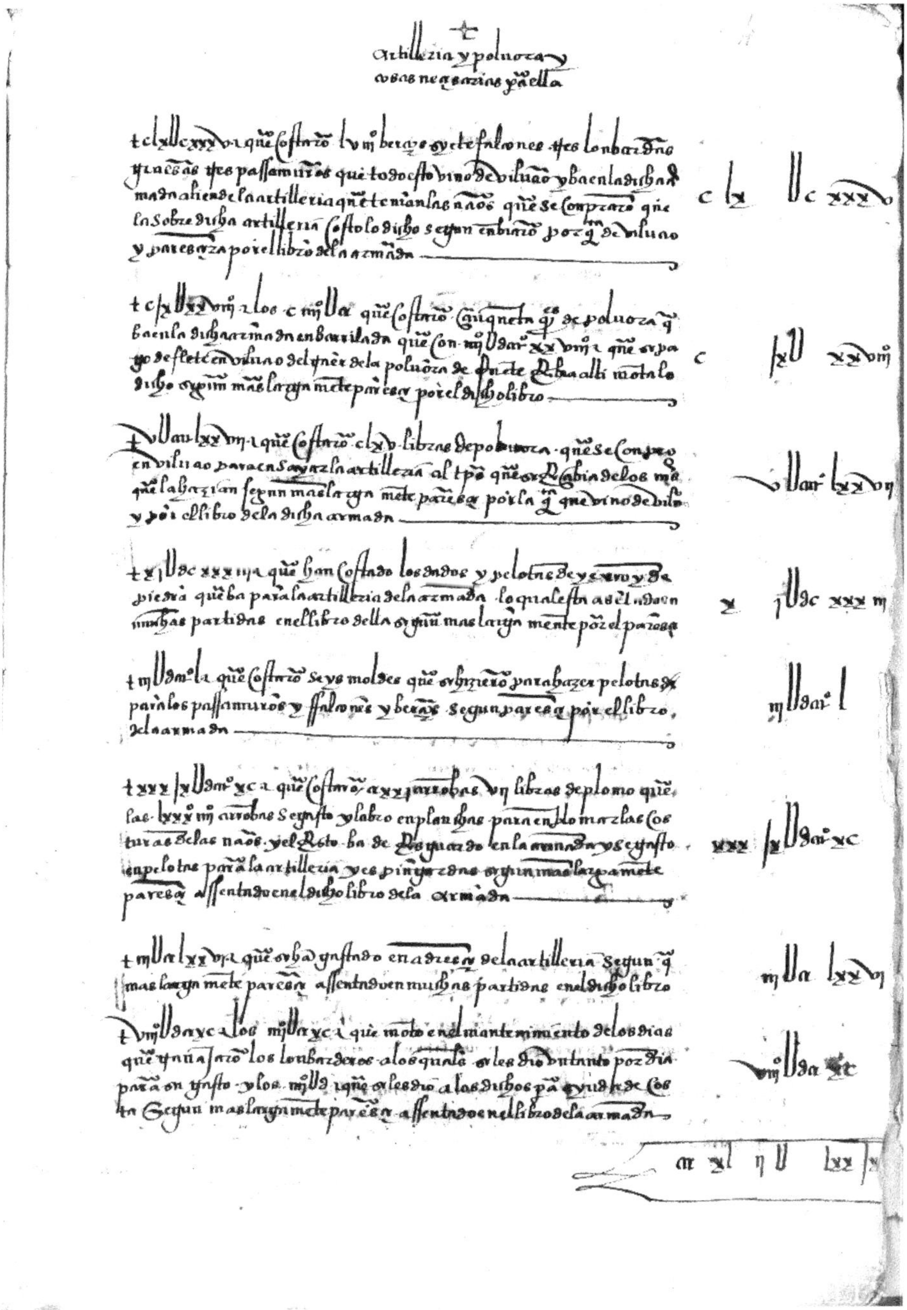
artilleria y polvora y
cosas necesarias a ella

[Gastos de artillería y pólvora, folio 4 de la] Relación del coste de la Armada de Fernando de Magallanes para el descubrimiento de la Especiería.
Archivo General de Indias, PATRONATO,34,R.10

llevar cada uno de media más de 14 piezas no estaba nada mal, pese a las afirmaciones tan repetidas como inexactas de algún historiador anglosajón. Como los 50 quintales de pólvora parecen indicar que podían hacer algo más de un disparo o dos como mucho en un combate, y eso setenta años antes de 1588. A no ser que llevaran la pólvora como lastre, claro, que todo puede pasar tratándose de los ineficaces y atrasados españoles. Que el pecio del *Mary Rose*, hundido veintisiete años después en una batalla con los franceses, conservara numerosos arcos como armas para su dotación es prueba de lo adelantados que estaban otros marinos.

El armamento individual es también curioso: el mayor gasto, con mucho, es para 100 coseletes (armaduras) por 110 910 maravedíes, más otros 6800 para el Capitán General, Magallanes. Aún se cuenta con las ballestas, de las que figuran 60, por 33 495 maravedíes, bastante más caras que los 50 arcabuces o «escopetas», que costaron menos de la tercera parte: 10 500. Curiosa época en que las nuevas armas no solo eran más eficaces que las antiguas, sino más baratas, trátese del ejemplo expuesto o de la diferencia entre el precio de la artillería y el casi paralelo de las armaduras. Aparte estaban 95 docenas de dardos, 1000 lanzas, 200 picas, 6 chuzos y otras armas blancas, entre ellas unas 200 rodelas o pequeños escudos. Faltan las espadas y puñales, pero es de suponer que eran las personales de cada miembro de las dotaciones.

En cuanto a la alimentación, algo decisivo, los alimentos básicos eran el ya mencionado bizcocho, con nada menos que 2140 quintales por 372 510 maravedíes, y los nada menos que 590 000 para pagar la ración diaria de vino, que curiosamente provino de Jerez. Todo calculado para una duración del viaje de entre dos años y dos años y medio, tal vez incluso más, contando con las inevitables bajas entre las dotaciones por cualquier causa. El bizcocho era tan duro que había que mojarlo en el guiso o con vino para poderle hincar el diente. Pero lo peor es que terminaba convirtiéndose en migas con el tiempo, tomando moho y cubriéndose de parásitos, con lo que se hacía incomible hasta para el marinero más hambriento.

Mucho más barata era la consabida ración de legumbres, hoy sabemos que un alimento bastante completo, pero entonces tenido por comida de pobres, aunque muy usada en los barcos por su larga conservación. Se llevaron 50 fanegas de habas, 90 de garbanzos y 2 de lentejas, todo por un precio total de solo 3037 maravedíes. El aceite de oliva era otro aporte importante, con casi 48 quintales, a un precio de 58 425 maravedíes.

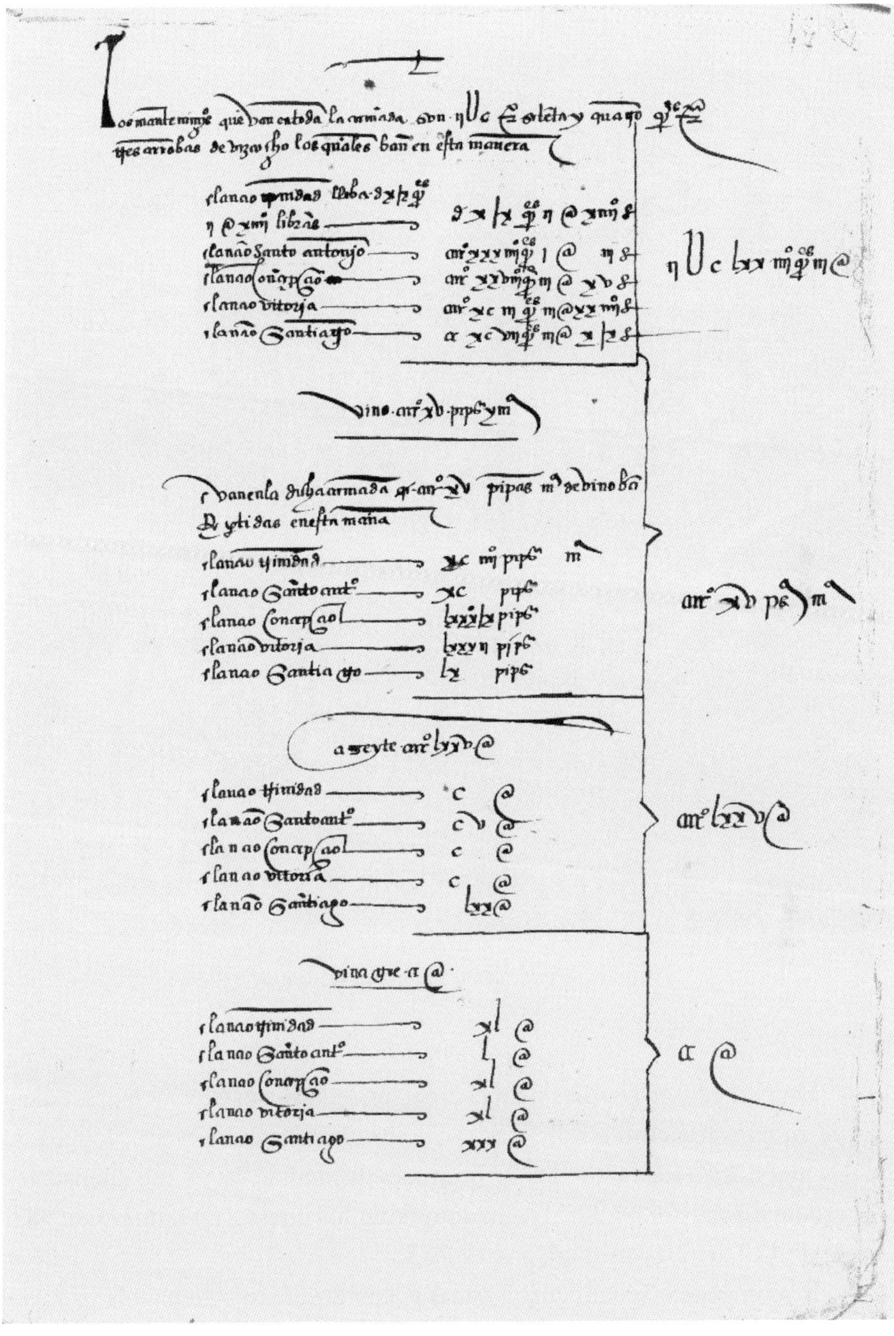

[Gastos de bizcocho, vino, aceite y vinagre, folio 47 de la] Relación del coste de la Armada de Fernando de Magallanes para el descubrimiento de la Especiería.
Archivo General de Indias, PATRONATO,34,R.10

Grabado de una nao española.

De pescado, en barriles o en escabeche, se llevaron 62 879 maravedíes, aunque su conservación a bordo durante mucho tiempo era problemática. Mucho más duraderos fueron los 57 quintales de «tocino seco», indispensables en la ración diaria, por 43 908. No podían faltar los quesos, en número de 982, de más de 112 arrobas en total, por 17 735.

Se compraron igualmente 7 vacas y 3 cerdos, pero solo para la primera etapa del viaje, de Sevilla a Sanlúcar, ya que su conservación era muy corta.

Por último, y como condimento o dulce, se llevaron vinagre (utilizado también para limpiar), ajos, pasas, higos, almendras, miel, sal, mostaza y mem-

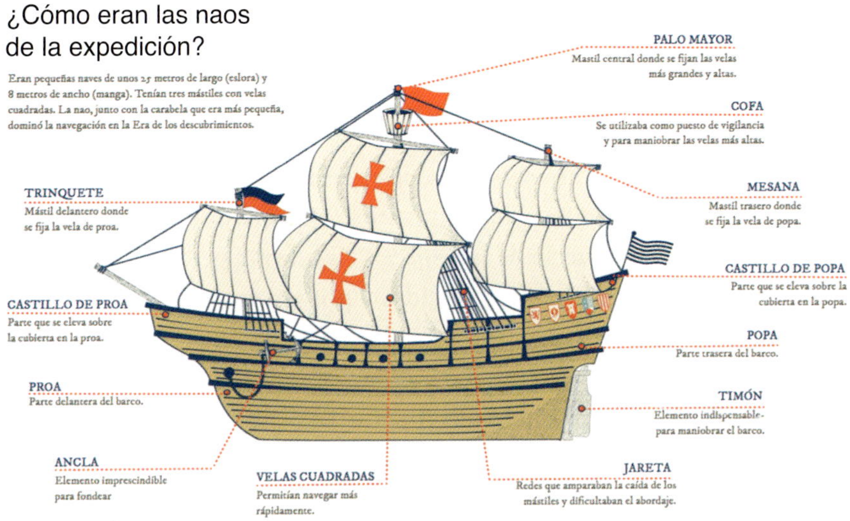

Elementos principales de una nao. [iaph.es]

brillos, con una sorprendentemente pequeña provisión de arroz y azúcar, utilizado en la época también como medicamento.

La gran ausencia de la dieta de los navegantes eran, sin duda, los vegetales y frutas frescas, con las terribles consecuencias que luego veremos. Pero y aparte del desconocimiento sobre las consecuencias de esta falta, estaba el hecho de su imposible conservación a bordo con los medios de la época.

En cuanto al aspecto sanitario, solo se llevaban 13 027 maravedíes de «cosas de botica y medicinas y ungüentos y aceites y aguas destiladas» y sorprendentemente, otros 5927 por cinco pipas (entre seis y ocho barriles) de harina, una por barco, también con fines medicinales, para hacer ocasionalmente algo de pan para los enfermos, alimento más completo y adecuado que el «bizcocho». Cabe pensar, por lo rudimentario de la medicina de la época, que pocos de esos medicamentos serían realmente útiles, salvo como suaves lenitivos o tal vez por un posible efecto placebo para los enfermos.

Aparte estaban los menajes de cocina, desde calderos de cobre, cuchillos y cubiertos, a vasos para la ración de agua y vino, velas para iluminarse, normalmente de sebo, dejando unas pocas de las más caras de cera para el mando, etc.

También los 68 182 maravedíes en instrumentos náuticos como «cartas de marear y cuadrantes, y astrolabios y agujas (brújulas) y relojes».

Capítulo importante fueron las mercaderías que se utilizaban en el comercio con los indígenas que se encontraran y a cambio de las tan deseadas especias o de alimentos frescos que fuera preciso adquirir o cualquier otro material. Por supuesto que eran mercancías europeas de bajo coste, como paños y trajes, cuchillos, tijeras, agujas y objetos metálicos, o espejos y bisutería, entre otras muchas cosas. La suma total, nada despreciable, era de 1 679 769 maravedíes. En muchas ocasiones se ha argumentado que el intercambio era muy desigual, dado el altísimo precio de las especias en Europa, pero dado que dichas mercancías eran enteramente desconocidas y por eso muy apreciadas por los indígenas, el intercambio por las especias, de bajo valor local, no eran tan injusto como pueda parecernos: si un europeo estaba dispuesto a pagar un alto precio por hacer más sabrosa su comida, cabe imaginar lo que daría un indígena por productos como los mencionados, también por completo fuera de su alcance.

Por último y como resumen, incluyendo todos los capítulos, todo el gasto de la armada subió a 8 334 335 maravedíes, de los que 6 454 209 fueron aportados por Carlos I, y el resto, 1 880 126, por el ya mencionado Cristóbal de Haro, que significaban casi la cuarta parte de la cifra total.

Conviene recordar que el maravedí era la moneda de menor peso y valor en la época, por ser de cobre. Un real eran 34 maravedíes, y un ducado, se entiende que de plata, 11 reales y un maravedí. Por tanto la expedición costó unos 22 833 ducados en plata de la época.

En cuanto a las medidas de peso, conviene hacer también un recordatorio: una tonelada venían a ser 20 quintales, en total 920 kg. El quintal era de 4 arrobas y equivalía a 46 kg., la arroba en sólidos eran 25 libras, unos 11'5 kg. y unos doce litros y medio en líquidos, por fin la libra eran poco más de 460 gramos. En cuanto a la fanega de trigo eran 9 arrobas y equivalía a 103'5 kg. Por más confusos que fueran esos sistemas monetarios y de peso y capacidad, creemos necesario darlos para orientar al lector.

Los hombres

En cuanto a los hombres que componían las dotaciones de los buques de la armada, las cosas no están tan claras como deberían por las relaciones y cuentas de los sueldos pagados, existiendo alguna disparidad en las cifras totales, en torno a unos 237 y no los 265 inicialmente previstos. Hubo alguna dificultad

Tradicional representación de Antonio Pigafetta, aunque todo parece indicar que se trata de un pariente suyo.

para reclutarlos y se sabe que un número no desdeñable lo fueron por la fuerza y no por su voluntad, lo que podría explicar alguna deserción temprana. También en la identificación y procedencia, pues a veces los nombres coinciden o son supuestos, no se indica su lugar de residencia o es confuso, y solo a veces conocemos el lugar de su nacimiento.

Indudablemente eran mayoría los españoles, con fuerte predominio de los andaluces, seguidos de vascos y castellanos, con una pequeña representación de las demás regiones, especialmente galleros y navarros. Los portugueses o de ese origen eran un total de 30, alrededor de un 12'5 % de los expedicionarios. En cuanto a los extranjeros destacan los italianos, con unos 25, 17 «franceses», 5 alemanes y otros tantos flamencos, 6 griegos, 4 ingleses e irlandeses, dos indígenas de Extremo Oriente, dos africanos negros y hasta un morisco español. Bueno es recordar que por más que no fueran ni españoles ni portugueses, la mayoría de ellos eran igualmente súbditos de Carlos I, tanto de Flandes, Alemania e Italia, como de Francia, por las extensas posesiones de los Habsburgos en dicho país.

Bueno es decir también que, por entonces, Sevilla, con su tráfico americano, era el principal puerto de Europa, atrayendo lógicamente a gentes de muchas procedencias, y de también dispares oficios: desde el simple marinero o artesano que emigraba buscando mejores horizontes, a delincuentes o a grandes profesionales de la mar.

Posiblemente el más famoso de ellos sea Antonio Pigafetta, que se registró como Antonio Lombardo, nacido en 1491 en Bisanzio, localidad de dicha región italiana. Llegó a España en 1518 y en el séquito del cardenal Chieracato, nuncio del papa León X, y ansioso de nuevas aventuras, se presentó voluntario. A él debemos la más extensa y curiosa relación del trascendental viaje.

E insistimos en que todos eran hombres porque había severas prohibiciones en la época para que embarcaran mujeres, salvo como pasajeras y en casos verdaderamente excepcionales.

La organización de cada dotación era la siguiente, tomando como ejemplo la «capitana» o buque insignia, la *Trinidad*:

Su capitán era el propio Magallanes, que era además el jefe de la expedición, con el piloto Esteban Gómez y el maestre Juan Bautista. Como alguacil iba Gonzalo Gómez de Espinosa, y luego figuran un contramaestre, un cirujano, un barbero, carpintero, despensero, calafate y tonelero.

Iba además un capellán, 14 marineros, 3 «lombarderos» o artilleros (uno como condestable y jefe de ellos), 10 grumetes y 3 pajes. Por último, 19 criados de los mandos y «sobresalientes».

Conviene explicar la función de cargos hoy muy distintos: el capitán era más la máxima autoridad del barco, en lo político, militar y como autoridad suprema. Pero la navegación era responsabilidad del «maestre», auxiliado por el «piloto». El contramaestre era el jefe de la marinería, y el calafate el encargado de las reparaciones a bordo. Los «marineros» eran los expertos en el oficio, mientras que los «grumetes» se suponía que eran los aprendices, que lo conocían pero aún sin gran experiencia, no los niños, como nos han acostumbrado las películas, que eran más bien los «pajes».

Los «criados» eran empleados personales de los jefes, y pocas veces con el significado que le damos hoy a la palabra, en cuanto a los «sobresalientes» eran soldados voluntarios, categoría en la que se alistó Pigafetta, por cierto.

Y con pocas diferencias el resto de los buques, salvo por su tamaño y necesidades, por lo que solo consignaremos los capitanes y maestres de cada una: la *San Antonio* llevaba como capitán a Juan de Cartagena, el jefe adjunto de la expedición e inspector real, y como maestre a Diego Hernández, la *Concepción* a Gaspar de Quesada y Juan Sebastián Elcano respectivamente, la *Victoria* a Luis de Mendoza y Antón Salomón, y finalmente la *Santiago* a Juan Rodríguez Serrano y a Baltasar Genovés.

IV.-La navegación hasta la Patagonia

Finalmente, y tras superar tantas dificultades de todo tipo, la armada estuvo lista para zarpar. Pocos podían imaginar los avatares a los que se enfrentarían y la larga y durísima navegación que les esperaba. Pero más de uno barruntaría los problemas y las discrepancias que se habían sembrado en la preparación del viaje y que terminarían aflorando en la primera y grave crisis de la expedición.

De Sevilla a Canarias

Tras prestar solemnemente juramento de fidelidad al rey de Castilla en la iglesia de Santa María de la Victoria ante las autoridades locales y las de la Casa de Contratación, Magallanes ordenó zarpar el 10 de agosto de 1519 a la armada. Era una hermosa mañana, y en el puerto de las Mulas, cerca de Triana, se congregaron miles de personas para ser testigos del trascendental viaje, mientras hacían salvas de honor los cañones y se izaban las nada menos que 80 banderas y gallardetes de las naos, presididas por el estandarte real.

Las naos, con solo velas en los trinquetes, el mástil vertical más a proa, bajaron lentamente por el Guadalquivir hasta Sanlúcar de Barrameda, donde aún permanecieron cuarenta días completando sus preparativos y embarcando

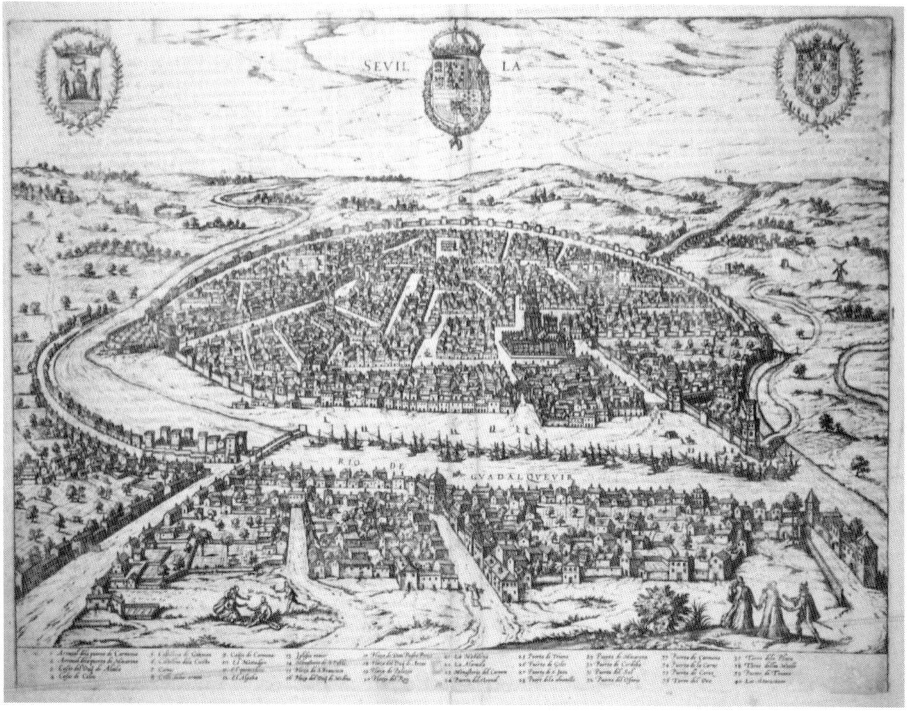

Sevilla en el siglo XVI muy avanzado dibujado por Jorris Hoefnagel y grabado por George Braum y Frans Hogenberg. En la parte de la derecha, en primer plano, la iglesia de Santa María de la Victoria en Triana.

suministros. Magallanes no fue con ellas, pues otorgó testamento en Sevilla el 21 de agosto y solo se incorporó con su séquito bastantes días después, embarcando en chalupas para navegar por el río.

Durante su estancia en Sanlúcar, las dotaciones bajaban diariamente a tierra a oír misa en la iglesia de Nuestra Señora de Barrameda. Magallanes, según las instrucciones reales, les hizo confesar y comulgar a todos, sin lo cual no podía admitirles ni pagarles el sueldo, e hizo registrar las naos para evitar que embarcase alguna mujer, cosa que como ya se ha dicho estaba absolutamente prohibida.

También dio a sus capitanes las siguientes órdenes para la navegación: la nao capitana iría siempre delante, encendiendo un farol a popa durante la noche, para servir de referencia a las demás. Para confirmar aquello, encendería una segunda luz, que deberían encender también las otras para asegurarse todos de que la seguían. Si la capitana encendía dos fuegos más, sin el fanal, las otras debían estar alerta y cambiar su rumbo, o bien moderar su marcha o estar atentas a la maniobra por ser el viento contrario. Si los fuegos eran tres, las naos debían recoger la boneta, la vela situada por encima de la mayor y que se solía recoger cuando el viento era demasiado fuerte y se preveía temporal. Si las luces eran cuatro, era señal de recoger las velas, y si lo estaban ya, justamente lo contrario. Para avisar a los demás de peligros, se encenderían muchos fuegos, subrayados con cañonazos. Por último, se fijaban tres guardias durante la noche: la primera desde el anochecer a las doce y las otras dos a intervalos iguales hasta el alba. Todo un primitivo pero muy necesario código de señales luminosas.

Por fin, el 20 de septiembre de 1519, Magallanes dio la orden de zarpar, y tras una travesía rápida para la época en aguas ya bien conocidas, fondeó seis días después en Tenerife, para reponer carne, agua y leña, aparte de por esperar una carabela con pez para un calafateo de última hora de las naos, que sorprende después de tantos preparativos.

Durante la estancia en Canarias ocurrió una anécdota, narrada en el diario de Pigafetta y que muestra de nuevo las bromas que son acostumbradas gastar por los lugareños a poco informados e ingenuos viajeros desde Herodoto sobre características notables del lugar que acaban de conocer.

Porque el joven lombardo anotó semejante información en su conocido diario, creyéndosela a pies juntillas:

> Nos contaron un fenómeno singular de esta isla, y es que en ella no llueve nunca y no hay ninguna fuente ni tampoco ningún río, pero que crece un gran árbol cuyas hojas destilan continuamente gotas de agua excelente que se recoge en una fosa cavada al pie del árbol y allá van los insulares a tomar el agua, y los animales, tanto domésticos como salvajes, a abrevarse. Este árbol está siempre envuelto en espesa niebla, de la que, sin duda, absorben el agua las hojas.

No se pueden decir mayores barbaridades en tan pocas palabras, entre ellas el suponer que son las hojas del árbol las que absorben el agua, pero el caso puede servir de aviso a la hora de valorar muchas otras afirmaciones discutibles del famoso diario.

El 3 de octubre se recogieron las anclas y se reemprendió la navegación, de nuevo hacia el sur, pasando por Cabo Verde, posesión portuguesa en la que la armada no tocó por motivos obvios. El tiempo fue muy variable, sucediéndose calmas chichas, vientos contrarios y hasta temporales. También se observó, para consternación de los supersticiosos marineros, el «fuego de San Telmo», fenó-

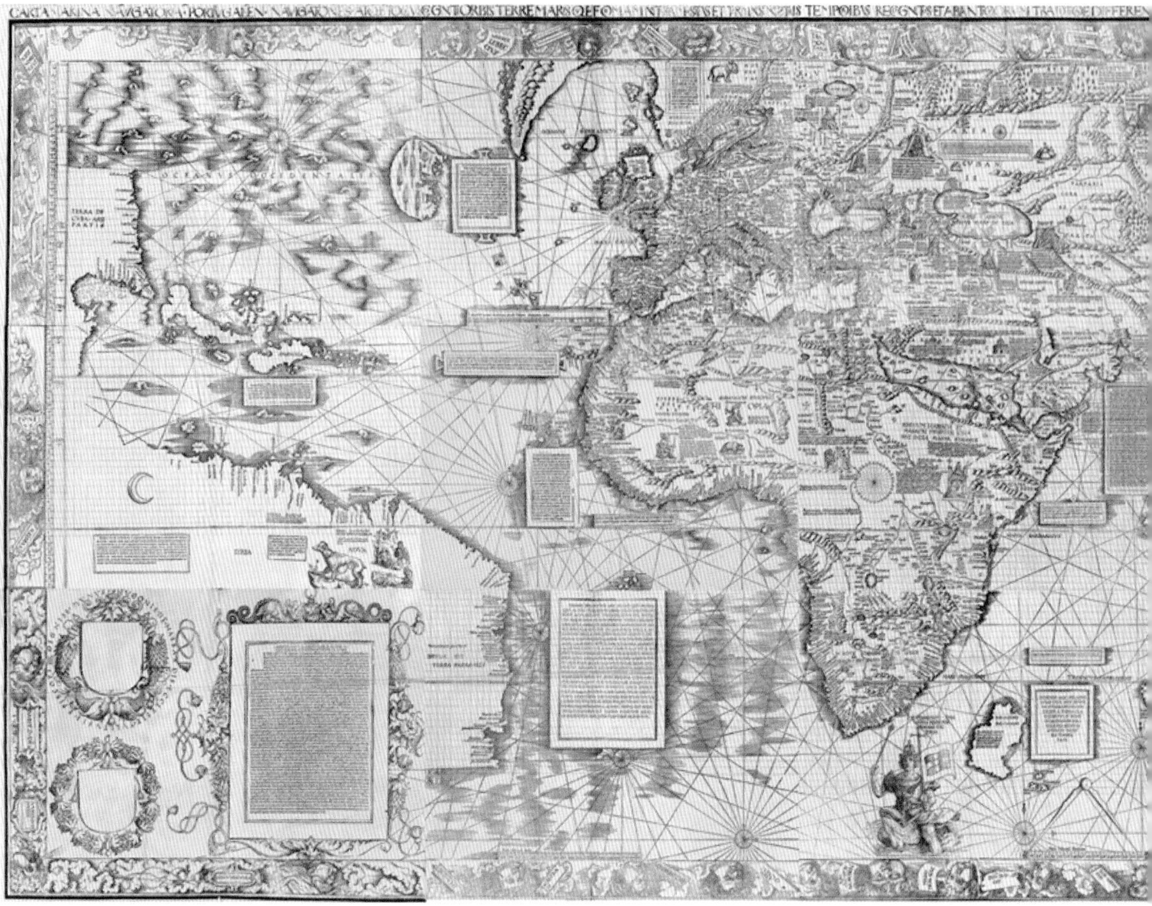

Martin Waldseemüller, 1516: el mundo conocido en los tiempos en que Magallanes inició la expedición a las islas de la especiería del Maluco. Como puede apreciarse las costas africanas y del Índico estaban ya muy bien dibujadas por los portugueses. De igual modo se estaban cartografiando las islas del Caribe y la Florida, las costas de Tierra Firme (Venezuela) y se va desdendiendo por la orilla brasileña. El mayor desafío era establecer cómo y si se unían la costa atlántica de América con la del Pacífico.

meno eléctrico natural que parece iluminar con una luz espectral, de electricidad estática, los palos y puntos altos de los barcos. También se observaron tiburones rondando a las naos, seguramente a la caza de desperdicios, y los inevitables peces voladores y aves marinas.

Pasado el Ecuador, se dejó de ver la estrella polar, referencia para hallar el Norte en la mar, y se distinguió la Cruz del Sur, que lo marca en el otro hemisferio.

Escala en Brasil

Atravesado el Atlántico, lo que por entonces era ya un logro considerable, Magallanes decidió hacer escala en las costas brasileñas para reponer víveres, aguada y leña, así como para dar un cierto descanso a las dotaciones. Aquello contravenía las órdenes de Carlos I, pero el navegante debió suponer que la escala era imprescindible, ya que más al sur las paradas para reaprovisionarse, reparar sumariamente las naos y descansar se harían difíciles o imposibles, por la dura experiencia previa de Solís. También debió de pensar que el dominio portugués del territorio era aún muy precario y limitado a unos escasos lugares, con lo que se evitarían los problemas.

Por fin, el 13 de diciembre de aquel año, entraron las naos en una amplia bahía, que nombraron de Santa Lucía, por la costumbre de dar a los descubrimientos el nombre del santoral del día en que se realizaron, seguramente la que hoy conocemos como Río de Janeiro.

Afortunadamente para los expedicionarios, los indígenas eran sumamente pacíficos y acogedores, y la tierra generosa en alimentos y leña, además de disponer de abundante y buena agua, lo que fue todo un alivio para los ya probados expedicionarios.

Los indígenas eran bastante primitivos, desconociendo los metales y utilizando por tanto solo instrumentos de piedra y madera. Iban completamente desnudos, salvo por un cinturón de plumas, tiñéndose y tatuándose la piel de las maneras más extrañas y chocantes para los europeos, los hombres se hacían tres agujeros en el labio inferior, por los que pasaban pequeños cilindros de piedra. Eran de piel aceitunada y llevaban los lanudos cabellos recortados. Vivían en grandes cabañas o «bois» que compartían muchas familias, y navegaban en grandes canoas monoxilas, es decir: hechas de un solo gran tronco de árbol ahuecado.

Llamó la atención a los europeos el que, si bien los matrimonios eran sumamente fieles y muy celosos los maridos, las muchachas solteras eran de costumbres muy liberales, no dudando en otorgar sus favores por cosas que para los navegantes eran de muy poco valor. Alertado por aquello, Magallanes prohibió que subieran a los buques, sobre todo porque no parecían tener el menor reparo de apoderarse de cualquier capricho que se les antojara, negándose luego a devolverlo con obstinación. Pigafetta narra el caso de una que se apoderó de un gran clavo de hierro, para ellos un auténtico tesoro, escondiéndolo en sus partes, con el consiguiente asombro de todos.

En cualquier caso, el trueque con ellos fue muy satisfactorio, porque proporcionaban abundante carne, pescado o vegetales por los objetos más nimios, hasta por un naipe de baraja, dando hasta seis aves por un rey de oros.

Junto a estas noticias, creíbles por la reiterada experiencia antropológica en otros pueblos primitivos, no faltan en la relación de Pigafetta de nuevo las noticias fantasiosas, como que solían alcanzar nada menos que los 125 y hasta 140 años de edad antes de morir.

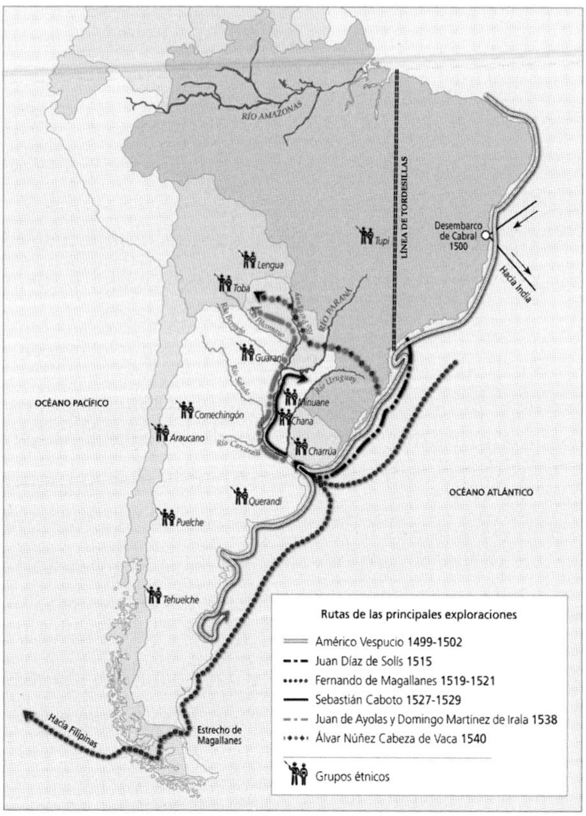

Distintas expediciones a las costas de América del Sur.

Era tanta su simplicidad que, viendo a los navegantes celebrar misa en tierra, imitaban sus gestos y oraciones y hasta se arrodillaban. Otra prohibición de Magallanes, inspirada por las *Leyes de Indias*, fue aprovechar su buen carácter y mansedumbre para reducirlos a la esclavitud.

Por fin, tras una estancia realmente reparadora en un lugar

que debió parecerles paradisíaco (aún más que hoy) a los navegantes, Magallanes ordenó levar anclas y seguir rumbo al sur, hacia su objetivo. Era la mañana del 27 de diciembre y habían permanecido 13 días en tierra.

Pero un hecho muy desagradable vino a enturbiar aquella escala: el 30 de noviembre pasado, en plena travesía del Atlántico se había detenido y puesto preso al maestre de la *Victoria*, un siciliano llamado Antón Salomón, casado y de más de 45 años, por haber sido sorprendido realizando el acto sexual con un grumete, habiendo la constancia de que lo había hecho antes en muchas ocasiones. El 20 de diciembre, en el descanso brasileño, fue sometido a juicio sumarísimo, pues entonces en toda Europa se consideraba el «pecado nefando» como un delito gravísimo, «contra natura» y contra las leyes divinas, cuyo único castigo posible era la muerte. Y así se le ejecutó dándole garrote. Al grumete, cuyo nombre no aparece obviamente en la documentación consultada, se le perdonó, por parecer probado que se había visto obligado por la autoridad de su superior, el malhadado maestre.

Un gran desengaño

Las naos siguieron hacia el sur, siempre a la vista de la costa, hasta que llegaron a un gran río, el llamado Mar Dulce de Solís, que ya sabemos que era el estuario del Río de la Plata, donde llegaron el 10 de enero. Como única referencia en la costa Magallanes vio un monte, al que llamó «Monte Vidi», origen del actual Montevideo.

Impresionados por el recuerdo del desdichado fin de Solís, los expedicionarios tomaron tierra, encontrando un solitario indígena, de gran talla, con el que no se pudieron entender, pues no hablaba la misma lengua que los intérpretes brasileños. Iba vestido de pieles y se le regaló un paño de color rojo para ganar su amistad, pero lo cierto es que tras un par de días, desapareció y no se le volvió a ver.

Vista la necesidad, se varó a las *San Antonio* y *Victoria* en la arenosa costa para que carenasen sus fondos, mientras las otras tres iniciaban la exploración del amplio estuario con suma precaución por los escasos fondos y tiempo empeorando. Pero no tardaron en comprobar que todo era inútil: aquello no era un paso al Pacífico, sino la desembocadura de un gran curso fluvial. Todo lo que había hecho Magallanes era lo que ya había alcanzado Solís, aunque con mejor suerte. Así que todas las especulaciones de los eruditos acerca de la existencia de un estrecho eran erróneas. Otro se hubiera echado atrás y ordenado la vuelta, pero Magallanes no estaba dispuesto a renunciar, y ordenó levar anclas y continuar la exploración hacia el sur, siempre a la vista de la costa, y reconociendo cada ensenada y cada curso de agua por sí en uno de ellos estuviera el tan ansiado paso.

Pero la navegación se hizo cada vez más penosa, con un continuo viento del este que les empujaba hacia la costa y les ponía en riesgo de encallar continuamente, con temporales y un creciente frío. Peor aún fue que en dos ocasiones las partidas que fueron a tierra en botes, a recoger leña, agua, algunos lobos marinos y pingüinos, de lo poco que había aprovechable en aquellas desoladas tierras, se quedaron aisladas y en precaria situación por no poder volver a las naos, aunque no hubo que lamentar ninguna desgracia por ello, se vivieron días angustiosos hasta que se pudieron rescatar.

Peor suerte se tuvo en la propia navegación, cada vez más dura y dificultosa por los temporales, muriendo un marinero de la *Concepción* al caer al agua y ahogarse, y poco después otro de la *San Antonio*, con crecientes averías en los aparejos y naos así como cielos tan cubiertos que impedían la observación del sol y las estrellas durante días, lo que dificultaba enormemente saber la situación precisa en la que se hallaban.

Por fin, el 31 de marzo de 1520, y a 49º 30' de Latitud Sur, se avistó un puerto natural bastante seguro, al que se llamó de San Julián, de nuevo por el santoral del día. Y en él Magallanes, atento al cansancio y evidente malestar de las dotaciones, y ante la previsible llegada del invierno en este hemisferio, decidió invernar y dar descanso a naves y hombres.

Y allí estuvieron hasta el 21 de agosto, en que dieron de nuevo la vela hacia el sur, en su tenaz búsqueda.

Pero en esa escala sucedieron unos gravísimos hechos que a punto estuvieron de dar al traste con la expedición.

La Rebelión

Tras más de once meses de navegación o escalas, lo cierto es que nada se había conseguido, quedando de paso palmariamente demostrado que Magallanes y sus asesores tenían poca o ninguna idea acerca de la situación o incluso la exis-

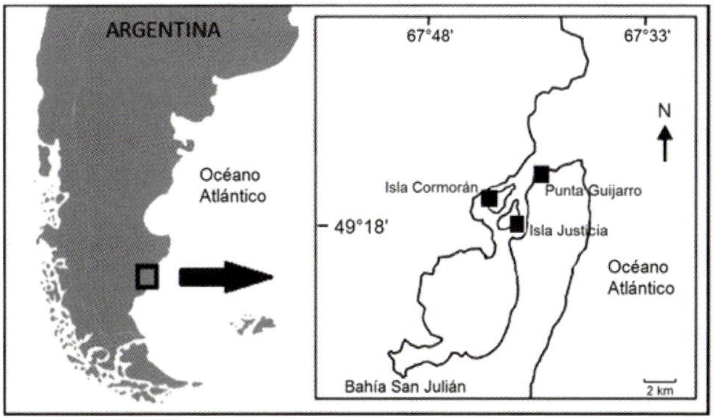

Bahía de San Julián donde Magallanes y sus tripulaciones invernaron en 1520.

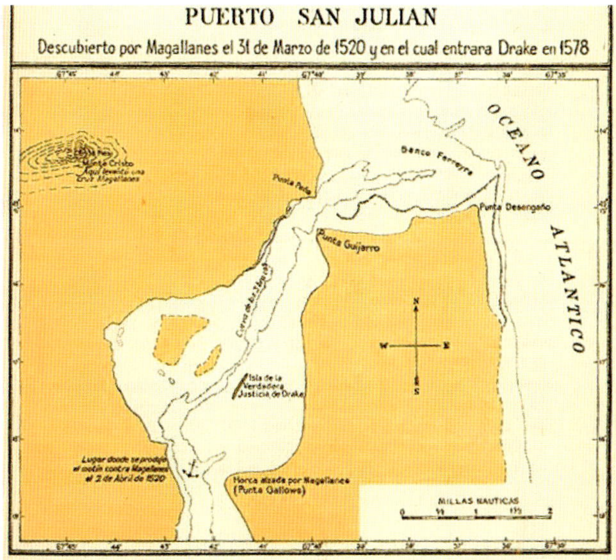

tencia del buscado paso interoceánico. Y al cansancio y las penalidades se unía un futuro aún más incierto. No es de extrañar que entre las dotaciones y los mandos de la armada cundieran el descontento, los recelos y los rumores de toda índole.

Pero había más: la idea de que Magallanes y Cartagena compartieran el mando se reveló como un gravísimo error, que si ya trae problemas con una buena relación entre los dos jefes, fue realmente trágico ante las discrepancias entre el portugués y el español. Es bien cierto que todo se había planteado así desde el principio, con Magallanes y Faleiro, pero reemplazar al intratable cosmógrafo por el «veedor» o inspector del rey, no mejoró las cosas finalmente, porque Magallanes era la persona menos indicada para aceptar un mando conjunto.

Carlos I, en sus Instrucciones Reales, había ordenado a Magallanes que consultase con Cartagena, los demás capitanes, maestres y pilotos y les informase cumplidamente de todo, cosa que se negó a hacer desde un principio. Al zarpar de Canarias se lo recordó Cartagena, obteniendo la única contestación de que lo siguieran «y no le pidiesen más cuentas».

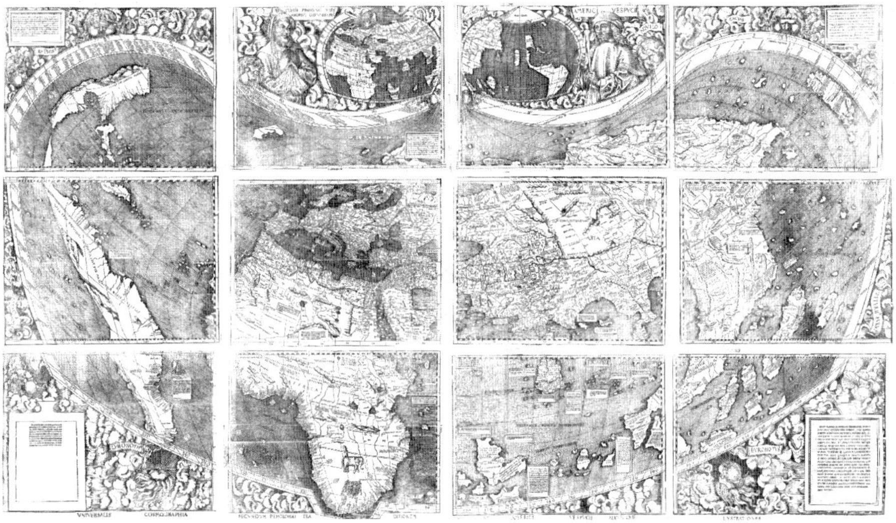

Mapa de Waldseemuller, 1507 en el que se muestran los océanos bien separados: Atlántico, Índico y el Mar del Sur o Pacífico.

La reacción de Cartagena fue empezar a negarle las deferencias en saludos y etiquetas como jefe supremo, y a discrepar del trato dado a Antón Salomón, parece porque ambos venían de familias conversas. La discusión en una reunión de mandos subió a tal punto que Magallanes saltó sobre él, lo agarró por el pecho y gritó: «daos preso», tras de lo cual lo destituyó de todos sus cargos y lo envió, con los pies en el cepo, a la *Victoria*. Para reemplazarlo en el puesto de capitán de la *San Antonio*, puso a Antonio de Coca, que era el contador de la armada. Luego, el 13 de diciembre, le quitó el mando y se lo dio a su sobrino Álvaro de Mesquita, trasladando al preso Cartagena a la *Concepción*, por creer a su capitán, Quesada, más adicto a su persona, en lo que se equivocaba según veremos.

Cabe imaginar la reacción en toda la armada ante hechos semejantes, pues Magallanes había encarcelado a nada menos que al inspector del rey y mando conjunto. Y los recelos que ya hemos anotado entre españoles y portugueses de la expedición no tardaron en agravarse.

Al día siguiente de fondear en San Julián, Magallanes mandó celebrar una junta de capitanes, no se sabe con que propósito. Era un Domingo de Ramos, 2 de abril de 1520, y Magallanes se encontró con un plante de sus capitanes, pues ninguno asistió, salvo Mesquita, su sobrino.

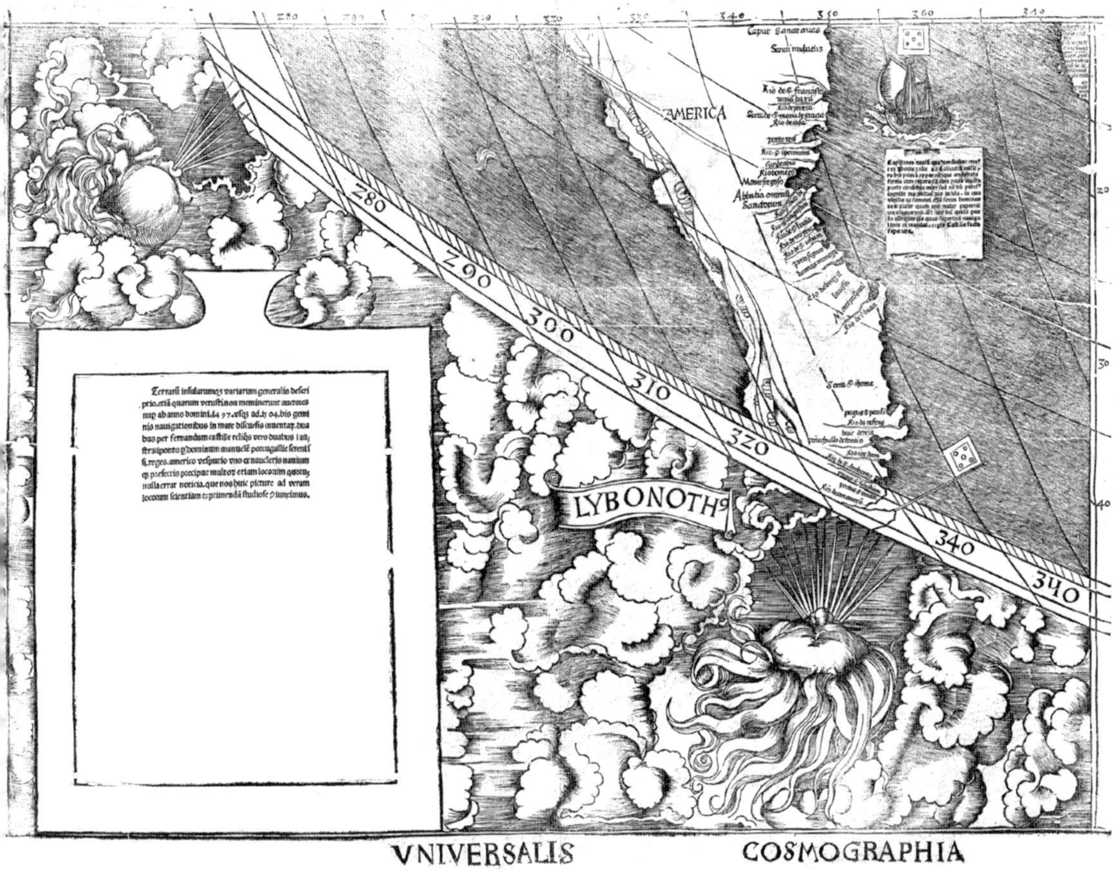

Mapa de Waldseemuller, 1507 : detalle de las tierras apenas atisbadas de Argentina y el rótulo de América que se usaba por primera vez.

Aquella misma noche, Quesada, el carcelero, y Cartagena, el preso, puestos de acuerdo y tras una larga conspiración, pasaron a la acción para detener a Magallanes. De la *Concepción* salió un bote con 30 hombres armados, llegaron a la *Victoria* y apresaron a Mesquita. Solo se opusieron a ello dos personas: el capellán, Pedro de Valderrama y el maestre, Juan de Elorriaga, el primero con admoniciones y el segundo llamando a las armas para resistirse a la dotación. Pero Quesada le hirió a puñaladas e impidió cualquier resistencia, trasladándose el herido a la *Concepción*. El nuevo capitán de la *San Antonio* fue Juan Sebastián Elcano, hasta entonces maestre del buque insignia de la rebelión, quien como primera medida ordenó disponer los cañones para el fuego.

No cabe duda pues de que Elcano formaba parte de la conspiración, tanto más porque Elorriaga declaró que poco antes Elcano le había hecho llegar un mensaje para Magallanes diciéndole que «todos los capitanes, oficiales, maestres y pilotos de la armada querían hacer un requerimiento al señor capitán general para que les diese la derrota (rumbo) que habían de llevar y por donde habían de ir.»

Los sublevados contaban ya con el apoyo de cuatro de las cinco naos, pues la única que permaneció fiel a Magallanes fue la suya, la *Trinidad*. Y para ganarse a las dotaciones, se ordenó un reparto extraordinario de comida, signo de que el racionamiento a bordo se hacía ya doloroso.

Al día siguiente enviaron un mensaje a Magallanes requiriéndole el cumplimiento de las Instrucciones Reales, recordándole su obligación de darles cuenta de sus planes. El capitán general les invitó a una entrevista en su capitana, a los que los sublevados se negaron, temiendo una encerrona.

Ante tal situación, Magallanes no pensó en ceder y respondió con un golpe de mano: mandó un bote con el alguacil de

1513. Mapa de Piri Reis
Durante una campaña naval contra Venecia en 1501, la flota turca capturó un barco español en cuya dotación había varios marineros que aseguraron haber acompañado a Colón en sus viajes a las Indias. Llevaban con ellos cartas de navegación referentes a aquellos viajes. Así fue como Kemal Reis, famoso almirante de la armada turca y tío del también almirante y cartógrafo Piri Reis, entró en posesión de esas cartas y de abundante información sobre las incursiones de Colón en el nuevo mundo y con estos datos dibujó el mencionado mapa.

la armada, Gómez de Espinosa, con una carta de Magallanes para el capitán de la *Victoria* y seis hombres con sus armas ocultas bajo amplios capotes. Los siete llegaron a la nao, siendo recibidos por su capitán, a quien entregó Espinosa la carta, y mientras Mendoza la leía, el alguacil saltó sobre él y lo cosió a puñaladas en la garganta ante el pavor de todos. Justo en ese momento apareció otro bote enviado por Magallanes, al mando de Duarte de Barbosa, con otros quince hombres armados, con lo que tomaron la nao en breves momentos.

El resto de las naos sublevadas se rindió al día siguiente, y Magallanes fue implacable: ordenó la decapitación de Quesada, y ya que Mendoza había muerto, el descuartizamiento de su cadáver, que se efectuaron el 7 de abril, con la agravante de que la decapitación fue realizada por el criado más fiel de Mendoza, tras ser duramente amenazado. En cuanto a Cartagena y al capellán Sánchez de Reina, se les abandonó en aquella fría y estéril tierra con algunas provisiones, más para prolongar su agonía que con fines humanitarios. También debió de pesar en el ánimo de Magallanes que no podía ejecutar al inspector real y a un sacerdote sin exponerse a muy severas reclamaciones a su vuelta. Nunca más se supo de ellos, pese a algunos rumores sobre que fueron salvados.

Bueno es saber que Magallanes recompensó a Espinosa por su acción con doce ducados de oro, cantidad considerable para la época, y con la mitad a cada uno de sus acompañantes, pero la cantidad se sacó del dinero de Quesada y Mendoza, que había sido incautado.

Había al menos otros cuarenta implicados en la rebelión, y Magallanes pensó seriamente en aplicarles los más duros castigos, pero tomar medidas contra ellos, aunque fueran menos severas, estaba descartado, pues casi todos, capitanes, maestres y pilotos, formaban parte de la plana mayor de la armada, y prescindir de ellos con uno u otro castigo, hubiera sido condenar la expedición al fracaso y a forzar la vuelta a España.

Y Magallanes era en lo último en que pensaba, aferrado a su proyecto que las tan ansiadas gloria, poder y riquezas le iba a deparar, tras sufrir en su opinión tanta frialdad y escasas recompensas por sus hechos y logros anteriores. Nada le detendría en su camino hacia el éxito y la fama, y para ello necesitaba a esos hombres, por más que tras lo sucedido, el recelo y la desconfianza mutuos se hubieran transformado en odio. Pero era de los que acepta ser odiado por sus subordinados, con tal de que estos lo temiesen. No es precisamente un ejemplo de liderazgo, y hasta Colón, que en situación parecida supo combinar las mentiras sobre las distancias recorridas, halagos y promesas, para evitar que la situación se le escapara de las manos. Y ello pese a que tampoco era lo que se dice un gran líder.

En cuanto a los implicados, debieron de pensar que ya era bastante terrible su situación, perdidos en un mar duro y frío, con una costa igualmente atroz, sin la menor noticia del estrecho y de su situación, como para pensar en nuevas conspiraciones: si querían salir vivos de aquella aventura, era necesario el concurso de todos, ya a la vuelta se saldarían las cuentas pendientes.

Por supuesto se produjeron algunos relevos en los mandos, nombrando a Álvaro Mesquita capitán de la *San Antonio* y a Duarte Barbosa al de la *Victoria*, mientras que Estevão Gomes iba como piloto a la *Concepción*, como se ve, todos portugueses y supuestamente de la mayor confianza de Magallanes.

Por lo que se refiere al herido Elorriaga, falleció a los pocos días, seguramente porque se le infectaron las heridas, en las penosas o inexistentes condiciones de higiene y asepsia a bordo.

V.-El Estrecho, un naufragio y una deserción

Tras la crisis, las desgracias y problemas siguieron sucediéndose, pero cuando todo parecía perdido, la tenacidad de Magallanes logró su propósito, si bien lenta y penosamente, pagando un alto precio por todo ello.

Los patagones

Antes de reanudar su viaje, en el mismo San Julián, los expedicionarios tuvieron un curioso contacto con los indígenas de aquellas desoladas, frías y yermas tierras, donde el invierno hacía que los días fueran muy cortos y las noches largas y terribles.

Apareció un buen día un hombre, alto y grande, tanto que se dice que los navegantes apenas llegaban a su cintura, en clara exageración. Danzaba y cantaba mientras se aproximaba a la playa, echándose tierra a la cabeza, en signo de amistad, señalando con el dedo al cielo, tal vez para sugerir que suponía a los navegantes procedentes de él. Magallanes ordenó a un marinero que repitiese los mismos gestos, lo que tuvo éxito, pues el grandullón se dejó llevar a las fondeadas naos.

Allí se le dio de comer, lo que hizo en relación con su tamaño y con evidente gusto por manjares para él exóticos. Entre otras anécdotas se cuenta que se le regaló un espejo, y al verse reflejado en él, retrocedió lleno de pánico, derribando a cuatro marineros que intentaron retenerlo. Ya tranquilizado, algo debió de decir a sus compañeros, pues poco a poco fueron aproximándose otros de sus congéneres.

Iban todos cubiertos de pieles, con unas albarcas de piel de guanaco que hacían que sus pies parecieran enormes, lo que sugirió a Magallanes su nombre: patagones, que terminó siendo el de la región. Esa es la versión más común, pero hay otra que consideramos más creíble:

Según ella, el nombre de Patagón se lo inspiró a Magallanes el personaje de un gigante que aparece en la novela de caballería *Primaleón*, continuación del más famoso *Palmerín de Oliva*, debidas ambas a la pluma de Francisco Vázquez y publicada la primera en Salamanca en 1512, y luego reeditada en muchas ocasiones, pues tuvo gran éxito. También es cierto que desde hacía mucho corrían por toda Europa leyendas acerca de una ancestral raza de gigantes con el mismo nombre.

Tal vez parecerá rebuscada esta explicación, pero lo cierto es que dicha literatura era muy popular y leída por entonces y que abundan ejemplos parecidos. Por citar uno de tantos, el nombre de California lo dieron los descubridores españoles a la península que creían isla, por la mítica que aparece en otra novela de caballería: *Las sergas de Esplandián*. Y eso es un hecho comprobado.

Patagones, según grabado francés del siglo XVIII.

En cuanto a su estatura, es cierto que los expedicionarios exageraron un tanto, pero los actuales «tehuelches», que es el nombre que en su lengua se dan, sobrepasan los dos metros de altura en el caso de los hombres. Y es bien sabido que fuera por la dieta o por factores genéticos, muchos europeos del sur apenas sobrepasaban el metro y medio de altura por entonces. Y así ha sido hasta tiempos muy recientes, pues en España eran considerados aptos para el servicio militar a comienzos del siglo XX mozos que midieran 1'50 y pesaran 45 kg., que hoy nos parecerían realmente pequeños.

Sumamente primitivos solo tenían instrumentos de pedernal, y comían la carne cruda, al parecer por la escasez de leña. Sus métodos de curación eran tremendos, basados en provocarse el vómito, incluso con puntas de flecha en la garganta, y efectuándose sangrías en las partes afectadas por el dolor. Los hombres eran todos muy altos, más que sus mujeres, que tendían a la obesidad. Su apetito era realmente insaciable, comiendo cada uno a diario un cesto de galleta o bizcocho, el pan seco de los marinos.

Uno de ellos, de modales menos toscos, se quedó a vivir con los navegantes, llegándose a bautizar con el nombre de Juan, que les regaló un guanaco y otros animales, hasta que un día simplemente desapareció y nunca volvieron a verlo.

Decidido a apresar y conservar a alguno de ellos, Magallanes ideó una trampa: colmó a los dos más jóvenes de regalos, como cuchillos, espejos y cuentas

Costas de la Patagonia y Estrecho de Magallanes en una de sus primeras representaciones.

de vidrio, y cuanto tenían las manos llenas, dos argollas de hierro que apreciaban mucho pero que no podían recoger por tener las manos llenas. Se les ofreció sujetárselos en los tobillos, para poder llevarlos, cayendo ingenuamente en la trampa y siendo hechos prisioneros.

Se envió una expedición a tierra al mando del piloto Carvalho a atrapar a sus mujeres, pero el asunto fracasó, huyendo estas con sus hijos tras ser avisadas por otros hombres, tras matar con una flecha envenenada a uno de los marineros. Con ello, las inicialmente buenas relaciones entre unos y otros quedaron cortadas radicalmente.

Intentó Magallanes reconocer aquellas tierras, enviando una partida de cuatro hombres bien armados hacia el interior, con el propósito de fundar allí una colonia, si es que era posible. Pero no encontraron nada, ni siquiera un curso de agua, los indígenas no se dejaron ver, y tras una marcha de treinta leguas (unos 150 km), volvieron a la base dejando una cruz plantada en su recorrido.

El naufragio de la *Santiago*

Mientras completaba las reparaciones de los buques en San Julián, Magallanes envió a la más ligera de las naos, la *Santiago*, utilizada normalmente como exploradora, a reconocer las costas más al sur. En plena invernada, tal orden era muy arriesgada, y sucedió lo esperable: sorprendida la nao por un violento temporal el 22 de mayo, al acercarse a tierra para evitar su hundimiento, embarrancó en la costa, con pérdida del buque, aunque tuvieron la suerte de que solo se ahogó un hombre, el esclavo negro del capitán, que era Rodríguez Serrano, llamado Juan Negro, por no saber nadar. Pero cabe imaginar el estado del resto, empapados, agotados, sin apenas víveres ni pertrechos de ninguna clase, aislados y sin medio de comunicarse con sus compañeros para que les auxiliasen.

Tuvieron que armarse de valor, recoger todos los restos del naufragio que pudieron y enviar a los dos hombres más fuertes a San Julián, a pie y por tierra, en unas condiciones pavorosas, a avisar a sus compañeros, tras once días de espantosa caminata. El único agua de que pudieron disponer fue la obtenida fundiendo nieve, y el único alimento, almejas crudas que recogían en la costa. pero al fin lograron su propósito. Magallanes envió por tierra una expedición de 20 hombres con víveres y vino, y finalmente fueron salvados los 37 supervivientes del naufragio, reuniéndose todos un 27 de julio.

Hubo, por tanto, que redistribuir a los náufragos entre las otras cuatro naos, con la incomodidad subsiguiente para todos.

Por fin, y tras aquella terrible invernada, la expedición volvió al mar el
24 21 de agosto, haciendo nuevamente rumbo al sur, buscando tenazmente el estrecho. Pero los vientos y la mar no daban tregua, y así tuvieron que hacer escala nuevamente en Santa Cruz, donde se había perdido la nao *Santiago* por

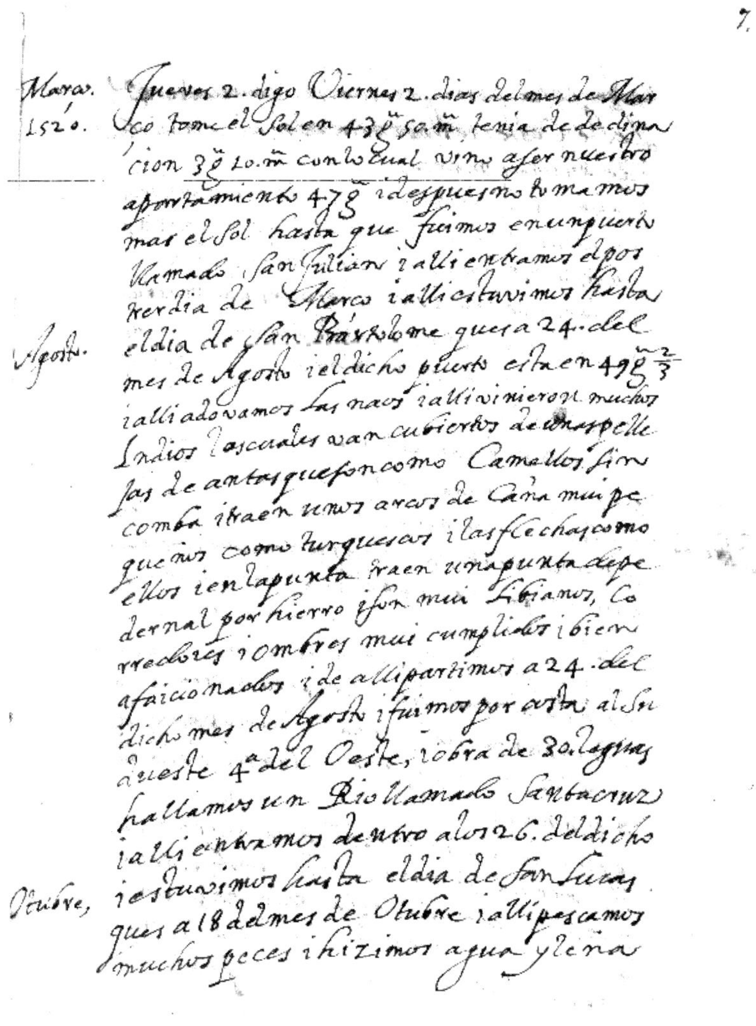

Salida el 24 de agosto de 1520, descripción de los habitantes de la zona, llegada al río Santa Cruz y estancia hasta el 18 de octubre en el «Derrotero del viage de Fernando de Magallanes en demanda del Estrecho. Desde el parage del Cabo de San Agustín», escrito por Francisco Albo (piloto): Archivo General de Indias, PATRONATO,34,R.5 [folio 7r].

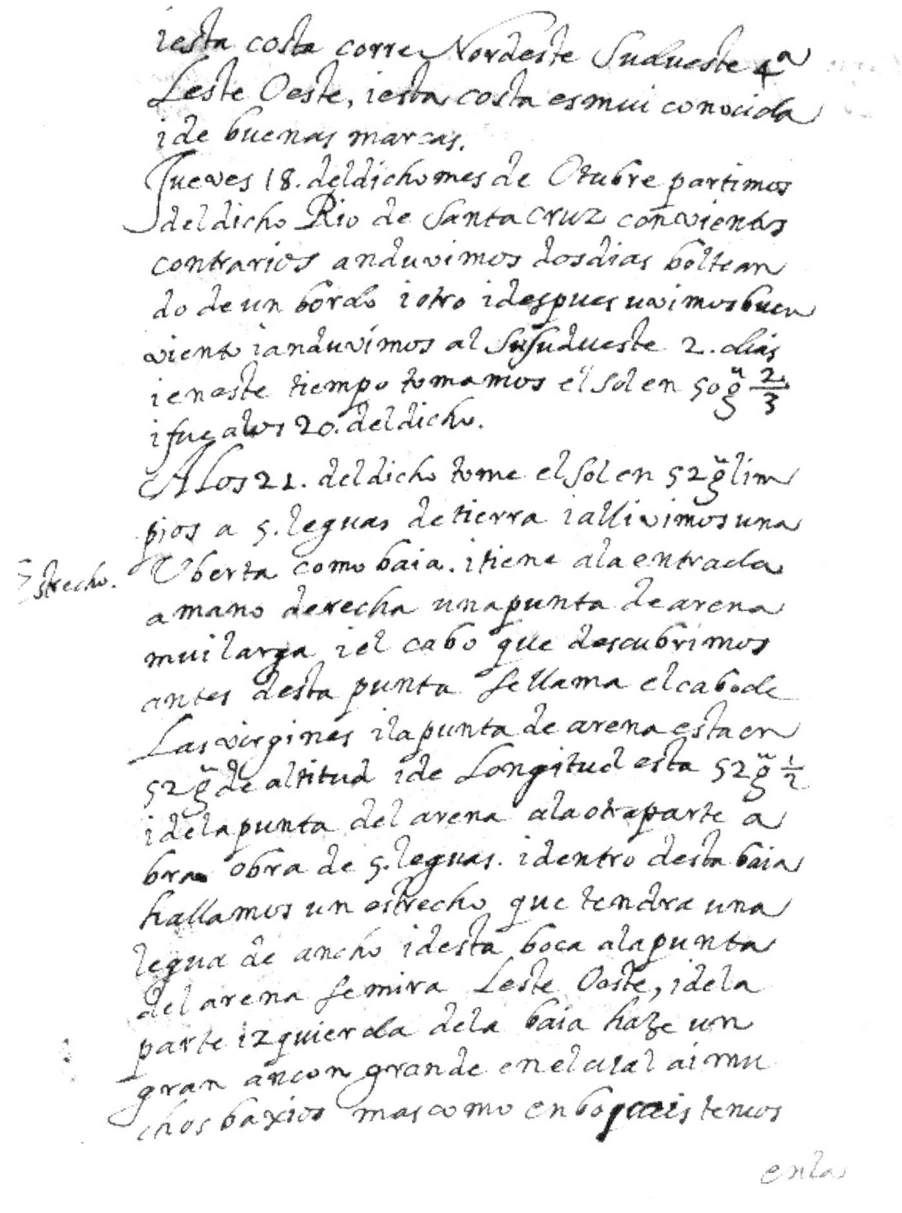
i esta costa corre Nordeste Sudueste 4.a
Leste Oeste, i esta costa es mui conocida
i de buenas marcas.
Jueves 18. del dicho mes de Otubre partimos
del dicho Rio de Santa Cruz con vientos
contrarios anduvimos dos dias boltean
do de un bordo i otro i despues uvimos buen
viento i anduvimos al Sudueste 2. dias
i en este tiempo tomamos el Sol en 50 g.os 2/3
i fue a los 20. del dicho.
A los 21. del dicho tome el Sol en 52 g.os lim
pios a 5. leguas de tierra i alli vimos una
Estrecho. abierta como baia. i tiene a la entrada
a mano derecha una punta de arena
mui larga i el cabo que descubrimos
antes desta punta se llama el cabo de
Las virgines i la punta de arena esta en
52 g.os de altitud i de Longitud esta 52 g.os 1/2
i de la punta del arena a la otra parte a
bra obra de 5. leguas. i dentro desta baia
hallamos un estrecho que tendra una
legua de ancho i desta boca a la punta
del arena se mira Leste Oeste, i de la
parte izquierda de la baia haze un
gran ancon grande en el cual ai mu
chos baxios mas como en los paises tenemos
en las

21 de octubre de 1520: Cabo de las Vírgenes, en el «Derrotero del viage de Fernando de Magallanes en demanda del Estrecho. Desde el parage del Cabo de San Agustín», escrito por Francisco Albo (piloto): Archivo General de Indias, PATRONATO,34,R.5 [folio 7v].

otros dos meses. El estado moral de las dotaciones era muy bajo, notándose la desesperación y apatía en muchos hombres, de ellos fallecieron el marinero Diego Barrasa, de la *Trinidad* y el carpintero Martín de Gárate, de la *Victoria*, ahogado en el río Santa Cruz cuando cumplía el encargo de aprovechar los restos de la *Santiago*.

No dice mucho de la previsión y conocimiento de dichas latitudes el que Magallanes se viera forzado a dos invernadas sucesivas con un total de cinco meses en tan duras condiciones que comprometían seriamente el éxito de la expedición. Pero su increíble tenacidad iba a tener pronto recompensa.

El Estrecho y una deserción

Como suele suceder tantas veces, cuando ya todos estaban perdiendo las esperanzas y la paciencia, literalmente en el último momento, el tan deseado éxito surgió de forma repentina: al doblar el cabo de las Once mil vírgenes, nombrado según costumbre por la festividad del día, se divisó desde las baqueteadas naos una extensa bahía que prometía los mejores augurios. Era el 21 de octubre de 1520.

Magallanes tuvo el presentimiento de que aquel era el tan buscado estrecho, y destacó a las *San Antonio* y *Concepción* a explorarla, mientras que la *Trinidad* y la *Victoria* quedarían en la boca aguardando sus resultados.

Pero el tiempo, que en los últimos días había sido bonancible y favorecido la navegación, cambió repentinamente en una dura tormenta que duró día y medio. La tempestad, procedente del este, hizo garrear (perder las anclas) a las que esperaban en la boca, e impulsó a las exploradoras hacia el interior de la bahía. Por un momento las dotaciones creyeron que se iban sin remedio contra la costa, tras sortear el cabo de la Posesión, pero divisaron una pequeña abertura y por ella se internaron, la conocida como «Primera Angostura», por lo que siguieron adelante, desembocando en la bahía de San Gregorio o de Boucault, tras de la cual se abría otro paso, la Segunda Angostura, y que de nuevo llevaba a otra bahía más ancha, y considerando su misión cumplida, las naos volvieron a reunirse con las que habían quedado atrás con Magallanes.

Este se hallaba lleno de ansiedad, tras dos días de no verlas, y por las humaredas vistas en la margen derecha del estrecho, lo que dio origen a que aquellos parajes recibieran el nombre de «Tierra de Fuego», llegó a pensar que las exploradoras se habían perdido y que las fogatas eran peticiones de auxilio.

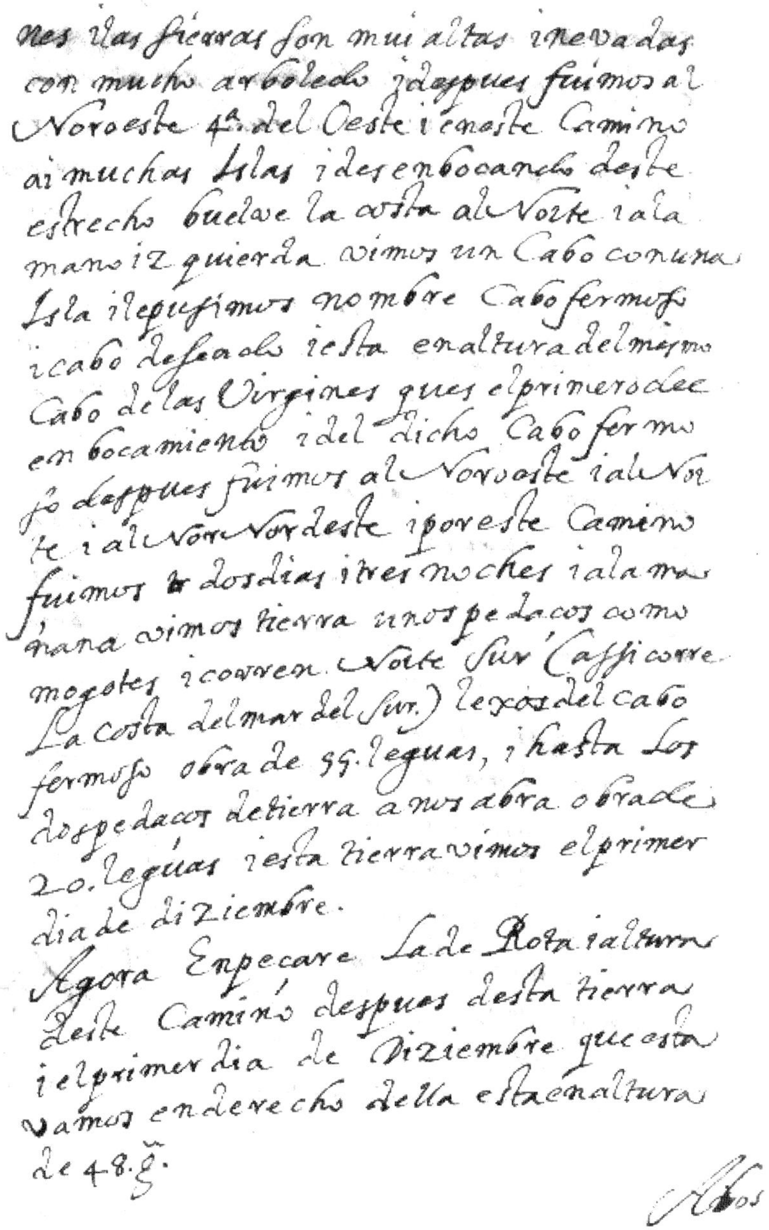

nes i las tierras son mui altas i nevadas
con mucho arboledo i despues fuimos al
Norueste 4ª del Oeste i en este Camino
ai muchas Islas i desenbocando deste
estrecho buelve la costa al Norte i a la
mano izquierda vimos un Cabo con una
Isla i le pusimos nombre Cabo fermoso
i cabo deseado i esta en altura del mesmo
Cabo de las Virgines ques el primero de e-
n bocamiento i del dicho Cabo fermo-
so despues fuimos al Norueste i al Nor-
te i al Nor Nordeste i por este Camino
fuimos dos dias i tres noches i a la ma-
ñana vimos tierra unos pedaços como
mogotes i corren Norte Sur (assi corre
La costa del mar del Sur) lexos del cabo
fermoso obra de 55 leguas, i hasta los
dos pedaços de tierra a nos abra obra de
20 leguas i esta tierra vimos el primer
dia de diziembre.
Agora Enpeçare la de Rota i altura
deste Camino despues desta tierra
i el primer dia de diziembre que esta
vamos en derecho della esta en altura
de 48 g.

Albo

Octubre-noviembre de 1520: Cabo Fermoso y Cabo Delgado, en el «Derrotero del viage de Fernando de Magallanes en demanda del Estrecho. Desde el parage del Cabo de San Agustín», escrito por Francisco Albo (piloto): Archivo General de Indias, PATRONATO,34,R.5 [folio 8v].

Por ello su alegría no tuvo límites cuando vio a las exploradoras de vuelta, con todas sus banderas al viento, haciendo salvas con los cañones y con gritería de las dotaciones en señal de éxito.

Reunidas las cuatro naos y ante los tan prometedores indicios, se reanudó la navegación, ahora ya por el estrecho, con las dos exploradoras de nuevo en vanguardia. Pero los esperanzados augurios tuvieron un serio revés.

En la *San Antonio*, al mando de Alvaro Mesquita, su piloto, Estevão Gomes, estaba ya más que harto de la expedición y de su jefe supremo, y tras ponerse de acuerdo con el resto de la dotación, se amotinó por la noche, resultando heridos en la lucha tanto él como Mesquita. En cualquier caso, los amotinados tomaron el control del buque y decidieron desertar, volviendo a España a todo trance.

Lo curioso es que Gomes había sido nombrado por el propio Magallanes como hombre de confianza, especialmente por ser portugués, lo que demuestra de nuevo la poca visión del navegante con sus subordinados. Gomes estaba resentido desde hacía mucho, porque con anterioridad al plan de Magallanes estaba a punto de recibir el encargo de Carlos I del mando de una expedición descubridora, y el nuevo proyecto hizo que se aparcara el suyo, obteniendo simplemente un mando subalterno.

En el resto de los buques reinó la consternación, reconociendo todos los parajes en busca de la nao perdida y enviándose a la *Victoria* de nuevo hasta la boca del estrecho, dejando señales en los puntos más altos de la costa: cruces, y especialmente una bandera con una olla enterrada al pie conteniendo un mensaje, pero todo fue inútil.

La *San Antonio*, tras una larga y dura travesía por la falta de alimentos y el cansancio de todos, llegó finalmente a Sevilla el 6 de mayo de 1521, y entre las bajas se contaba uno de los patagones apresados, que según dicen, no pudo soportar los calores ecuatoriales.

Allí Gomes no se recató en declarar que Magallanes era un demente y de probada crueldad para justificar su conducta. Sin embargo, y pareciendo muy sospechosa su deserción, fue encarcelado y embargados sus bienes, junto a los de los otros cabecillas del motín, hasta que la expedición volviera y se pudieran juzgar debidamente los hechos.

Como era de esperar, la huida de la *San Antonio* sembró la consternación en las tres naos restantes y en el propio Magallanes, que vio su prestigio y autoridad muy mermados, cuando después de un año de durísima navegación, aún no había comprobado si ese era finalmente el estrecho tan deseado, y mucho menos, llegado a las Molucas. Y para ello había ya perdido una nao por naufragio y otra por deserción.

Queriendo justificar su conducta, redactó una carta dirigida a los mandos de la armada, especialmente a los de la *Victoria*, tenidos como menos afectos a su liderazgo, y ante el escribano o notario de la armada, Ezpeleta, cuyo texto transcribimos [Apud, Arteche, José. *Elcano*, pp. 96-97]:

> Yo, Fernando de Magallanes, Caballero de la Orden de Santiago y Capitán General de esta Armada que S.M. envía al descubrimiento de la especiería.
>
> Hago saber a vos, Duarte Barbosa, capitán de la nao *Victoria* y a los pilotos, maestres y contramaestres de ella, como yo tengo entendido que a todos os parece cosa grave estar yo determinado por ir adelante, por parecernos que el tiempo es poco para hacer este viaje que vamos. Y por cuanto yo soy hombre que nunca desეché el parecer y consejo de ninguno, antes mis cosas son platicadas y comunicadas generalmente con todos, sin que persona alguna sea afrentada de mi, y por causa de lo que sucedió en el puerto de San Julián, sobre la muerte de Luis de Mendoza, Gaspar de Quesada y destierro de Juan de Cartagena y Pedro Sánchez de Reina, clérigo, vosotros con temor dejáis de decirme y aconsejar todo aquello que os parece que es servicio de S.M., bien y seguridad de dicha Armada, y no me lo tenéis dicho y aconsejado, erráis al servio del Emperador Rey nuestro Señor, y vais contra el juramento y pleito homenaje que me tenéis hecho, por lo cual os mando de parte de dicho Señor y de la mía, ruego y encomiendo, que todo aquello que sentís que conviene a nuestra jornada, así de ir adelante como de volvernos, me deis vuestros pareceres por escrito, cada uno de por sí, declarando las razones y porque debemos de ir adelante o volvernos, no teniendo respeto a cosa alguna, porque debéis decir la verdad, con las cuales razones y pareceres diré el mío, y determinación para tomar conclusión en lo que hemos de hacer.
>
> Hecho en el canal de Todos los Santos, enfrente del río del Isleo, en la cuarta feria, veintiuno de noviembre en 53 grados de mil quinientos y veinte años.

Creemos que la carta retrata fielmente al personaje, buscando una salida honrosa a su más que discutible liderazgo, y acusando ahora a sus subordinados de no aconsejarle como debieran, cuando justamente no había aceptado hasta entonces nada que se opusiera o siquiera matizara su autoridad y sus planes que tanto se reservaba para sí.

Y, por supuesto, nada de una reunión general para discutir la situación, sino informes personales y por escrito, que él valoraría por su cuenta, reservándose la decisión en cualquier caso, y hechos más para justificarla que como el asesoramiento que decía buscar. Y exponiéndose cada uno a posibles medidas disciplinarias de Magallanes si alguna contestación no era de su agrado.

Solo contestó el piloto de la *Victoria*, Andrés de San Martín, si bien de forma ambigua y sin comprometerse, ponderando que al ser la estación veraniega

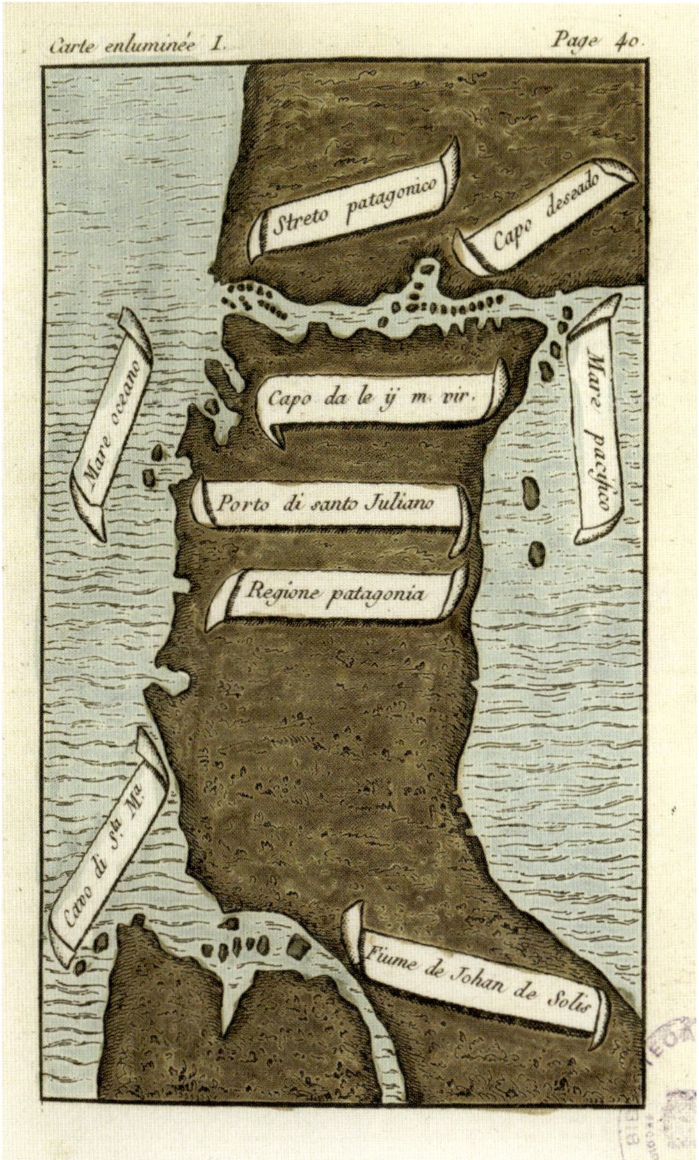

Mapa del Estrecho de Magallanes tal como lo abocetó Pigafetta [1ª ed. francesa].

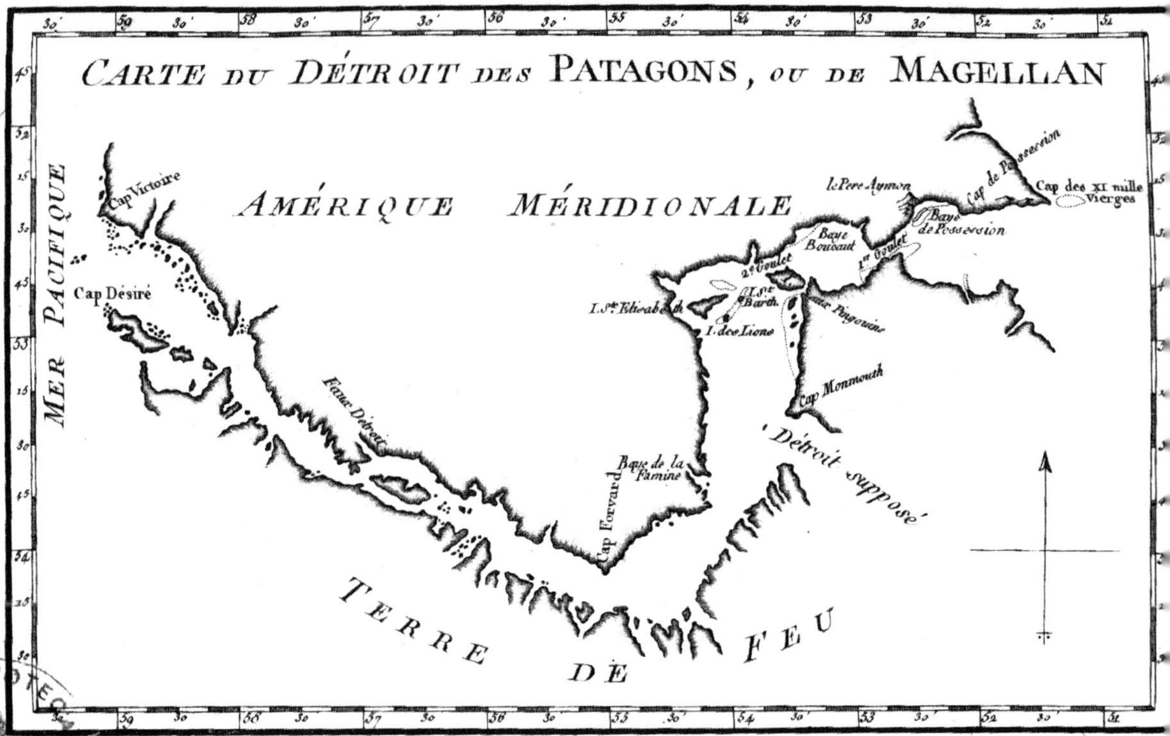

Mapa del Estrecho de Magallanes bien delineado según los datos de Pigafetta [1ª ed. francesa traducida de la italiana]

se podía seguir adelante, si bien la «gente está flaca y desfallecida de sus fuerzas, y aunque al presente tienen mantenimientos para sustentarse, no son tantos ni tales que sean para cobrar nuevas fuerzas ni para continuar... ». Y que como los días son ahora muy largos, y las noches de solo cuatro o cinco horas, no se navegue de noche por el peligro que supone y por el cansancio de las dotaciones.

Por lo demás, Magallanes llegó a proponer, y muy en serio, que de no hallarse el paso, virarían y llegarían a su destino por la vía portuguesa de Buena Esperanza, lo que contravenía las órdenes reales, su proyecto y hasta las más elementales consideraciones. Y nada de dar la vuelta y regresar a España con la noticia, dejando para una nueva expedición, menos agotada, la culminación del ya largo viaje.

Por supuesto, se siguió adelante a toda costa, y tras navegar 38 días y 39 noches en el intrincado, peligroso y frío estrecho, de unos 592 kilómetros

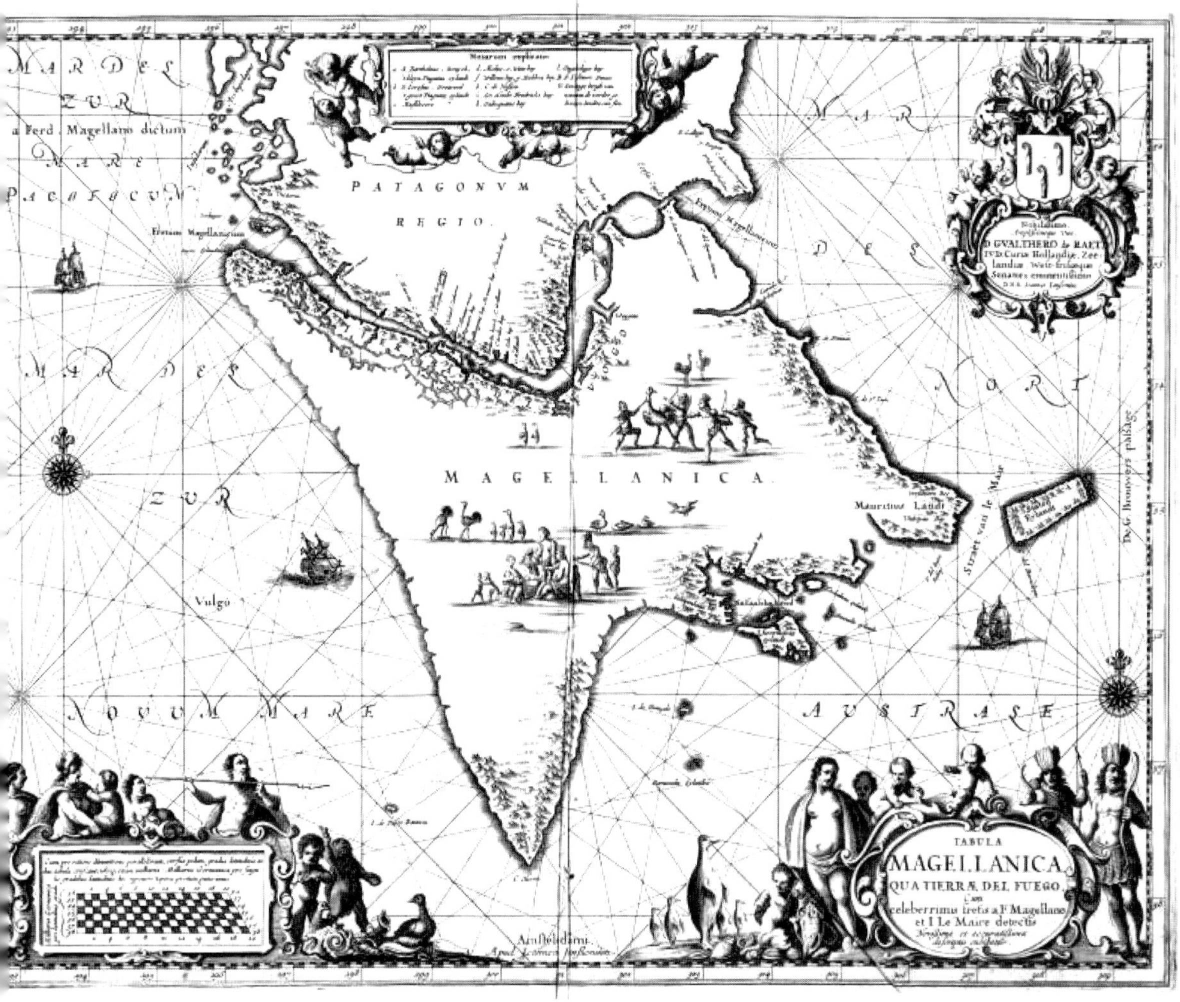

Willem Blaeu: *Tabula Magellanica*, 1635

por la ruta más directa, salió finalmente a la Mar del Sur un 27 de noviembre, frente a cabo Pilares.

Bueno es recordar que había dado el nombre de «Todos los Santos» al largo, sinuoso y complicado paso, pero que pronto fue conocido por el de su descubridor. En cuanto al nuevo océano, descubierto por Núñez de Balboa, predominó el nombre que le dio Magallanes, en parte por su aspecto y también por reanimar la moral de las agotadas dotaciones, de «Pacífico», que es por el que hoy se conoce. Aunque es bien cierto que en España durante siglos predominó la denominación de Balboa, especialmente en sus costas americanas.

Así, casi «in extremis», cumplía la primera parte de su misión: encontrar el paso interoceánico, pero quedaban pendientes la travesía, larga y peligrosa por el desconocimiento total del nuevo océano, sus dimensiones, vientos y corrientes así como por muy necesarias posibles escalas, y la llegada finalmente a las Molucas y sus codiciadas especias.

Cualquiera pensaría razonablemente que aquello era forzar las cosas a un grado fuera de las capacidades humanas, con las dotaciones agotadas, los buques necesitados de buenas reparaciones y no las realizadas hasta entonces con medios de fortuna en las playas, etc. Pero la voluntad de Magallanes se impuso a cualquier consideración.

Y, a falta de otras virtudes y capacidades, bueno es valorar que fue solo la tenacidad de Magallanes la que hizo posible la continuación del prodigioso viaje.

VI.-El inmenso Pacífico y el escorbuto

Cualquiera hubiera pensado que el nuevo impulso era excesivamente temerario, y realmente lo era, pero la ya reducida expedición tuvo una increíble buena suerte para lo que hubiera sido razonable esperar. Eso sí, se pagó duramente un alto precio en vidas humanas y en salud de todos, como era de temer tras las duras pruebas pasadas y el tiempo transcurrido.

El Pacífico

Porque por dura que hubiera sido la travesía hasta entonces, lo cierto es que el futuro se presentaba de lo menos prometedor, pues ahora estaban en aguas por completo desconocidas, así como sus vientos y corrientes, sin saber lo que tendrían que afrontar y sin más referencia que los instrumentos náuticos de a bordo, bien primitivos e inexactos.

Nada sabían sobre si tendrían la oportunidad de hallar en sus singladuras islas donde descansar y reaprovisionarse, ni sobre lo que encontrarían en ellas en ningún sentido, desde habitantes primitivos a un gran imperio, si una acogida hostil o amigable por el contrario.

Y, desde luego, la cuestión de las escalas para descansar y conseguir desde alimentos a maderas y agua, era fundamental para unos expedicionarios, tanto los hombres como los buques, ya muy duramente probados.

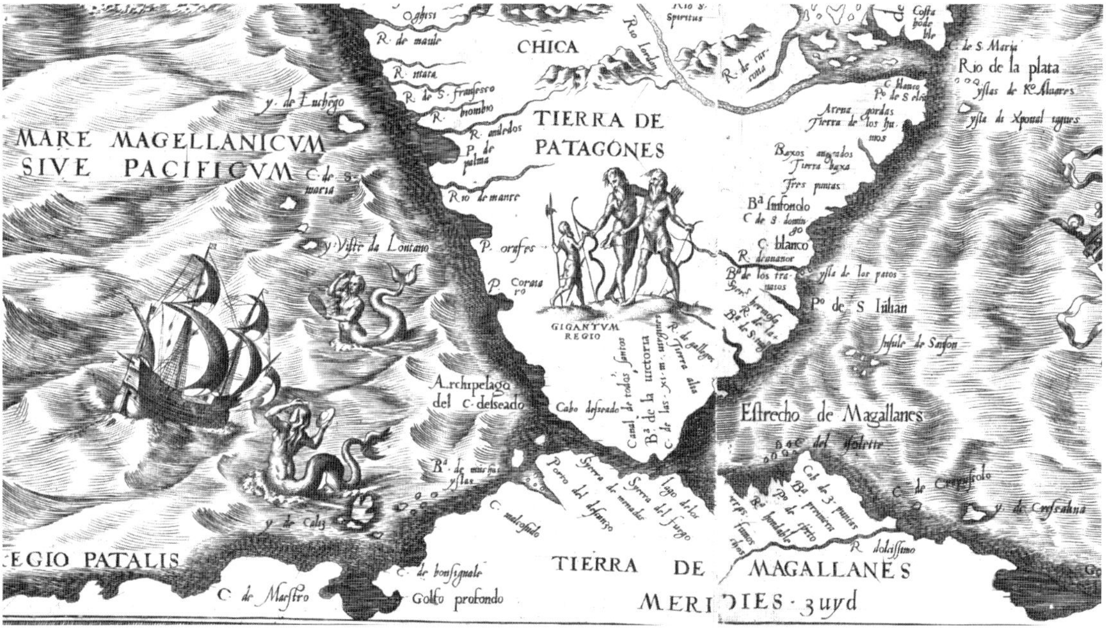

Durante mucho tiempo todos los mapas representaron la zona del estrecho de Magallanes ilustrado con dibujos de gigantes patagones, junto a distintos seres fantásticos marinos [fragmento del *Americae sive qvartae orbis partis nova et exactissima descriptio*, publicada por Diego Gutiérrez, 1562].

Sin embargo, tuvieron mucha suerte, ya que los vientos alisios del sur les empujaban en dirección al noroeste, cruzando en diagonal el Pacífico, que por lo demás hizo honor al nombre que le puso Magallanes, por ello la travesía fue tan sencilla en navegación como rápida, lo que no fue sino un afortunado azar que hizo posible la gesta. Como escribió Pigafetta:

> Si Dios y su Santa Madre no nos hubiesen concedido una feliz navegación, hubiéramos todos perecido de hambre en tan vasto mar. Pienso que nadie en el porvenir se aventurará a emprender un viaje parecido.

Y no era para menos, porque desde el 28 de noviembre que salieron del estrecho, no llegaron a la primera tierra habitada hasta el 17 de marzo, casi cuatro meses después, salvo por dos islotes deshabitados y casi sin vegetación, que Pigafetta llamó «Islas Desafortunadas», que aún hoy se discute cuáles fueron realmente.

La muerte del patagón

El primero en morir, por causas desconocidas pero que se achacaron entonces a la tristeza de verse tan lejos de su tierra, fue el otro indígena patagón apresado en Tierra de Fuego, de forma parecida a como murió igualmente el que iba en la nao desertora.

El gigante que tanto asombrara a los navegantes mostró un carácter de lo más pacífico y tranquilo, haciendo pronto una extraña amistad con Pigafetta, pues solo podían entenderse por señas. El italiano pensó en hacer un diccionario para comprender su idioma, para lo que le señalaba cualquier objeto y hacía que le dijera su nombre que anotaba cuidadosamente. Y el pobre indígena se ponía a la tarea en cuanto veía al italiano con papel y pluma.

Incluso enseñó a sus captores a hacer fuego de la forma primitiva que ellos empleaban, frotando maderos, así como otras cosas de su cultura, pero de nada sirvió todo aquello, pues atacado de una enfermedad desconocida, murió al poco, pidiendo antes de ello una cruz, a la que besó, y rogando le bautizaran, lo que también le fue concedido, poniéndole el nombre de Pablo.

El escorbuto

Porque lo cierto es que, y pese a la insistencia de Magallanes en que en la etapa anterior habían conseguido agua fresca y provisiones, especialmente de focas y aves marinas, las provisiones faltaron a bordo de forma realmente trágica.

El agua potable en los toneles estaba ya podrida y hedía, y para colmo de males estaba estrictamente racionada, algunos hombres en sus desesperación bebieron agua de mar, pagando duramente las consecuencias. Por otro lado, esta era la única disponible para cocinar el poco y estropeado arroz que quedaba como alimento básico. La galleta o pan marinero era ya poco más que unos restos de migas duras revuelto con gusanos y otros parásitos, basura e inmundicias, que hacían que hasta oliera mal. A tal punto llegó la penuria, que los hombres se peleaban por comer las ratas de a bordo, pagadas cada una por el altísimo precio de nada menos que medio ducado. Pero lo normal era echar serrín a la galleta desmigajada, en un intento de hacer mayor la escasa ración.

Peor aún: se llegaron a comer los cueros que por entonces reforzaban los palos de la arboladura, tan resecos y duros para entonces que era necesario tenerlos cuatro o cinco días metidos en agua de mar para que se reblandecieran un poco y poder masticarlos. Y eso los que aún podían masticar, pues una extraña enfermedad castigó duramente a los navegantes, según palabras de Pigafetta:

> Nuestra mayor desdicha era vernos atacados por una enfermedad por la cual las encías se hinchaban hasta el punto de sobrepasar los dientes, tanto de la mandíbula superior como de la inferior, y los atacados por ella no podían tomar ningún alimento.

Señala incluso que de sajar esa hinchazón y sacar como un dedo de carne de cada mandíbula, al día siguiente habían vuelto a crecer. Pero aquello no era sino la primera manifestación de la enfermedad, que tras otros síntomas progresivamente más graves, como enormes moratones en brazos y piernas que se resolvían en continuas hemorragias, serios dolores musculares y una fuerte depresión, concluyendo en la muerte.

Cosmographie universelle, selon les navigateurs tant anciens que modernes /par Guillaume Le Testu, pillotte en la mer du Ponent, de la villecfrancoyse de Grâce. cinquième jour d'avril 1555 avant Pâques.

Indudablemente se trataba del escorbuto, una enfermedad causada por una avitaminosis de vitamina C o ácido ascórbico, derivada de la falta de consumo de vegetales y frutas frescas, ya evidente por la escasa y poco adecuada dieta que sabemos llevaban los navegantes desde hacía ya muchos meses.

Hasta entonces era conocido entre los marinos del norte y centro de Europa, pero no en sus casos extremos, como el presente, cada vez más frecuentes por las nuevas navegaciones oceánicas. En la

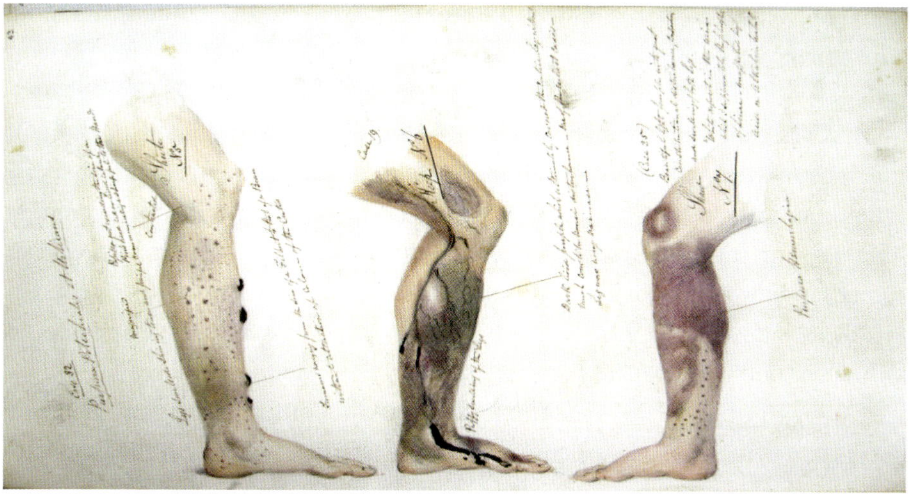

El escorbuto. Agustín Farfán ya explica su tratamiento en 1592, en México. Para la ruta de Manila se cargaban gran cantidad de «agrios de limón».

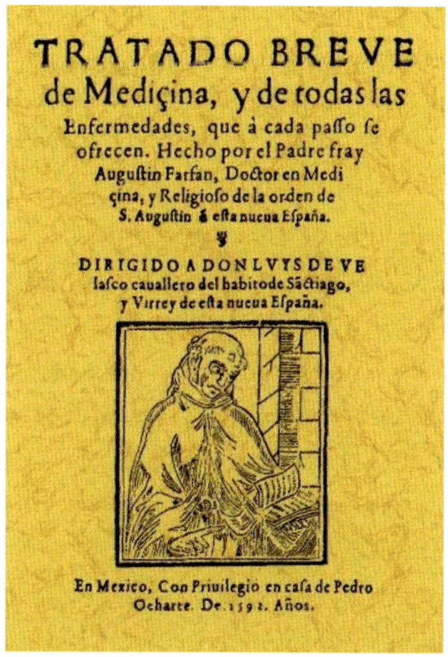

TRATADO BREVE
de Mediçina, y de todas las
Enfermedades, que à cada passo se
ofrecen. Hecho por el Padre fray
Augustin Farfan, Doctor en Medi
çina, y Religioso de la orden de
S. Augustin ē esta nueua España.

DIRIGIDO A DON LVYS DE VE
lasco cauallero del habito de Sãctiago,
y Virrey de esta nueua España.

En Mexico, Con Priuilegio en casa de Pedro
Ocharte. De .1592. Años.

Europa del sur era bastante menos conocido, seguramente por la dieta, no ya embarcados, sino en sus propios hogares, y por lo limitado hasta entonces de las navegaciones, que hacía que los casos fueran relativamente escasos y benignos. Incluso en la «Carrera de Indias» era relativamente escaso, pero los hombres de Magallanes llevaban mucho más tiempo en la mar que el de una travesía normal del Atlántico.

Por supuesto, se desconocían totalmente las causas que lo provocaban, especialmente por lo primitivo de la medicina de la época, con explicaciones que iban desde el frío o el cansancio a las razones más peregrinas. Y lo más grave del caso es que, al tratarse de una enfermedad carencial, ni las más fuertes constituciones mejoraban con el tiempo o el descanso, lo que la convertía en una dolencia aún más peligrosa que las de origen infeccioso, pues estas, aún en el peor de los casos, matan a algunos, carentes de defensas de cualquier tipo o por complicaciones, y el resto se inmuniza, con mayores o menores secuelas.

Pero las carenciales, por su misma naturaleza, solo se curan cuando se alimenta a los enfermos con los productos adecuados, en este caso especialmente con limones, naranjas y otros cítricos.

Las naos de Magallanes padecieron una elevada mortalidad, pues según Pigafetta murieron al menos 19 hombres (entre ellos seguramente el patagón, privado de su dieta habitual y que por ello fue el primero) y otros 25 quedaron muy seriamente afectados. Lo que es un alto porcentaje para unas dotaciones que debían sumar por entonces unos 180 hombres en total. Parece que castigó algo menos a los mandos de la escuadra, y la razón puede hallarse en que les estaba reservado un manjar que pudo paliar esa avitaminosis: el dulce de membrillo.

Según parece, los marineros combatían la enfermedad lavándose las encías con orines mezclados con agua de mar, lo que decían suponía un alivio, pero mucho nos tememos que el único efecto conseguido con ello, aparte tal vez de evitar algunas infecciones bucales, fue el llamado «placebo», ante la ausencia de cualquier otro tratamiento eficaz en la época.

Supuestamente el verdadero remedio contra este mal fue descubierto por un médico británico a mediados del siglo XVIII, pero la cuestión es bastante más compleja y apunta a que alguien se adornó con «plumas ajenas». Pero por no interrumpir el hilo de nuestra narración, y por ser una cuestión que requiere cierto espacio, relegamos el asunto al Apéndice II de este trabajo, donde el lector podrá satisfacer su curiosidad.

Así que volviendo a las tres solitarias naos, el impacto de la falta de alimentos y de agua, la nueva, misteriosa y mortal enfermedad, el desconocimiento total de las aguas por las que navegaban y su propia inmensidad, se confabularon para que la cómoda travesía en lo que se refiere a la navegación se convirtiera en toda una pesadilla.

Tampoco parece que fueran bien orientados, pues Magallanes siguió navegando hacia el norte tras pasar el Ecuador, a una Latitud muy al norte de las Molucas. Pigafetta señala, indudablemente porque alguien con más conocimientos náuticos se lo sugirió, que dejaban al Oeste las islas que describió Marco Polo en su célebre viaje: Cipango (Japón) y Sumbdit-Pradit, cercana a las costas de China (¿Formosa o Haian?), cuando lo cierto es que pasaron a una gran distancia de la segunda y en absoluto se aproximaron a la latitud de Japón.

Por ello el júbilo estalló cuando el 17 de marzo un serviola gritó «Tierra». Se sabe que se llamaba «Navarro», que más parece indicar procedencia que apellido, pues de los dos de ese nombre en la armada, uno era Lope, de Tudela, de la *Victoria* y el otro era el grumete Juan, de la *Concepción* hijo de Juan de Larraga, de Pamplona. Pero aún tardaron nueve días en poder alcanzar la costa.

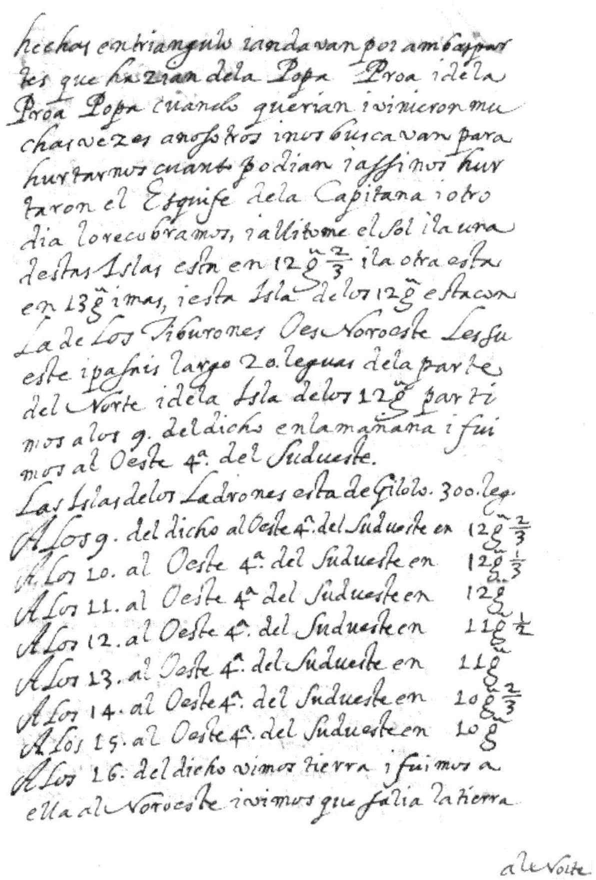
hechos en triangulo i andavan por ambas par-
tes que hazian dela Popa Proa i dela
Proa Popa quando querian i vinieron mu-
chas vezes a nosotros i nos buscavan para
hurtarnos quanto podian i assi nos hur-
taron el Esquife dela Capitana i otro
dia lo recobramos, i alli tome el sol i la una
destas Islas esta en 12 g 2/3 i la otra esta
en 13 g i mas, i esta Isla delos 12 g esta con
la de los Tiburones Oes Norvueste Les Su-
este i pasamos largo 20 leguas dela parte
del Norte i dela Isla delos 12 g parti-
mos a los 9. del dicho en la mañana i fui-
mos al Oeste 4a del Sudueste.
Las Islas delos Ladrones esta de Gilolo. 300 leg.
A los 9. del dicho al Oeste 4a del Sudueste en 12 g 2/3
A los 10. al Oeste 4a del Sudueste en 12 g 1/3
A los 11. al Oeste 4a del Sudueste en 12 g
A los 12. al Oeste 4a del Sudueste en 11 g 1/2
A los 13. al Oeste 4a del Sudueste en 11 g
A los 14. al Oeste 4a del Sudueste en 10 g 2/3
A los 15. al Oeste 4a del Sudueste en 10 g
A los 16. del dicho vimos tierra i fuimos a
ella al Norueste i vimos que salia la tierra
al Norte

Marzo de 1521: Avistamiento de las islas de los Ladrones, en el «Derrotero del viage de Fernando de Magallanes en demanda del Estrecho. Desde el parage del Cabo de San Agustín», escrito por Francisco Albo (piloto): Archivo General de Indias, PATRONATO,34,R.5 [folio 11v].

La isla de los ladrones

Cuando reconocieron la isla de cerca, grande y verde, la alegría se desbordó entre los hombres, dándose por salvados en aquella tierra providencial y con aspecto paradisíaco, que hoy conocemos como Guam, perteneciente al archipiélago de Las Marianas.

Pero pronto el júbilo dio paso a una emoción muy distinta: los indígenas, al divisar las naos, embarcaron a toda prisa en sus canoas y se dirigieron en masa a las naos, con suma agilidad las abordaron, y con todo desparpajo y una vez en ellas, comenzaron a apoderarse de todo lo que encontraban y les llamaba la atención. Los asombrados navegantes, ante aquel expolio, intentaron poner orden, pero de nada les servía. Incluso se dispararon al aire tiros de arcabuz, pero tras una momentánea huida, y al ver que no pasaba nada, los indígenas volvían a la carga. Al parecer no tenían experiencia alguna en un más o menos mutuo y cortés trueque, sino que directamente tomaban lo que deseaban.

Mapa de las Islas de los ladrones tal como las abocetó Pigafetta
[1ª ed. francesa traducida de la italiana].

Por señas comunicaron a los navegantes que dieran la vela para devolverlos a la costa sin tener que hacer el esfuerzo de bogar en sus lanchas, y en un afortunado golpe, robaron y se llevaron el bote de la nao capitana que esta llevaba remolcada por la popa, según costumbre de entonces y para despejar en lo posible la cubierta.

Aquello colmó la paciencia de Magallanes, que no era precisamente su principal virtud, y muy furioso ordenó armarse a cuarenta hombres con los que desembarcó a viva fuerza, les quemó unas cincuenta cabañas de su poblado, lo saqueó, y mató a siete hombres en la subsiguiente refriega.

Tan primitivos e inocentes los indígenas eran que desconocían el uso de los dardos de las ballestas que les dispararon, pues se quedaban sorprendidos totalmente al ser alcanzados por uno, y se lo intentaban extraer con las manos. Hasta los más curtidos soldados no dejaron de sentir lástima por aquellos tan ingenuos como primitivos seres.

Eran magníficos nadadores y marinos, ya que el poblamiento de aquellas islas, como tantas en el Pacífico, se realizó por mar desde el continente asiático. Sus canoas eran pequeñas y estrechas, semejantes a góndolas venecianas, pintadas de blanco, negro o rojo, y simétricas a proa y popa. Aparte de los remos,

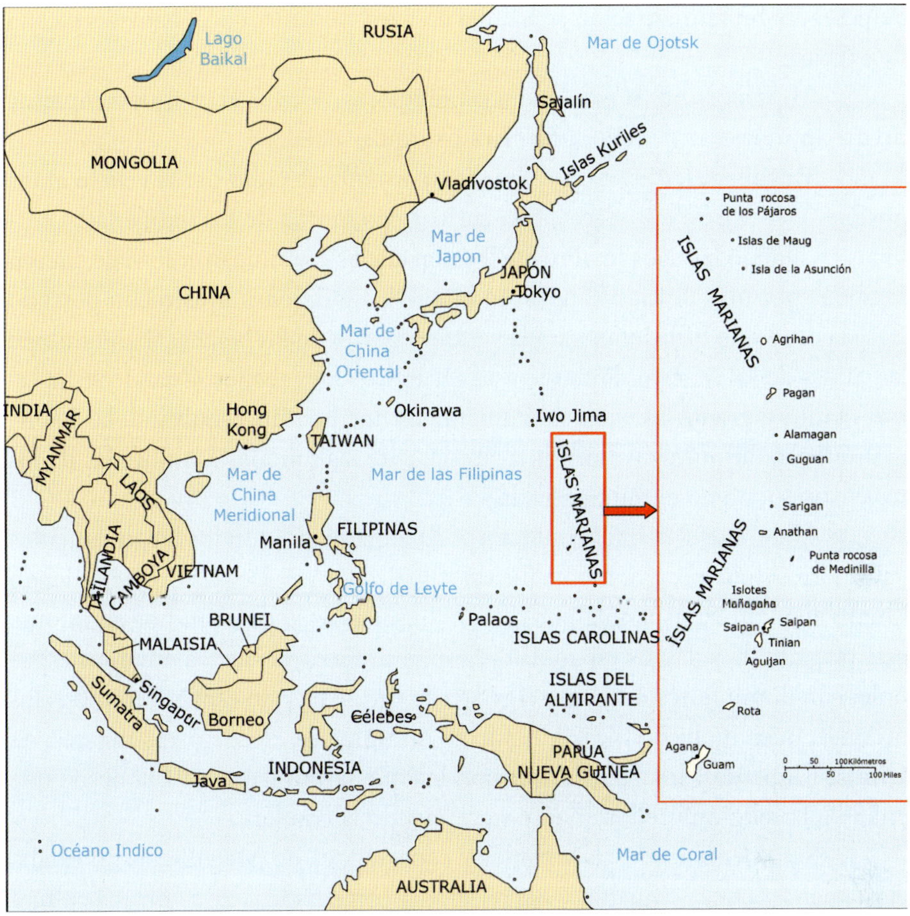

La isla de Guam en la parte inferior del recuadro.

tenían un largo palo donde arbolaban una vela de forma triangular, hecha de hojas cosidas de palma. La estabilidad e incluso la flotabilidad de tan pequeñas embarcaciones estaba asegurada por la batanga o balancín, y según observaron los navegantes: «andaban tanto que parecía que volaban».

Eran fornidos, recios, de tez aceitunada, si bien más clara al nacer y durante la infancia. Se pintaban los dientes de rojo y de negro. Hombres y mujeres iban casi enteramente desnudos, llevando estas sus cabellos casi hasta el suelo, y ambos sexos se untaban el cuerpo y cabello con aceite de coco. También usaban sombrerillos de palma.

Sus casas eran de madera, con techos de tabla y en general espaciosas y cómodas. No conocían más armas que unas lanzas con una punta de espina de pescado. Su alimentación se basaba en aves, pescado, coco, bananas y caña de azúcar.

Al parecer no tenían creencias religiosas, o estas eran muy simples, y no daban muestras de tener una clara jerarquía social.

Magallanes, tras reaprovisionar su armada, decidió dar la vela lo antes posible. Y se asistió entonces a una curiosa ceremonia de los indígenas:

Cuando las naos finalmente levaron anclas y reanudaron su viaje, fueron seguidas por más de cien canoas, en la que los indígenas mostraban pescado fresco como si lo ofrecieran para la venta. A bordo de las lanchas iban también las viudas de los muertos llorando y arrancándose los cabellos. Cuando se hallaron ya muy cerca de las naos, súbitamente las apedrearon, esquivándolas hábilmente poco después y volviendo a su isla, ante las miradas asombradas de los navegantes, que no entendían nada.

Aquel fue el primer contacto, poco afortunado, con los luego llamados «chamorros», que posteriomente fueron colonizados por Legazpi, perteneciendo Guam a la corona española por más de trescientos años. Aún hoy su idioma está plagado de palabras españolas y la toponimia de la isla los nombres españoles son dominantes, así como el recuerdo de ese pasado español en todos los órdenes, pues incluso y pese a la fuerte inmigración desde otros lugares, de China, Filipinas y los EEUU, que son los que administran la isla desde que en1898, la religión predominante sigue siendo la católica.

Realmente entre las virtudes y capacidades de Magallanes no estaba ciertamente la de la empatía: si sus relaciones con personas de su misma cultura eran problemáticas, el enfrentarse con unas gentes tan distintas superó con mucho lo que podía comprender y gestionar con algo de racionalidad.

Tampoco la de gran navegante, pues tras haber derivado innecesariamente tan al norte de las Molucas, ordenó rumbo al Oeste, cuando hubiera debido hacerlo al Sur o al Suroeste. Así, inevitablemente, llegó a las Filipinas, entonces prácticamente desconocidas.

VII.-La muerte de Magallanes

Sorprendentemente, y pese a que su misión le encaminaba directamente a las Molucas, Magallanes, fuera por errores de situación y navegación o por algún designio que se reservó, tras aquel largo rodeo por las Marianas, se entretuvo en las Filipinas, lo que terminó siendo la causa de su muerte y provocando una aguda crisis en la ya muy probada expedición. Pero, y como suele suceder en los hechos humanos, aquel fracaso abrió la posibilidad de nuevas perspectivas, aunque muy en el futuro.

La isla Encantada y Samar

Tras diez días de travesía desde Guam, y al alba, los navegantes divisaron en el horizonte una isla, que hoy conocemos como Samar, del archipiélago filipino, al que entonces dieron el nombre de San Lázaro.

Pero no desembarcaron en Samar, sino en un islote adyacente y desierto muy próximo, por motivos de seguridad, que recibe el nombre de Humunu por los indígenas y al que Pigafetta llamó «Aguada de las buenas señales», y que ha conservado el nombre de Isla Encantada.

Allí ordenó Magallanes plantar dos tiendas y desembarcar a los enfermos, para su mejor tratamiento, dándoles los víveres conseguidos en Guam,

Casi setenta años más tarde Ortelius representó así el océano Pacífico (vulgo, Mar del Sur) con una recreación de la nao Victoria que ha tenido gran fortuna iconográfica.

entre ellos una marrana, así como vino de coco, con lo que parece mejoraron ostensiblemente, mientras las dotaciones disfrutaban de un merecido y muy necesario descanso durante ocho días.

Al segundo día de la estancia, llegó una canoa con nueve indígenas de la vecina Samar, de cultura y costumbres más desarrolladas que las de los de Guam. Fueron bien atendidos, se les dio de comer y algunos regalos, prometiendo ellos por señas que volverían dentro de cuatro días con provisiones, señalando además que tenían especias como el clavo, la canela, pimienta y nuez moscada, lo que prueba que ya habían tenido contacto previamente con europeos, con toda seguridad portugueses, y que conocían sus intereses.

Y efectivamente volvieron en el plazo señalado, eran dos canoas que traían nueces de coco, naranjas (un remedio de lo más eficaz contra el escorbuto, aunque entonces no se supiera aún), vino de coco y una gallina, productos todos por los que se les pagó con la quincallería que llevaban las naos.

Su jefe era un anciano, que como todos ellos, tenía todo el cuerpo tatuado y pintado, con grandes pendientes de oro y cabellera larga hasta la cintura. Se cubrían el cuerpo con aceite para defender la piel del sol y del viento y usaban como armas machetes, escudos, mazas y lanzas.

Magallanes ordenó engalanar las naos, especialmente su capitana, para recibirlos con la mayor pompa y ceremonia, e incluso ordenó disparar una salva cuando volvieron a sus canoas, con el natural susto entre los indígenas.

Llamó la atención de los españoles el papel del coco en su cultura y alimentación, pues de él obtenían el mencionado «vino» por incisión en el cocotero, de la corteza del fruto sacaban fibras para hacer cuerdas, de la médula interior sacaban su «pan», y cociendo ambos sacaban su aceite, y del «vino», si lo dejaban expuesto al sol, su «vinagre». Todo ello, aparte de los productos de la caza y la pesca.

Tras aquella reveladora y oportuna escala, las naos zarparon el 25 de marzo, y navegando entre islas hacia el suroeste, no tardaron en llegar a la isla de Leyte.

De Leyte a Cebú

Ya en sus costas, Magallanes se enteró de que había allí un gran rey, y deseando entrar en las mejores relaciones con él, le envió como embajador a un malayo comprado como esclavo en uno de sus anteriores via-

Mapa de las islas de Maztán y Cebú tal como las abocetó Pigafetta. [1ª ed. francesa].

jes como intérprete. Mejor o peor se hizo entender al personaje que venían como amigos y que deseaban víveres, concertándose una entrevista.

Hubo de nuevo visita oficial a la nao capitana de Magallanes, haciendo este alarde de su artillería y armas, con salvas de piezas de artillería y hasta

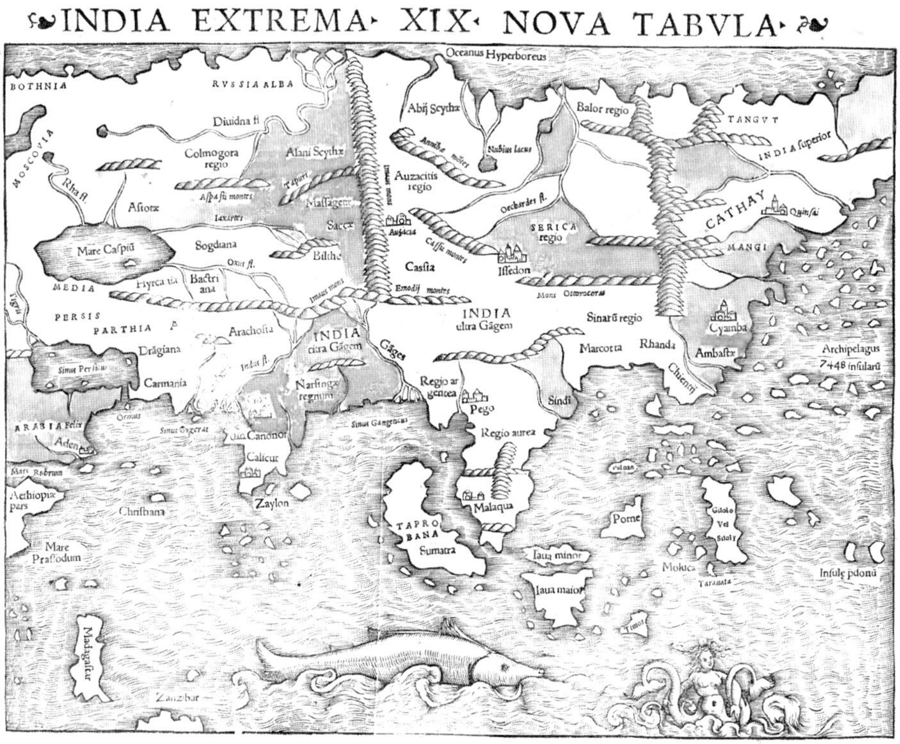

Nueva representación de la zona asiática por Sebastian Munster en 1540.

una representación de la eficacia de las armas de los visitantes: se ordenó vestir con armadura completa a un soldado y que otros tres intentaran herirlo con sus espadas y dagas, sin lograr herirlo para asombro de los indígenas. También se exageró el número de las dotaciones, pues se le dijo que en cada nao iban más de doscientos hombres armados. Incluso se le mostraron cartas e instrumentos náuticos.

En cuanto al rey de aquella parte de Leyte llamó la atención el que llevara vestiduras de seda y algodón, y numerosos adornos de oro, aparte de tatuajes y pinturas corporales, lo que indicaba un paso más en la sofisticación cultural de aquellas gentes, comprobable también en sus viviendas, cada vez más elaboradas y complejas. Su hermano, rey de Massana, región contigua, informó que poseía pepitas de oro tan grandes como nueces y huevos, llegándose a ofrecer un grueso lingote por seis collares de cuentas de vidrio. Pero Magallanes,

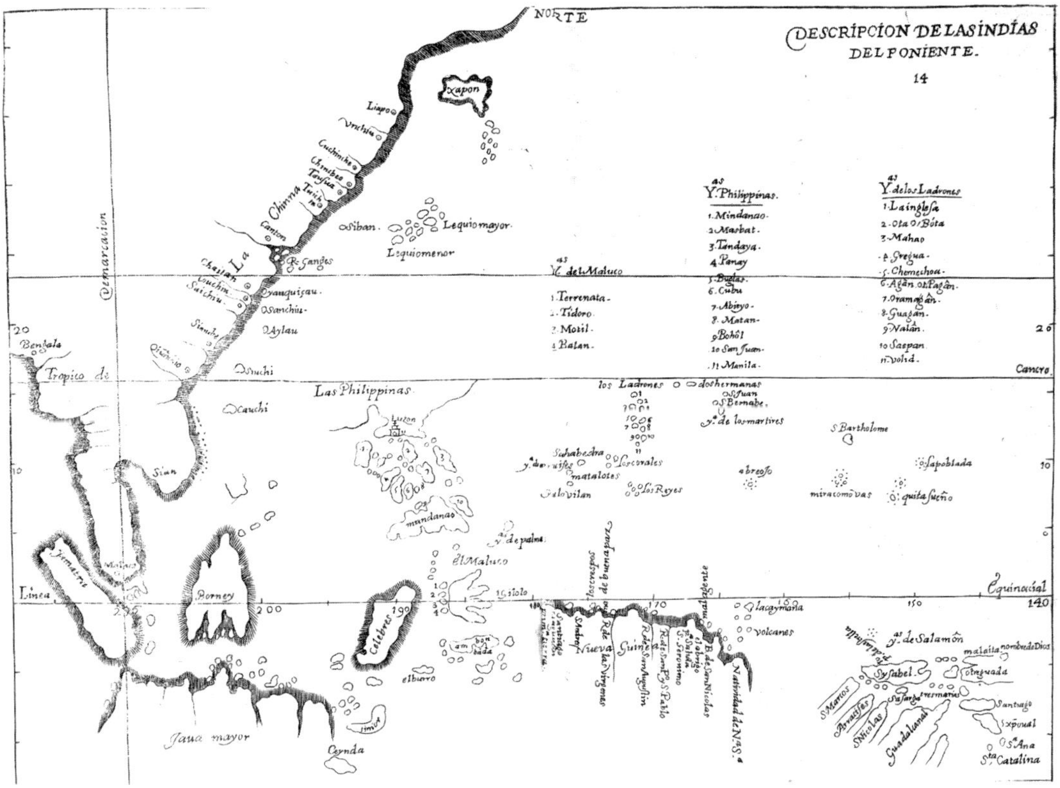

La islas del Pacífico (Indias del Poniente, desde Nueva España) perfiladas por Antonio de Herrera y Tordesillas en 1601.

en previsión de conflictos y para aparentar falta de interés por el oro, prohibió esos intercambios.

El 31 de marzo era el Domingo de Pascua, y Magallanes ordenó celebrar una misa en tierra para celebrarlo, avisando antes a los indígenas, que asistieron asombrados al para ellos nuevo espectáculo. También se levantó una gran cruz y se dio un sermón sobre el cristianismo. Hubo incluso una danza de espadas ejecutada por un grupo de soldados, que gustó especialmente a los indígenas.

El propio rey de Massana se ofreció como piloto para conducir a las naos a la vecina isla de Cebú, donde llegaron el 7 de abril, encontrándose con un nuevo paso adelante en el desarrollo de su civilización, pues se vieron en un puerto repleto de embarcaciones indígenas, lo que demostraba su interés por el comercio y sus relaciones de todo tipo con otros pueblos e islas, más o menos lejanos, lejos del aislamiento de pueblos más primitivos.

Hubo la consabida embajada al rey del lugar y recepción de este en las naos, empavesadas y disparando salvas de honor, con las consabidas explicaciones de que venían en son de paz y amistad.

Entonces el rey preguntó a los embajadores de Magallanes qué objeto llevaba a aquellos buques hasta su territorio, respondiéndole el intérprete que su jefe, capitán al servicio del rey más grande del mundo, venía por provisiones, dando sus mercancías a cambio. Poco impresionado por aquello, el rey de Cebú objetó que todos los buques debían de pagar un impuesto si querían comerciar en su puerto, a lo que se le respondió que el capitán de aquella armada no pagaba impuestos sino a su propio gran rey, y que si el de Cebú quería guerra, tendría guerra, y si paz, tendría paz.

Terció entonces el rey de Massana y convenció al de Cebú de que renunciara a gravar el comercio de los recién llegados, enviando además regalos de arroz, gallinas, cabras y cerdos a los expedicionarios, mientras se disculpaba por su modestia. Se le correspondió con una túnica de seda amarilla, un gorro rojo, varios collares de cuentas de vidrio, un plato de plata y dos tazas de vidrio dorado. Especialmente el vidrio era muy apreciado por los indígenas, por desconocerlo.

Es curiosa la descripción que hace Pigafetta del rey de Cebú, en su gran choza que le servía de palacio y rodeado de su corte:

> Estaba sentado en el suelo sobre una esterilla de palma. Desnudo del todo, excepto las partes naturales cubiertas con una tela de algodón, un velo bordado a mano alrededor de la cabeza, un valioso collar al cuello, y en las orejas grandes aretes de oro rodeados de piedras preciosas. Era pequeño, gordo y pintado (tatuado) caprichosamente a fuego. A su lado, sobre otra esterilla, había dos vasos de porcelana con huevos de tortuga, que estaba comiendo, y delante cuatro cántaros de vino de palma, cubiertos con plantas aromáticas. En cada uno de los cántaros había una caña hueca, por la que chupaba cuando quería beber.

Poco después el cronista italiano fue enviado, junto con el intérprete, para solicitar al rey el permiso para enterrar a dos de los marineros, que acababan de fallecer, Juan de Aroche, sevillano, y Martín Barrena, de Villafranca en Gui-

Recreación actual de la cruz instalada por Magallanes en Cebú.

púzcoa, ambos figuraban en los roles de las dotaciones como sobresalientes de la *Santiago*.

Más por convenirle llevarse bien con los poderosos extranjeros que por convicción, el rey decidió convertirse al cristianismo, preparándose la ceremonia de su bautizo para el 14 de abril, domingo, en espectacular ceremonia. Para ello se levantó un tablado en la plaza de la población, engalanado con tapices y palmas. Una guardia armada de «punta en blanco» (armadura completa) de soldados le daban escolta, sonaron las salvas de los cañones, y el rey y Magallanes se abrazaron en público. Junto al rey se bautizaron igualmente la reina, la pareja real de Massana y nada menos que ochocientas personas de ambos sexos y todas las edades.

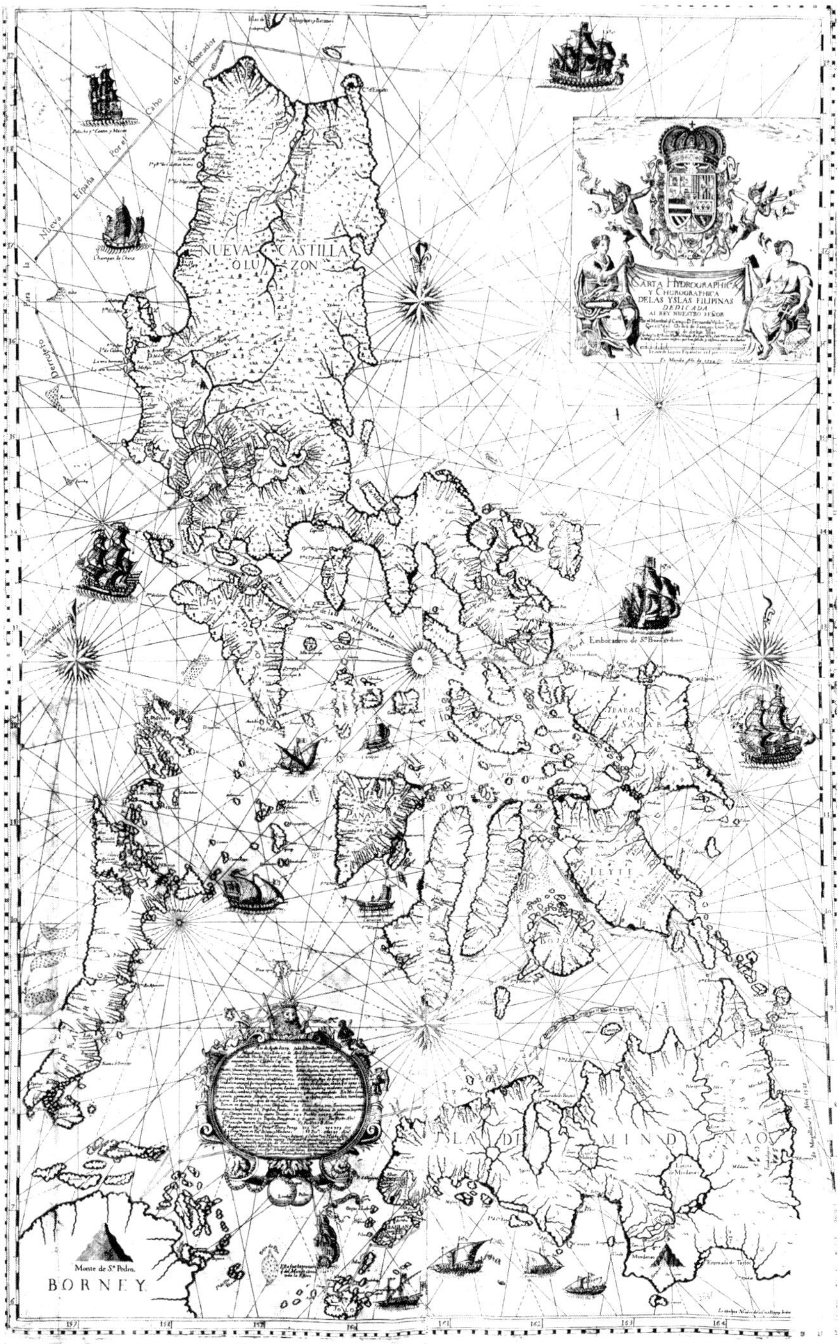

Fragmento del mapa de Filipinas hecho por el jesuita Pedro Murillo. BNE, *Carta Hydrographica y Chorographica de las Yslas Filipinas...*, MR/45/31.

La reina llamó especialmente la atención: «joven y bella, vestía por completo de telas blancas y negras». Llevaba un gran sombrero de hojas de palmera en forma de quitasol y en la punta una triple corona que nunca se quitaba. Su boca y sus uñas las llevaba pintadas de rojo muy vivo.

Pasados unos días, la reina fue a misa acompañada de tres damas con parecido atavío, y el gentil italiano le regaló una imagen del «Niño Jesús» una talla flamenca que se ha convertido, con el paso del tiempo, en la figura central del catolicismo en Filipinas, una imagen a la que se atribuyen numerosos milagros y que suscita la devoción popular. Volveremos a hablar de ella.

Pero lo cierto es que los indígenas seguían apegados a sus ídolos y creencias, e increpados duramente por Magallanes, respondieron que era su manera de conseguir la curación del hermano del rey, considerado como el hombre más sabio y valeroso de la isla y sin habla y a las puertas de la muerte desde hacía cuatro días.

Magallanes respondió «que si tenían verdadera fe en Jesucristo, quemaran todos sus ídolos y bautizasen al enfermo, que curaría, pues estaba tan convencido de ello que apostaba su cabeza a que lo que prometía sucedería inmediatamente».

Así que se organizó toda una solemne procesión hasta la casa del enfermo, y este fue bautizado, así como dos de sus mujeres y diez hijos. Nada más realizada la ceremonia, Magallanes preguntó al enfermo como se hallaba, respondiendo este, ante el asombro de todos que «gracias a Nuestro Señor ya estaba bien».

Aquello aumentó vertiginosamente el prestigio de los forasteros y las amabilidades con ellos, con continuas invitaciones y permitiendo a Magallanes estableciera una factoría comercial y logrando que el rey de Cebú jurase solemnemente fidelidad al rey de España. En correspondencia a tal acatamiento, exigió a todos los jefes cercanos que se sometieran al rey de Cebú, lo que trajo nuevas y trágicas complicaciones.

En la pequeña y cercana isla de Mactán había dos caciques, enemistados entre sí. Uno de ellos, llamado Zula, se sometió a las exigencias de Magallanes, mientras que el otro, Cilapulapu, se negó en redondo. Para obligarle a ello, su principal poblado, Bulaia, fue arrasado por los navegantes en una expedición de castigo, lo que encendió la guerra.

Un viernes 26 de abril, Zula envió a Magallanes un mensaje con su hijo y el regalo de dos cabras, en el que propuso al navegante que le enviara una chalupa con hombres armados, lo que bastaría para acabar con el rebelde.

Santo Niño de Cebú.

Magallanes quiso aprovechar la ocasión de mostrar toda la superioridad en armas de los europeos y asentar así su prestigio de forma terminante sobre los indígenas, y pese a los consejos de algunos mandos de que se desentendiera de esa cuestión menor y potencialmente peligrosa, e incluso de algunos indicios de que se trataba de una trampa, se decidió por la lucha, rechazando incluso el ofrecimiento del rey de Cebú de enviarle como refuerzo mil guerreros. La victoria tenía que ser exclusivamente de los recién llegados.

Tres horas antes del alba del 27 de abril, las naos echaron anclas frente a la costa enemiga, enviando una intimación a los indígenas rebeldes, respon-

Grabado publicado en Alemania en 1603 que representa el combate en la isla de Mactán entre los indigenas y los marineros españoles, en el que murió Fernando de Magallanes.

diendo ellos que también tenían armas «aunque fueran de cañas y de estacas aguzadas a fuego».

Habían cavado fosos defensivos entre la playa y su poblado, y esperaron el ataque de Magallanes tras ellos. Y con las primeras luces, los botes españoles se acercaron a la orilla, con un total de sesenta hombres, de los que pusieron pie en tierra cuarenta y nueve, pues los otros once quedaron guardando los botes.

Pero la orilla era pedregosa y no dejaba acercarse a las canoas, por lo que tuvieron que desembarcar con el agua al pecho, mientras desde las naos,

EFFIGIES REGUM AC PRIN/cipum, ... Summa diligentia et artificio depictæ, et tabellis æneis incisæ à Crispiano Passæo Zelando. Adiectis in singulas Hexas tichis Matthiæ Quadi chalcographi, Crispijn van de Passe,(1564-1637). BNE, ER/138 ILUSTRACIONES

situadas mucho más lejos y sin poder prestar el vital apoyo artillero con alguna eficacia por la distancia, el resto observaba el combate.

Los indígenas eran nada menos que mil quinientos, que, divididos en tres escuadrones, atacaron de frente y por los flancos, lanzando nubes de flechas, estacas aguzadas a fuego y piedras, abrumando a los desembarcados, que apenas podían contestar con el lento tiro de ballestas y arcabuces, que no logró causar mucho daño.

Monumento erigido a Magallanes en la isla de Mactan Filipinas E. d'Almonte
Enrique de Almonte (1858-1917).
BNE, DIB/18/1/9678/23

Avanzando muy lentamente, los atacantes lograron llegar al poblado, dando orden Magallanes de incendiar las chozas, con lo que solo consiguió que los indígenas atacaran más decididamente, y descubriendo quién era el jefe de los atacantes, renovaron sus tiros contra él, hasta que una flecha atravesó su pierna. Un indígena le atacó personalmente, y el capitán le mató de un lanzazo, pero como el arma quedó clavada en el cuerpo, Magallanes intentó echar mano de su espada, pero entre su cojera anterior, la nueva herida y la tensión del combate, no pudo hacerlo hasta que los indígenas le rodearon y mataron, ante el terror y la desmoralización de los desembarcados, que huyeron despavoridos hacia los botes.

De hecho, Magallanes había ordenado ya la retirada, vista la resistencia, y había quedado atrás para cubrirla con una pequeña retaguardia. Se dice que su última mirada fue para comprobar si sus hombres habían conseguido ponerse a salvo. Nadie pudo dudar de su gran valor, pero sí de su cordura al enredarse en dichas luchas entre los indígenas.

Los atribulados navegantes pidieron a sus enemigos que les devolvieran el cadáver, y también el rey de Cebú, pero estos se negaron en redondo, conservándolo como trofeo de un tan valiente enemigo derrotado.

Magallanes

Así acabó sus días el gran descubridor, seguramente como en el fondo hubiera deseado: en combate y haciendo frente hasta el final a sus enemigos.

Y decimos que era más soldado que navegante o erudito, porque en él destacan más las virtudes del primero que las de los segundos y terceros. Más tenaz, decidido y autoritario que hombre de mar y de ciencia, siguiendo siempre su empeño a pesar de todos los obstáculos que se le interpusieran, con poca empatía hacia los demás, fueran españoles, portugueses o indígenas de cualquier territorio.

Pero su comportamiento en la navegación desde el Estrecho que lleva su nombre se presta a complicadas reflexiones, desde un rumbo que le llevaba tan al norte en vez de dirigirse directamente a las Molucas, para luego volver a aproar hacia el oeste, hacia las Filipinas, en vez del sur, en busca de su objetivo.

¿Eran errores de navegación? ¿O era que, pese a todas sus promesas a Carlos I, sabía o intuía que las Molucas estaban en la zona delimitada por Tor-

Estatua dedicada a Lapu Lapu.

desillas como de exclusivo dominio de Portugal y quiso asegurarse el éxito en otra posesión no tan disputada? Es fácil que tuviera noticias del archipiélago pues algún contacto con él ya habían tenido navegantes portugueses y quisiera asegurarse un nuevo territorio que, en el peor de los casos, pudiera ofrecer al rey y emperador en vez de volver con las manos vacías o peor aún, con un peligroso conflicto entre los dos países ibéricos.

O tal vez y pese a todo, en su interior o influido por su camarilla de portugueses exiliados, quiso no romper del todo con su antiguo país.

Probablemente nunca lo sepamos, pues en la época y aún mucho después, se era muy cuidadoso a la hora de poner estas dudas tan íntimas como peligrosas sobre un papel, que luego pudiera convertirse en una prueba más que compremetedora. Y en la tan enrevesada y emponzoñada cuestión peninsular, los testimonios de todos serán siempre sospechosos de parcialidad en uno u otro sentido, sin dejar de señalar que era un portugués el que había desertado en el Estrecho, y que las disensiones eran evidentes en el interior de uno y otro grupo.

En cualquier caso, impulsado por su firme voluntad, había logrado éxitos espectaculares: hallar el estrecho interoceánico, surcar en diagonal un océano hasta entonces completamente desconocido, descubrir Guam y las Marianas y llegar nada menos que a Filipinas. Y todo aquello tendría hondas repercusiones en muchos sentidos: desde la exploración y conocimiento del planeta, a sentar las primeras bases del imperio español en Asia-Pacífico.

Tal vez sus objetivos eran demasiado ambiciosos para ser conseguidos por un solo hombre.

VIII.-Una situación desesperada

Cabe imaginar cómo cayó la noticia entre los navegantes: sin haber alcanzado su objetivo, perdían a su líder y alma de la empresa, pese a todos los esfuerzos y sacrificios, y se hallaban realmente en el otro extremo del mundo, con una cartografía y referencias entre vagas y por completo inútiles. Y con todos sus defectos y carencias, Magallanes había sido la voluntad que les había llevado hasta allí. Con su muerte, por otro lado, no desaparecían los recelos y hasta odios entre los navegantes, por uno u otro motivo, y ahora no existía un líder claro que recogiera la enorme responsabilidad de llevar, literalmente a buen puerto, la ya tan duramente probada expedición.

La traición

De momento estaba la cuestión del mando, que inevitablemente se dio a Duarte de Barbosa, cuñado de Magallanes y hasta entonces su mano derecha, secundado por Juan Serrano.

La atmósfera había cambiado de tal manera con la muerte del capitán, que los expedicionarios pensaron que lo más prudente era cerrar la recién inaugurada factoría de Cebú, reembarcar mercancías y pertrechos de todas clases

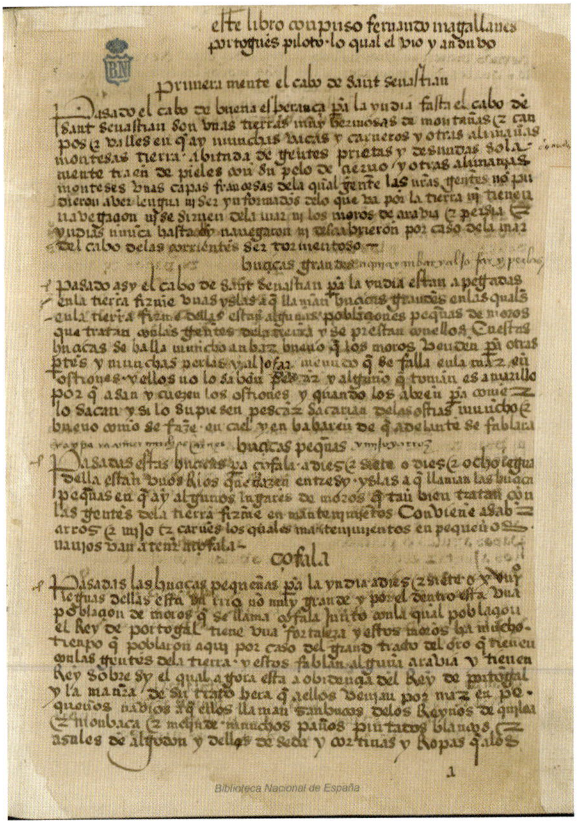

Primer folio del *Libro en el que Duarte Barbosa da relación de lo que vio y oyó en Oriente . Inc.: Pasado el cabo de buena esperança para la yndia (h. 1)... Exp.: por quanto no vinieron a malaca despues que es de nuestro rey. A dios gracias.* Esta es una de las versiones en español del libro que, al parecer, conocía muy bien Magallanes con información de las posesiones portuguesas en la zonas de la India. Se publicó en 1518. BNE RES/47

y abandonar aquellas islas malhadadas. Y es que con la muerte y derrota de Magallanes el prestigio de los hasta entonces mitificados visitantes había caído en picado: ya se sabía que no eran invulnerables.

Pero el paso decisivo vino de sus mismas filas: el esclavo de Magallanes había sido herido levemente en el combate de Mactán, y pese a ser el intérprete de la expedición, se negaba a bajar a tierra pese a ser reiteradamente requerido para ello. Tal vez pensó que la muerte de su amo le liberaba de cualquier obligación, y en cualquier caso, al comprobar que era posible, empezó a soñar con la libertad por medio de la venganza.

Barbosa le reprendió duramente, amenazándole con darle de azotes si no entraba en razón, de paso que le recordaba su condición de esclavo y le decía que le entregaría a la viuda de su amo, como herencia de sus posesiones, a la vuelta a España. Parece que incluso lo insultó llamándole «perro», y desde luego lo puso en una situación imposible.

Lo cierto es que Magallanes lo tenía en gran estima, e incluso en su testamento estipulaba que si acaso muriera durante la expedición: «...su prisionero y esclavo Enrique, nacido en Malaca, de veintiséis años de edad» quedara

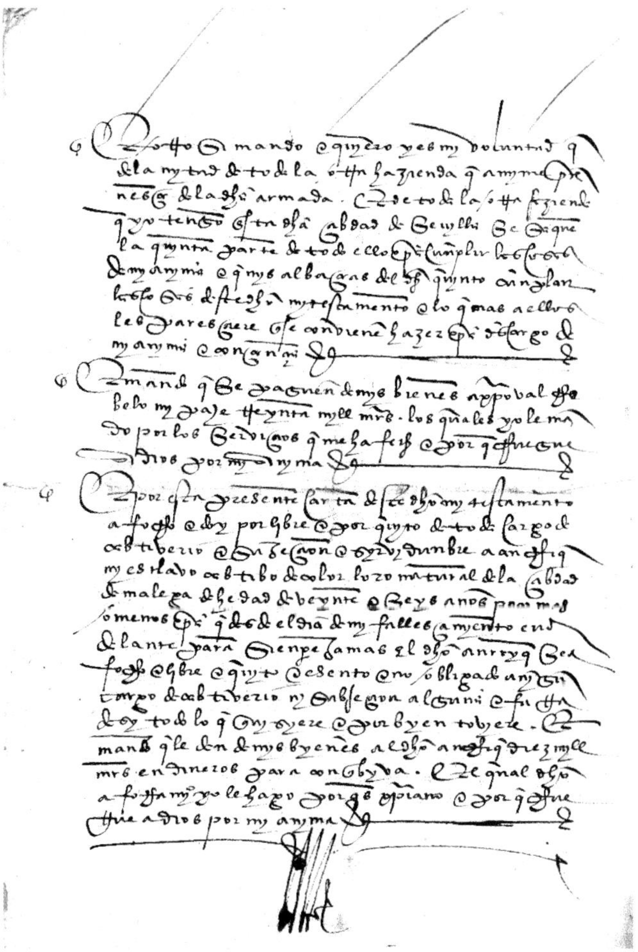

Item, por esta presente carta de este dicho mi testamento, aforro [ahorro, doy libertad] y doy por libre y por quito de toda carga de cautiverio, sujecion y servidumbre a Enrique, mi esclavo cautivo de color loro [de color moreno], natural de la ciudad de Malega [¿Malaca?], de edad de veinte y seis anos, poco mas o menos, para que desde el dia de mi fallecimiento en adelante, para siempre jamas, el dicho Enrique sea horro, libre, quito y exento, y no obligado a ningun cargo de cautiverio ni sujecion alguna, y haga de si todo lo que quisiere y por bien tuviere. Y mando que le den, de mis bienes, al dicho Enrique, diez mil mrs en dineros, para con que viva. El cual dicho aforramiento, yo le hago, porque es cristiano y porque ruegue a Dios por mi anima.

Folio del testamento de Magallanes en el que deja en libertad a su esclavo: *Autos de Jaime Barbosa y sus hermanos, herederos de Fernando de Magallanes, con el Fiscal, sobre el cumplimiento de la capitulación hecha por el Rey con aquel capitán para el descubrimiento de la Especiería.*
Archivo General de Indias,PATRONATO,36,R.2

libre de toda esclavitud y subordinación, con total libertad personal, señalando que se había bautizado y era cristiano, por lo que le prometía diez mil maravedíes pagaderos por sus herederos y hasta le pedía encargara misas por él. E indudablemente parte o todas estas promesas las conocía el antiguo esclavo.

Viéndose así tratado, el tal Enrique de Malaca fue a tierra y habló con el rey de Cebú, a quien dijo que podría apoderarse de las naos con todas sus mercancías y armas, preparando así una conspiración, mientras que vuelto a bordo, se comportó mejor que nunca.

El 1 de mayo el rey de Cebú envió mensajeros a Barbosa y Serrano diciendo que había preparado un regalo de piedras preciosas para su rey, invitándoles a una comida junto con el resto de los mandos de la armada. Serrano se temió alguna celada, pero Barbosa le llamó poco menos que cobarde y, por no parecerlo, se sumó a la invitación.

Eran unas veinticinco personas, aparte de los dos jefes. Dos se retrasaron, el portugués Juan Carvalho y su segundo, que advirtieron que el hermano del rey se llevaba casi a la fuerza a su casa al capellán, Calmeta, probablemente en un intento de salvarlo por deberle su más o menos milagrosa salvación al bautizarlo. Aquello les dio muy mala espina y regresaron con prisa a las naos, mientras se oían los primeros ruidos de lucha y gritos de lucha y de muerte.

Efectivamente, los indígenas habían caído sobre los desprevenidos invitados y los estaban asesinando. En las naos la alarma fue inmediata, tomando las armas hasta los enfermos, mientras se hacía fuego de artillería sobre las chozas indígenas.

Y desde las bordas los navegantes asistieron horrorizados a un estremecedor espectáculo: los indígenas llevaban a Serrano preso y lo conminaron a que hablara a sus compañeros desde la orilla. El preso desesperado les dijo que habían matado a todos, excepto al traidor esclavo y a él mismo, a quien pretendían cambiar por un rescate de dos cañones, añadiendo que cesaran el fuego, pues solo conseguirían empeorar las cosas.

Ahora el nuevo jefe era Carvalho, que ni siquiera intentó negociar, pues y según el testimonio de Pigafetta, así conseguía el mando supremo. Serrano siguió implorando desde la orilla, pidiendo compasión, pues si no negociaban con los indígenas, estos lo matarían sin duda. Pero al ver que no se le hacía caso y que las naos daban la vela para dejar atrás la isla, rompió en insultos contra Carvalho, finalizando con la desesperada invocación de que lo emplazaba ante el tribunal de Dios. Pero ni siquiera eso le valió.

Navegando entre islas

Lo primero que se impuso fue prescindir de uno de los tres buques, pues entre el escorbuto, los combates y la traición las bajas habían sido muy considerables y no había gente para tripular debidamente todas las naos. La elegida para el sacrificio fue la *Concepción*, la más vieja, que fue varada y quemada, por supuesto despojándola antes de todos los pertrechos útiles, hasta piezas del aparejo, pues eran de difícil substitución, mercancías, armas y provisiones.

Hubo también el inevitable relevo en los mandos, y Carvalho, aparte del supremo, tomó el de la *Trinidad*, mientras que Gómez de Espinosa tuvo el de la *Victoria*.

Haciendo rumbo al suroeste, toparon primero con la isla de Negros, también de Filipinas, llamada así por sus habitantes, cuya piel es muy oscura, los conocidos «negritos», sin relación con otras poblaciones, de raza amarilla, pero allí no había nada que mereciera el interés de los navegantes.

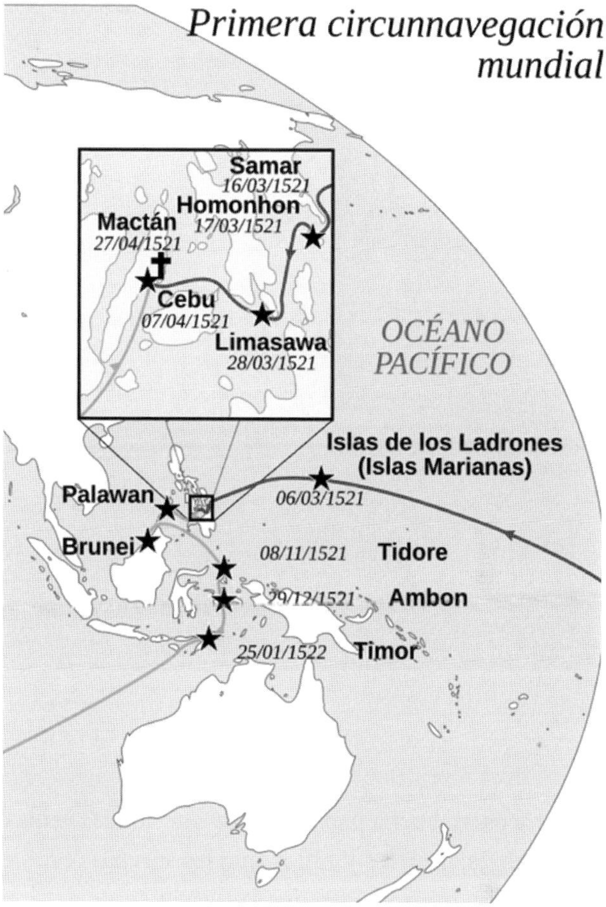

Derrotero de las naves españolas desde su llegada a las Isla de los Ladrones y su marcha a través del Índico.

La siguiente escala fue Mindanao, donde el propio rey subió a bordo y juró lealtad a los visitantes con la ceremonia (vista ya en Cebú) de hacerse una pequeña incisión en la mano izquierda hasta brotar sangre, con la que se frotó el pecho y la punta de la lengua, haciendo lo mismo Carvalho. Pero vistos los antecedentes, aquello no aseguraba nada a los marinos.

Pigafetta realizó una expedición por la isla en una pequeña embarcación, pero había pocos víveres aunque bastante oro, y lo mismo sucedió en la siguiente, por lo que la escala duró poco. Además, al menos la aristocracia dominante, se había convertido a la religión musulmana, y aquello distanció a unos y a otros.

Fragmento del mapa de Munster, de 1540, donde todavía la representación de la zona insular, a la que habían llegado los españoles en 1521 se representa aún con graves deficiencias.

Por otra parte, buena parte de su escasa riqueza venía de la piratería y el secuestro de hombres, mujeres y niños que les servían como esclavos.

Los ánimos entre los supervivientes del largo y penoso viaje estaban comprensiblemente muy decaídos, pues desesperaban muchos de que llegaran a alcanzar las tan ansiadas Molucas, y a algunos les tentó la idea de abandonar su misión y quedarse allí definitivamente.

En Paragua las cosas mejoraron bastante, y tras un rito parecido de amistad con el rey (ahora la sangre se la sacó del pecho y se mojó con ella frente y lengua) descubrieron que eran mucho más rica, con abundante arroz, bananas, aves, cabras y cerdos. Con el arroz elaboraban una especie de vino o licor y eran muy aficionados a las peleas de gallos. Y su interés por sortijas, cadenas de latón, cascabeles y otras baratijas hizo que el intercambio fuera muy provechoso para los navegantes, que repusieron así sus menguadas provisiones.

Y así, navegando entre islas, llegaron a Borneo el 8 de julio de 1521.

Pronto aparecieron los isleños, a bordo de una grande y bella piragua pintada de color dorado, llena de gente y remolcando dos canoas. Arbolaba

Islas Filipinas, Borneo, las Molucas, China y Japón en 1570, según Ortelius. Todavía la distancia de América del Norte estaba sin contrastar, al menos para los que no eran españoles.

una gran bandera blanca y azul a proa, y en el tope o extremo superior del palo, un penacho de plumas de pavo real.

La embajada, pues de eso se trataba, se componía de ocho ancianos, acompañados de músicos que tocaban tambores. Recibidos en la capitana española con toda deferencia, ofrecieron regalos de productos de la isla.

Seis días más tarde llegó una nueva embajada, ahora formada por tres piraguas engalanadas, de nuevo acompañadas por música, y agitando los tripulantes gorrillos a la turca. Los españoles hicieron una salva de honor para responder. Los presentes incluían huevos y miel, y les indicaron que podrían hacer sin problema provisión de agua y leña, algo indispensable a bordo en la época de la vela, así como comerciar cuanto quisieran.

Un marino de Guetaria

Nuestro hasta ahora casi anónimo marino nació en Guetaria, Guipuzcoa, hacia 1487, hijo de Domingo Sebastián de Elcano y de Catalina del Puerto o Portu, siendo el mayor de nueve hermanos: Domingo, Martín, Antón, Juan, Ochoa, Sebastiana e Inés, aparte de otra hija, María, nacida fuera del matrimonio.

Elcano o Elkano parece un topónimo, como es tan frecuente entre los apellidos vascos, y se refiere a una barriada situada entre los pueblos de Guetaria, Zumaya y Zarauz, dividida en tres: Elkano-goena o de arriba, Elkano-erdikoa o de enmedio y Elkano-barrena o de abajo, la tradición asegura que su familia descendía del primero. Su significado es «tierra de labranza», lo que contrasta con la proyección marítima de la costa.

De raigambre marinera e hidalga, pues consta que tenían sepultura familiar en la iglesia de San Salvador, que su segundo hermano era sacerdote beneficiado en la parroquia local y que varios parientes ejercieron distintos cargos, como corregidor y notario.

Guetaria había obtenido del rey Alfonso VIII un fuero junto a San Sebastián, Fuenterrabía y Motrico ya en 1204, que le concedía gran autonomía y privilegios, y que consagraba y potenciaba su importante papel en la navegación, tanto comercial como pesquera, junto con otros puertos vascos y cántabros, pero que obligaba en contrapartida a prestar barcos y marineros al servicio del rey cuando la ocasión lo requiriera.

Y en cumplimiento de una de estas obligaciones es cuando tenemos las primeras noticias de la vida de Elcano, participando en las expediciones de Cisneros a Orán, Bugía y Trípoli, y poco después en la flota del Gran Capitán en Italia. Y no debía de tener mala situación cuando era propietario y capitán de su propia nao, un buque de 200 toneles, grande para la época.

Pero consta también que las pagas debidas por el rey se retrasaron, como fue tradicional durante todos los reinados de la Casa de Austria, la tripulación las reclamó con violencia, y Elcano se vio obligado a pedir un préstamo a banqueros saboyanos o genoveses, que, como es bien sabido, cobraban intereses usurarios de más del 40 % o incluso el 50 %. Como el dinero del rey seguía sin llegar, y ante el vencimiento, Elcano tuvo que entregar su nao como pago, que era su principal posesión y su medio de vida.

Aquello estaba duramente condenado por las leyes de entonces, que prohibían vender o enajenar en cualquier forma buques construidos en España

Juan Sebastián Elcano en un óleo anónimo del Museo Naval de Madrid.

al extranjero. Consta que a raíz de ello Elcano se trasladó a Sevilla, seguramente buscando otra oportunidad, y que posiblemente se vio incluido en la expedición por ello, o bien como lenitivo a su delito. Pero en atención a su indudable maestría, se le nombró maestre de la *Concepción*, es decir: responsable en todo lo referente a la navegación, pero no para los aspectos legales y para el mando militar en caso de combate.

Parece indudable que estuvo implicado en la conspiración y rebelión en San Julián, pero no se le castigó y siguió con su mando, aparte de los consabidos cambios impuestos por las bajas habidas. Y ahora, con toda su experiencia marinera, iba a tomar las riendas de una expedición que hasta entonces distaba mucho de haber logrado sus objetivos, pese a todo el tiempo transcurrido y pese a los avatares sufridos.

No deja, por último, de resultar paradójico el que tomara el mando conjuntamente con Gómez de Espinosa, el duro alguacil que había aplastado la revuelta. Pero la maestría marinera de Elcano se iba a dejar sentir muy pronto.

Las Molucas

A todo esto, con el absoluto secretismo, por no decir impericia en el mando o simple desconocimiento, de Magallanes y sus seguidores, la expedición se hallaba literalmente perdida, sin saber dónde estaban las famosas islas de las especias. Y por si fuera poco, la situación de las provisiones de la armada era penosa de nuevo, por no haber podido reponer víveres.

Se imponían soluciones de emergencia, y así las naos, terminadas las reparaciones y de nuevo en la mar, detuvieron en septiembre una embarcación que conducía al gobernador de Puluán con uno de sus hijos y un hermano, tras darla caza durante una larga persecución y apresarla.

Para devolver la libertad a los presos, les exigieron un rescate, pagadero en siete días, de cuatrocientas medidas de arroz, veinte cerdos, igual número de cabras y 150 gallinas. Para su sorpresa, los detenidos protestaron de que era un rescate pobre para tan importantes personas, y añadieron por su cuenta grandes cantidades de cocos, bananas, caña de azúcar y vino de palmera, con lo cual además y de forma impensada, completaban la dieta acostumbrada de los europeos basada en cereales y carne casi exclusivamente. Ante aquella prodigalidad, los españoles respondieron con regalos a su vez, separándose unos y otros en los mejores términos.

Pero la cuestión principal era encontrar las esquivas Molucas, y ya que no había otra referencia, pese a todo lo proclamado por Magallanes y los suyos, Elcano decidió retroceder, de nuevo hacia el norte, y reclutar por cualquier medio pilotos nativos que le llevaran a su destino.

Así que las naos dejaron por el costado Cagayán y Chipit, y luego Joló y Basilán, y sin hacer escala en ellas, ya cerca de Mindanao, se toparon con una gran piragua, con 18 tripulantes, a la que dieron orden de que se entregase, a lo que se negaron, iniciándose una lucha que acabó con la muerte de siete de los mindanaos. Entre los supervivientes había un hermano del rey de la isla, y siguiendo las indicaciones de los presos, se arrumbó al sureste, y tras sufrir un temporal, llegaron a Sarangani, en el extremo sureste de la isla, donde se detuvieron solo un día para conseguir pilotos, era el 28 de octubre.

Por fin, tras una travesía entre islas y con vientos contrarios que supusieron nuevas demoras y la oportunidad para algunos de los presos de evadirse, el 7 de noviembre de 1521, avistaron cuatro islas, dos de ellas de considerable elevación, y al día siguiente las naos anclaban en el puerto de Tidor, uno de las Molucas, entre la satisfacción y alegría de todos los navegantes, que tras más de dos años de navegación llegaban por fin a su objetivo.

En palabras de Pigafetta: «Dimos gracias a Dios, y en señal de regocijo disparamos toda la artillería. No debe extrañar nuestra gran alegría al ver estas islas, si se tiene en cuenta que habíamos visitado una infinidad...»

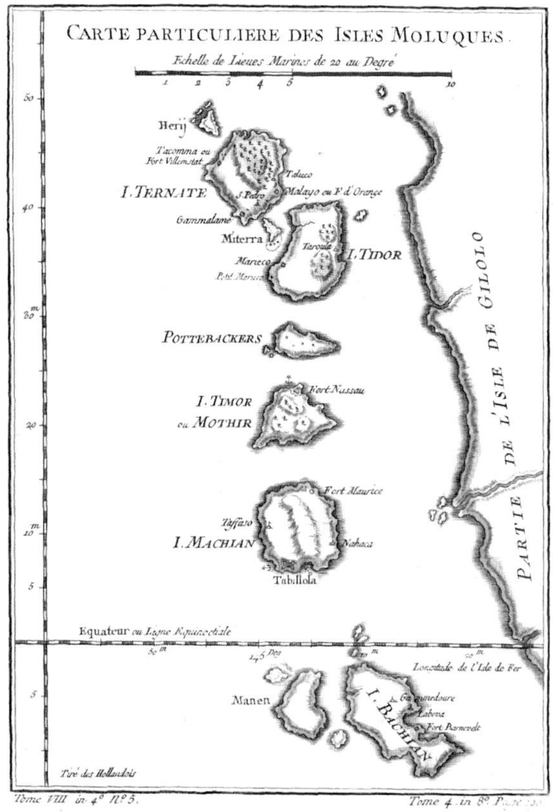

Timor, Ternate, islas Molucas.

La isla a la que llegaron era Tidor, cuyo rey les fue a visitar en una piragua bajo un gran quitasol de seda, su hijo portaba el cetro real, dos sirvientes sendas jofainas con agua y dos más, cofrecillos dorados llenos de betel. Su nombre era Almanzor, o así lo llamaron los españoles deformando la palabra árabe, y fue recibido con todos los honores, incluyendo un besamano. El monarca era tan quisquilloso con el protocolo que se negó a entrar en el castillo de popa por la puerta, pues se negaba a inclinar la cabeza para hacerlo. Hubo que improvisar sentarlo en una silla forrada de terciopelo y descolgarlo por una trampilla. Afirmó ser astrólogo y que en un sueño había visto el futuro, con unos hombres venidos muy de lejos en grandes barcos, les dio la bienvenida y que estaba dispuesto a aceptar la soberanía del rey de España. Aceptó los regalos que se le ofrecieron, pero dijo no tener nada digno de ofrecer para tan gran rey.

El día 12 se estableció un cobertizo para que sirviera de mercado de intercambio para las especias y las mercancías de los navegantes. Por un «bahar»,

Las Molucas en el apunte de Pigafetta.

unidad equivalente a 406 libras castellanas de clavo, pedían diez brazas de paño rojo, o por quince hachas, por 35 tazas de vidrio, por ciento, cuarenta cuchillos o cincuenta tijeras. También ansiaban el cobre, dando lo mismo por cien libras del metal, o por mercurio. Y ambas partes consideraron que habían hecho un magnífico negocio, tanto que el rey de Tidor envió a su hijo a una isla vecina a por más clavo.

Lo que no podía soportar era la mera visión de los cerdos vivos que, como provisión, llevaban los navegantes, ofreciendo a cambio cabras y aves, con tal de que se deshicieran de ellos inmediatamente.

Un rasgo humanitario del rey fue rogar por la liberación de los prisioneros, excepto los de Borneo, cosa que consiguió.

En medio de tan placentera estancia, un asunto vino a preocupar a los navegantes: de nuevo surgía la rivalidad portuguesa. Un tal Pedro Alfonso de Lorosa acudió desde la vecina Ternate, había permanecido allí desde hacía dieciséis años, llegado con la expedición de Serrano y era una especie de factor comercial. Para disuadir a otros el que se acercaran a las míticas Molucas, habían guardado absoluto secreto sobre su situación, y divulgado leyendas de que aquellas aguas estaban repletas de peligrosos escollos, imposibles de advertir por una eterna niebla.

Informó a los españoles que hacía once meses que había en aquellas islas una gran nao portuguesa, mandada por un tal Menezes, que sabía del proyecto de Magallanes y de su partida, que el rey de Portugal había enviado buques a interceptar su expedición, tanto al cabo de Buena Esperanza como al Río de la Plata, y enviado a su almirante en Asia, Lopes de Sichera con seis navíos para interceptarle y apresarle o echarle a pique, misión que no pudo cumplir por estar atento a la amenaza de los musulmanes en sus posesiones. Envió al menos un galeón bien artillado, mandado por Faria, que no pudo cumplir su misión. Y finalizaba diciendo que una carabela y dos juncos de portugueses habían llegado hacía pocos días buscando noticias de los españoles.

Planta de clavo.

Elcano ordenó entonces activar los preparativos de marcha, pero aún hubo tiempo de conocer al rey de Gilolo, también amistoso, y para recibir nuevos envíos de clavo, incluso algunos reservados en principio para los portugueses. Quiso el rey de Tidor darles un banquete de despedida, pero los españoles, recelosos después de la encerrona de Cebú, se disculparon, y parece que hicieron bien, pues algunos cortesanos sugirieron esa idea al rey.

Siguieron días de frenética actividad, cargando las naves del precioso clavo, cuyo comercio se declaró libre, y dando los marineros hasta sus propias ropas para adquirir por su cuenta, con visitas de otros reyes y ceremonias. También se acumularon provisiones, leña y agua, con vistas al largo viaje de retorno.

Tomás, la *Victoria* largó velas, tras recoger correspondencia de los de la *Trinidad*, ya que llegarían presuntamente antes a España, pues los otros deberían cruzar Panamá y embarcar en una Flota de Indias para volver a la patria, lo que podría demorarse aún mucho tiempo. En la nao viajera iban 43 europeos y trece indígenas, incluidos dos pilotos locales para marcar el rumbo hasta salir de las islas.

Una buena razón para explicar la separación de las dos naos nos la ofrece uno de los testigos:

> ...porque si acaeciese a la nao *Victoria* algún revés en el viaje que había llevado, probasen ellos por el otro viaje (ruta) de manera que la una o la otra aportasen a España a dar nueva a S.M. de como se habían hallado las Molucas y las dejaban en manos de S.M. y debajo de su Real Señorio.

Y es que ya se planteaba también el buscar una ruta viable para volver de las Molucas a España, asegurando así la comunicación regular entre la nueva posesión y la metrópolis.

La tragedia de la *Trinidad*

La otra nao se demoró aún varios meses hasta completar sus reparaciones y aprestos, haciéndose a la mar el 6 de abril de 1522, dejando cuatro hombres en la isla de Tidor como encargados de la nueva factoría y embarcándose unos cincuenta, entre ellos el portugués que les había avisado del peligro de las represalias de su rey por invadir aguas e islas que se reservaba en exclusiva. En cuanto a Carvalho, falleció por entonces, sin que su muerte causara gran consternación, tal era el descrédito que por su conducta había merecido.

Encontrándose vientos contrarios del este, enderezaron el rumbo hacia el norte, buscándolos favorables, remontando hasta los 42 º, donde una violenta tempestad desaparejó el barco por completo y obligó a los tripulantes a demoler sus dos castillos de proa y popa para evitar volcar, lo que les privaba de resguardo, estando las bodegas repletas de mercancías, pues embarcaron nada menos que 920 quintales de clavo y otras especias. Las enfermedades y el hambre les habían costado ya la muerte de 30 hombres. A Espinosa no le quedó sino retroceder, tocando en una de las Marianas, casi desierta y con pocas provisiones, lo que le determinó regresar a las Molucas, donde llegó a fines de septiembre, agotados y en muy malas condiciones. Tal era la situación, que tres de los hombres desertaron y se quedaron en la isla de las Marianas, prefiriendo esa dura y aislada existencia entre gente tan distinta a ellos a la desesperada opción de volver al mar.

A todo esto, y decididos a tomar severas medidas, los portugueses se habían fortificado en Ternate, lo que sabido por Espinosa, les hizo llegar ingenuamente un mensaje en petición de ayuda. Pero el jefe portugués, Antonio Brito, mandó una expedición a la isla de Doy, donde se hallaban los desesperados navegantes, y los apresó a todos, sin resistencia alguna, tal era su estado. Con ellos iba Lorosa, el portugués que les había avisado del peligro que corrían, que fue juzgado como traidor y decapitado.

Del resto solo consiguieron volver a España cinco de los supervivientes, de mazmorra en mazmorra y sufriendo toda clase de molestias, entre ellas el ser despojados de todo salvo de la ropa que llevaban puesta. El primero en regresar fue el marinero Juan Rodríguez, que lo hizo en 1525, tres años después. El resto con el mismo Espinosa, el piloto Leone Pancaldo, el marinero Ginés de Mafra, y el artillero Hans Vargue, de origen noruego, solo regresaron en julio de 1526, y aún tuvieron que soportar nueva cárcel en Lisboa hasta que las gestiones diplomáticas de Carlos I lograron su liberación siete meses después.

Escudo de armas concedido por Carlos I a Gómez de Espinosa: «Tu fuiste uno de los primeros q la buelta me diste»

En cuanto a la nao *Trinidad*, estaba en tal estado, con el casco abierto, que los portugueses la desguazaron por completo, aprovechando sus maderos para la fortaleza portuguesa y lo que quedaba de sus pertrechos y armas. Y, por supuesto, los portugueses requisaron igualmente todos los instrumentos náuticos, mapas, derroteros y documen-

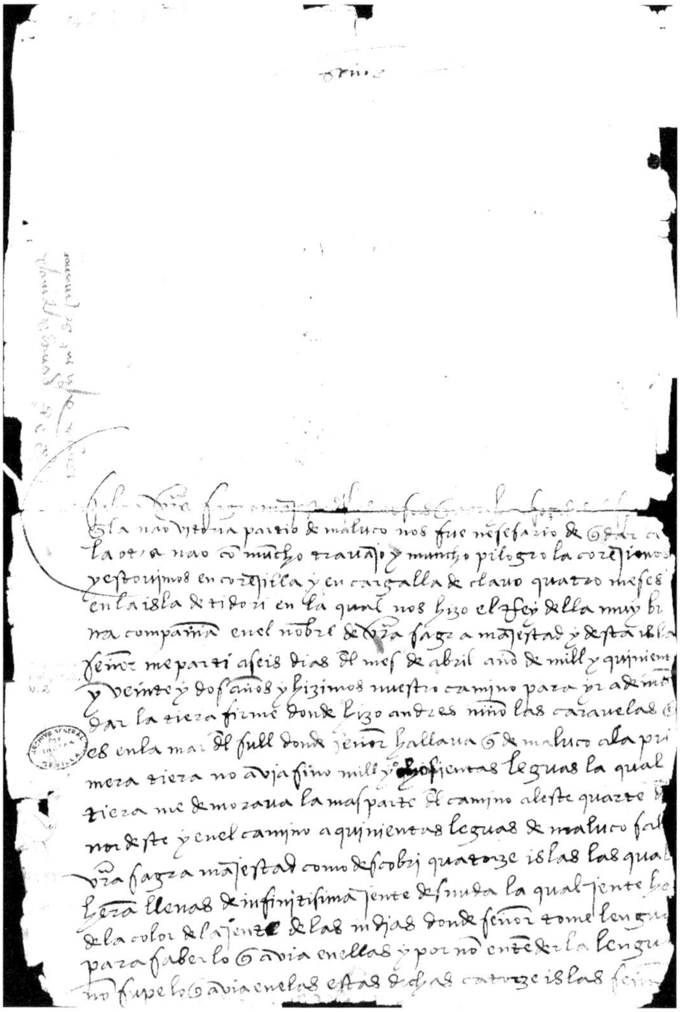

Carta de Gonzalo Gómez de Espinosa narrando las vicisitudes del periplo en solitario de la nao Trinidad por el Pacífico Norte y su prisión por los portugueses.
Archivo General de Indias,INDIFERENTE,1528,N.2

tos. Buscando siempre el secreto, todo aquello quedó bien custodiado en sus archivos.

Así, la hazaña de cruzar en sentido opuesto el Pacífico, de Extremo Oriente a América, quedó reservada a otros, cuarenta años después, como narraremos más adelante.

Como es ahora bien sabido, la *Victoria* tuvo una suerte muy distinta, pero su asombroso viaje bien merece otro capítulo por entero.

IX.-El triunfo de Elcano

Si el viaje de retorno, presuntamente más fácil, de la *Trinidad* había terminado de forma tan desastrosa, cabe imaginar lo que le esperaba a la *Victoria*. Pero a su favor contaba con que era una nave más marinera y de más reciente construcción, y sobre todo, la capacidad como navegante de Elcano y su determinación.

De las Molucas a Buena Esperanza

El rey de Tidor acompañó hasta su partida a la *Victoria* y hasta el final fue generoso, pues ya lista para zarpar, la nao fue aprovisionada de leña en el último momento por cuatro canoas. Para la travesía por aquel dédalo de islas, Elcano embarcó dos pilotos indígenas, que recomendaron no navegar sino con la luz del día, y anclar al anochecer, tal era el peligro de aquellas aún poco conocidas y menos cartografiadas aguas para las naos, mucho más grandes y de mayor calado que las canoas que por allí navegaban normalmente.

Otro peligro vino de que algunas de las islas más apartadas estaban pobladas por caníbales, lo que dificultaba las escalas para reaprovisionarse y descansar. En la de Mallua el recibimiento fue bastante agresivo, pero pudo encauzarse la situación por medio del tacto y del intercambio de productos. Allí ordenó carenar (reparar) de nuevo la nao, previendo la dura prueba que le esperaba, y también tomó otro piloto local, pues el conocimiento de los otros dos empezaba a hacerse difuso.

Islas del Maluco segun Pigafetta.

De Mallua zarparon el 25 de enero, haciendo rumbo hasta Timor, donde de nuevo se intentó hacer provisiones, bajando a tierra Pigafetta, el expedicionario que más se había preocupado por aprender los idiomas indígenas, incluso anotando varios elementales diccionarios. Pero los tratos fueron aquí difíciles, por no decir imposibles, pues los indígenas exigían demasiado a cambio.

Por tanto Elcano recurrió a un medio más expeditivo: uno de los jefes de Timor había embarcado en la *Victoria* y tomándolo como rehén, se exigió por su libertad la entrega de seis búfalos, diez cerdos y diez cabras, «y como no poseía más que cinco cabras y dos cerdos, nos dio siete búfalos en vez de seis», con lo que los navegantes se dieron por más que satisfechos, liberaron al rehén y le regalaron paños, sedas, hachas, cuchillos y espejos, con lo que el jefe se sintió bien pagado.

Cabe explicar la preocupación constante de Elcano por los víveres, porque convenía que la dotación partiera hacia su largo y penoso viaje en las mejores condiciones posibles, sino porque y evidentemente, el consumo era diario. También por el estado de la nao, y de ahí sus continuas reparaciones. El hecho es que sabía que entraba en las rutas y aguas que los portugueses reclamaban en exclusiva, y por ello pretendía volver a España sin hacer ninguna escala y lo

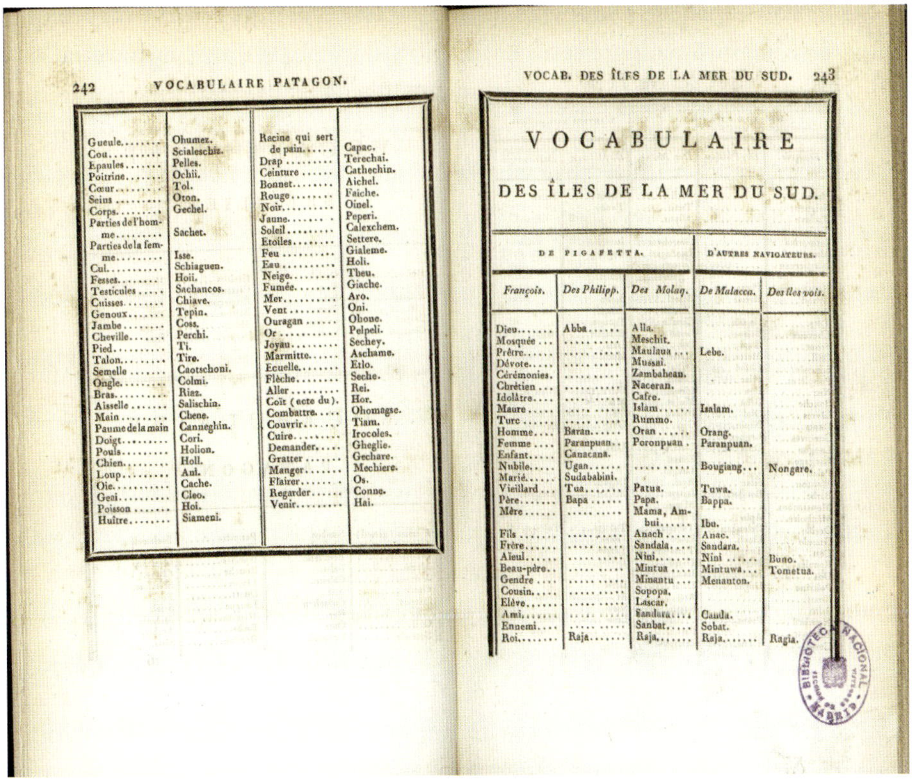

Vocabularios de Pigafetta.

más lejos posible de las costas y rutas habituales, pues de ser interceptado por buques portugueses o de recalar en algunos de sus puertos, con toda seguridad su buque sería apresado y todos los hombres encarcelados. El empeño era formidable: llegar desde Timor a España sin escala alguna para reaprovisionarse, reparar o concederse un descanso.

Por fin, el 11 de febrero zarpó del puerto de Batutara en Timor, poniendo rumbo al Índico. Empezaba así una increíble travesía de siete meses menos cinco días.

Hay que señalar que la principal fuente de toda la expedición, el diario de Pigafetta, apenas se detiene en esta larga y terrible etapa de la expedición, pues solamente le dedica dos páginas y sin citar apenas al capitán que consiguió aquella proeza. Ya sabemos que Pigafetta había sido un fiel seguidor de Magallanes, mientras que Elcano estuvo entre los sublevados, y fuera por esa exclusiva razón, o fuera porque los respectivos caracteres fueran incompatibles, lo cierto es que ambos apenas se soportaban mutuamente, aunque nunca parece que hubiera el menor incidente serio entre ellos, al menos durante la travesía.

Seguramente la mejor razón que explica aquella coexistencia pacífica era lo terrible de la prueba que debían afrontar, y desde luego, los mismos recelosos portugueses consideraban que la intrusa *Victoria* no conseguiría volver por lo gastado del buque, pese a las continuas reparaciones, por las divisiones entre los miembros de su dotación y por lo limitado de sus provisiones, que pronto serían consumidas o echadas a perder por el tiempo y la falta de sistemas de conservación. Así lo decía el mismo Antonio Brito desde la fortaleza de Ternate en las Molucas por carta a su rey, el mismo día que la nao española zarpó de Timor, tras informarse debidamente con los supervivientes prisioneros de la *Trinidad*.

Por último, cabe señalar la pericia marinera de Elcano, pues estaba navegando por aguas hasta entonces solo conocidas por los portugueses, por lo que su conocimiento estaba vedado a otros. Se ha sugerido a menudo que el navegante se informó previamente, incluso en Sevilla, sobre el asunto, y tal vez habló con algunos portugueses agregados a la expedición, pero desconocemos las informaciones precisas que prueben estas afirmaciones.

En cualquier caso, y para evitar un más que peligroso encuentro, hizo desde el principio rumbo suroeste, evitando las rutas más concurridas, en paralelo a la costa noroeste de Australia, por entonces aún desconocida, para luego enderezar el rumbo francamente hacia el oeste.

Con ello descubrieron la isla de Amsterdam, el 18 de marzo de 1522, alta y sin arboleda, y la cercana de San Pablo, ambas deshabitadas, y con poca agua y ningunas provisiones. Aunque no muy bajas en latitud, ambas están expuestas a los fuertes vientos, que con la gran humedad las dan un clima frío.

A todo esto, las provisiones ya escaseaban, especialmente las frescas, y muchos tripulantes, especialmente los enfermos, «hubieran querido tomar tierra en Mozambique, donde hay un establecimiento portugués, porque el barco tenía vías de agua, el frío nos molestaba mucho y, sobre todo, porque no teníamos más alimento que arroz ni más bebida que agua, pues toda la carne, por no tener sal con que salarla, se pudrió. Sin embargo, la mayor parte de la tripulación, esclava más del honor que de la propia vida, decidimos esforzarnos en regresar a España cualesquiera que fuesen los peligros que tuviéramos que correr».

Y, efectivamente, Elcano siguió su rumbo directo al cabo de Buena Esperanza, esperando doblarlo lo más al sur posible, y ello por dos buenas razones:

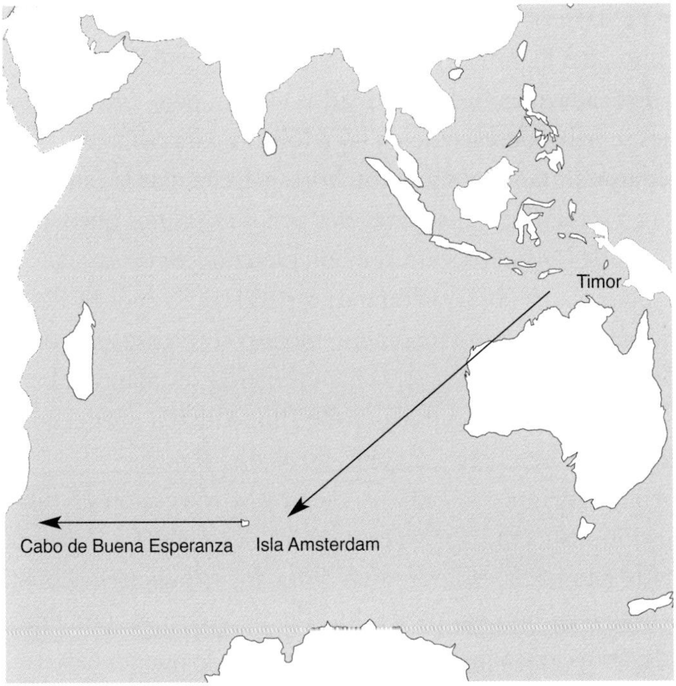

Derrotero mandado por Elcano para evitar chocar con portugueses.

Al ser el punto de encuentro entre dos océanos, la navegación era por allí difícil, pues incluso así «tuvimos que permanecer nueve semanas enfrente de este cabo con las velas recogidas, a causa de los vientos del Oeste y del Noroeste, que tuvimos constantemente y que acabaron en una horrible tempestad... Es el más grande y peligroso cabo conocido de la Tierra». Con razón su primer nombre había sido el de «cabo de las Tormentas».

La segunda razón, evidente también, era evitar el encuentro en aquella encrucijada, con algún navío o flota portuguesa.

Por fin, lo superaron el 8 de mayo, buscando ya en el Atlántico algún puerto o abrigo donde anclar, descansar y reaprovisionarse, impidiéndolo la costa, alta y escarpada, las corrientes contrarias y el mal estado de la mar, que terminó con una gran tormenta el 16 de mayo, que echó abajo el mástil y verga del palo trinquete.

La escala en Cabo Verde

Lenta y penosamente la *Victoria* siguió hacia el norte, más bien noroeste, dado que para un velero es necesario alejarse de la costa africana para seguir ese rumbo, así como para no engolfarse en el golfo de Nigeria.

El precio pagado fue terrible, pues nada menos que 22 tripulantes murieron a causa del escorbuto, del hambre misma y de la fatiga y penalidades.

Por supuesto, los cadáveres fueron arrojados al mar, pero como no se disponía de lastre, pues se había descartado en las Molucas para embarcar más clavo, los cuerpos quedaron flotando y siguieron horas y hasta días la estela de la nao. Pigafetta anota en su diario: «...los cadáveres de los cristianos quedaban siempre cara al cielo y los de los indios, cara al mar». Desconocemos las causas de ese singular hecho, pero es una observación muy repetida en la época y hasta mucho después, refiriéndose ese mismo fenómeno incluso cincuenta años después y en la misma batalla de Lepanto y otras luchas contra otomanos y berberiscos. Tal vez sea una leyenda reelaborada desde Plinio, quien afirma cosa parecida con los cadáveres de hombres y mujeres arrojados al mar.

Afortunadamente, el tiempo era cada vez mejor y la navegación sin dificultades, pero la situación respecto a los víveres era ya desesperada. Por otra parte, y como la gastada nao hacía cada vez más agua, los tripulantes debían realizar continuos turnos en las bombas para achicarla, y dado su agotamiento y deficiente y escasa alimentación, aquel esfuerzo era más de lo que podían dar.

Elcano prefería con mucho reaprovisionarse en cualquier costa no ocupada por los portugueses, pero aquello era muy problemático y poco eficaz. Por eso reunió a la tripulación y les dio a escoger entre esta alternativa o la de fondear en el puerto de Santiago, en Cabo Verde, que fue la votada por los hombres por mayoría. Entre otras ventajas la escala permitiría adquirir esclavos negros (pues los portugueses dedicaban sus enclaves africanos a conseguirlos y con ellos colonizar Brasil) que pudieran utilizarse para el extenuante trabajo en las bombas.

Elcano instó a todo el mundo a una total discreción, haciéndose pasar por un buque que volvía de América, separado de una agrupación de tres, por haber desaparejado el trinquete.

Con estas instrucciones envió a tierra al contador Martín Méndez en una chalupa con un puñado de hombres, y tal hicieron su papel que los portugueses les creyeron y al poco volvió la chalupa con una carga de arroz.

Pero al tocar tierra firme después de tanto tiempo sin pisarla, una sorpresa aguardaba a sus navegantes: los de Cabo Verde insistían en que ese día era jueves, mientras que para los navegantes era miércoles según sus minuciosas cuentas. Lo cierto es que ya habían recorrido toda la vuelta al mundo, pues habían atravesado 360 º de meridianos, e incluso algo más, y por ello, navegando

Islas de Cabo Verde. Bertius, 1602.

(*Abajo*) Las islas de la Macaronesia tan importantes en las rutas de los descubrimientos.

siempre en la dirección del movimiento del sol, sucedía que habían «ganado» un día sobre los que no se habían movido de su sitio, pues por cada grado de la circunferencia terrestre, gana cuatro minutos del día, y al haber recorrido 360, se completaba un día entero.

Por cierto que esa es la sorpresa final de Verne en su novela *La vuelta al mundo en 80 días*, escrita más de tres siglos después, para que su viajero, Phileas Phogg, se alce finalmente con el triunfo en su apuesta, cuando ya la daba por perdida.

A todo esto, y tras varios días de estancia, se levantó una borrasca, y Elcano, juzgando expuesto el fondeadero donde anclaba la *Victoria*, mandó hacerse a la mar, temiendo que su buque se estrellara contra la costa, y es cierto que a ello debieron su salvación, pero por una causa inesperada.

La chalupa de la nao había vuelto a tierra, en su constante labor de reaprovisionar la nao, pero un marinero o sobresaliente, portugués, se delató a sí mismo y a los suyos, y cuando volvían a la *Victoria* fueron apresados por una lancha portuguesa con una fuerte tripulación armada, vueltos a tierra y encerrados en prisión.

Poco después salían del puerto cuatro de las cinco naos portuguesas allí fondeadas, para dar caza a la *Victoria*, pero esta, ya en el mar, pudo escapar de su persecución, dejando atrás a doce compañeros.

El éxito

Así que tras una pequeña escala de cuatro días, la nao debió reanudar su navegación, con pocas provisiones nuevas y con su dotación sensiblemente reducida, sostenidos solo por la esperanza de estar ya cerca de España. El 7 de agosto avistaron Tenerife, donde no recalaron por razones desconocidas (seguramente por la dificultad de tomar el puerto para un velero, pues, entre las islas, las corrientes, vientos y demás son difíciles de afrontar para alguien no entendido), y poco después las Azores, pues el viento no permitía la ruta directa a España en paralelo con las costas marroquíes, y hubo que dar ese último rodeo que les exponía de nuevo a ser detenidos por sus rivales portugueses.

Solo el 4 de septiembre avistaron por fin el cabo de San Vicente, referencia clara de que tenían por la proa la Península Ibérica, y dos días después, el 6, fondeaban por fin en su puerto de salida, Sanlúcar de Barrameda, a los tres años menos catorce días de su salida.

Llegaban en la solitaria nao solo 18 hombres, desde Elcano al último, de las cinco que partieron y de los 234 o 237 que se embarcaron, y en unas condiciones lastimosas.

Lo más urgente se les envió lo antes que se pudo: doce arrobas de vino, cincuenta hogazas y roscas de pan, seguidas de otras 25, «un cuarto de vaca que pesó setenta libras y media» y melones, que serían buena medicina para los más afectados por el escorbuto.

Estaban también allí cargos de las Casa de Contratación, que impidieron el paso a la nao de la multitud de curiosos que se agolpó en el puerto. También les enviaron más hombres para ayudar a la rendida dotación, y así, la *Victoria* remontó el Guadalquivir hasta Sevilla, llegando un lunes, festividad de la Natividad de la Virgen, y ante la expectación de todos.

Pero los navegantes solo desembarcaron al día siguiente, por la mañana, «en camisa y descalzos y con sendas hachas (palos encendidos para dar luz) y velas en las manos...» en agradecimiento por el milagro que les había favorecido y salvado, encaminándose en procesión, en cumplimiento de un voto o promesa, a la iglesia de «Nuestra Señora de la Victoria» y a la de «Santa María de la Angustia», por entre una multitud sobrecogida y admirada.

Un balance de la expedición

Como ya hemos dicho, a bordo de la *Victoria* quedaban vivos solamente 18 hombres a su llegada en ese día de septiembre de 1522, he aquí sus nombres, categoría a bordo y procedencia:

Juan Sebastián Elcano, capitán, Guetaria.
Francisco Albo, piloto, isla de Rodas.
Miguel de Rodas, piloto, isla de Rodas.
Juan Acurio, piloto, Bermeo.
Antonio Lombardo (Pigafetta), sobresaliente, Lombardía.
Martín de Yudicibus, marinero, de Saona.
Hernando de Bustamante, marinero, de Mérida.
Nicolás de Nápoles, (o «el Griego) marinero, de «Nauplia en la Romanía»
Miguel Sánchez, marinero, de Rodas.
Diego Gallego, marinero, de Bayona de Galicia.
Francisco Rodríguez, marinero, de Sevilla.
Antonio Hernández Colmenero, marinero, de Ayamonte.
Juan Rodríguez, marinero, de Huelva.
Hans de Aquisgrán, artillero, de Aquisgrán.
Juan de Arratia, grumete, de Bilbao.
Vasco Gómez, grumete, de Bayona de Galicia.
Juan de Santander, grumete, de Cueto. (pedanía de Santander)
Juan de Zubileta, paje, de Baracaldo.

Estos son los hombres que consiguieron dar cima a la hazaña. Pero y en puridad, los trece detenidos por los portugueses en Cabo Verde y liberados y conducidos a España poco después, también es de justicia que aparezcan, aunque de ellos no tengamos lugar de procedencia:

Martín Méndez, escribano.
Pedro de Tolosa, despensero.

Sanlúcar de Barrameda: Retablo pétreo de Jesús Guerreo en honor a los hombres que dieron la Primera vuelta al Mundo.

Óleo sobre lienzo en el Museo Naval de Madrid pintado en 1919 por Elías Salaverría Inchaurrandieta (1883-1952).

Richard de Normandía, carpintero.
Roldán de Argote, artillero.
Pedro de Tenerife, artillero.
Juan Martín, sobresaliente.
Simón de Burgos, sobresaliente.
Felipe de Rodas, marinero.
Gómez Hernández, marinero.
Socacio Alonso, marinero.
Pedro de Chindurza, marinero.
Vasquito Gallego, grumete.
Manuel, indígena.

Y por último, los cinco supervivientes de la malhadada *Trinidad* apresada por los portugueses en las Molucas tras su desgraciado intento de volver cruzando de nuevo el Pacífico, que, como sabemos, llegaron entre 1525 y 1526:

Gonzalo Gómez de Espinosa, capitán.
Leone Pancaldo, piloto.
Juan Rodríguez, marinero.
Ginés de Mapra, marinero.
Hans Vazquez, artillero.

Así que aparte de los 18 que llegaron con la *Victoria*, otros 18 hombres pudieron presumir que habían dado la vuelta al mundo, si bien conducidos por su captores en la última etapa.

De las cinco naos recordará el lector que se perdió la *Santiago* cerca del río Santa Cruz, que la *San Antonio* desertó en el Estrecho de Magallanes y volvió a España por su cuenta, que la *Concepción* fue desguazada por sus tripulantes debido a su mal estado en Filipinas, y la *Trinidad* apresada, fue desguazada por los portugueses en las Molucas.

En cuanto al resultado económico de la expedición, Elcano trajo de Molucas nada menos que 381 sacos de clavo de la mejor clase, con 524 quintales en total, (poco más de unas 24 toneladas métricas) por un importe de 8.680.555 maravedíes. Como el gasto total de la expedición fue de 8.334.335, incluyendo naos, armas y sueldos, resultó una ganancia final de 346.220 maravedíes.

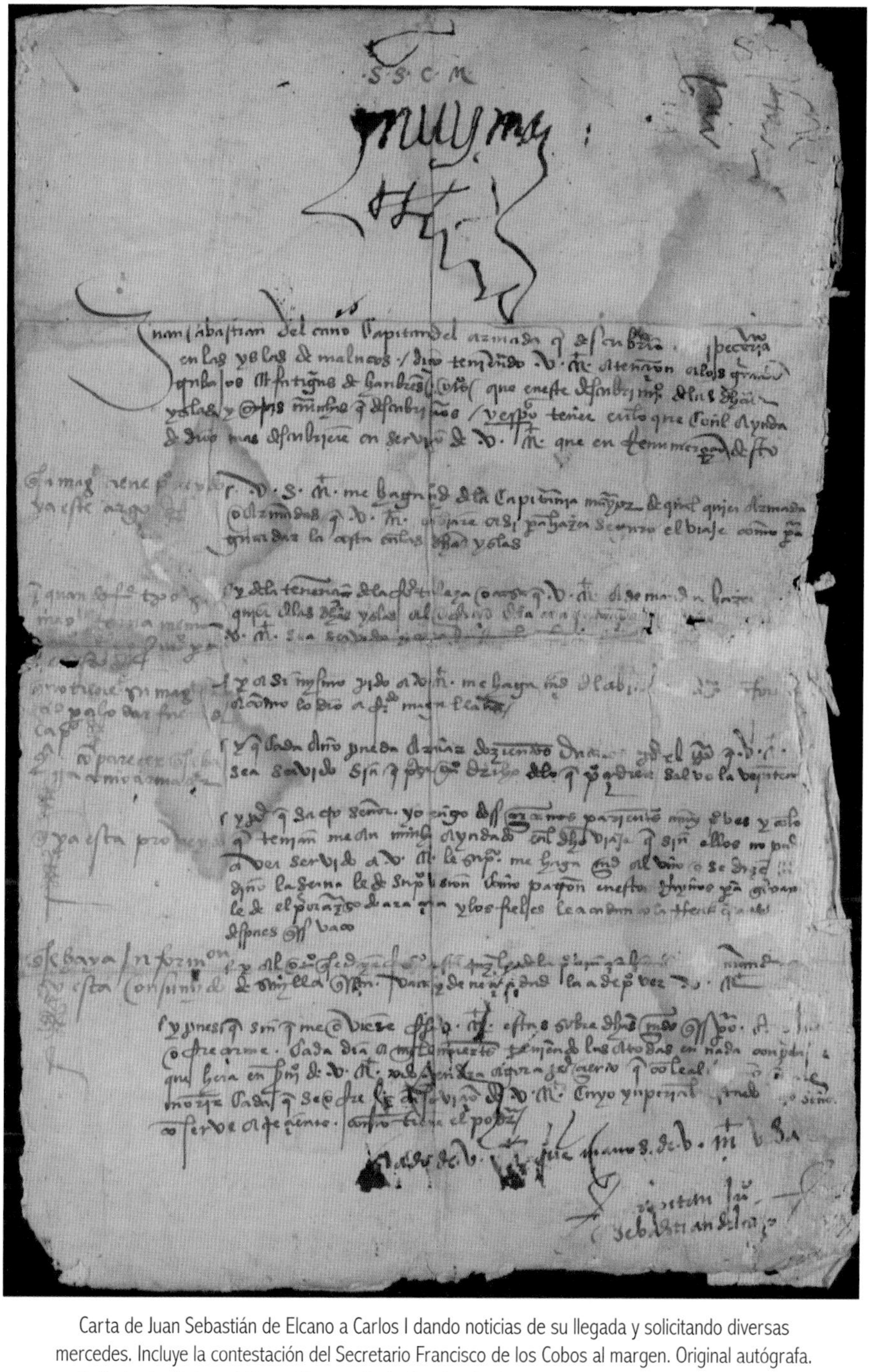

Carta de Juan Sebastián de Elcano a Carlos I dando noticias de su llegada y solicitando diversas mercedes. Incluye la contestación del Secretario Francisco de los Cobos al margen. Original autógrafa.
© Eusko Jaurlaritza-Gobierno Vasco • Euskadiko Artxibo Historikoa / Archivo Histórico de Euskadi
© Doña Anne-Marie Christophe Lardizabal

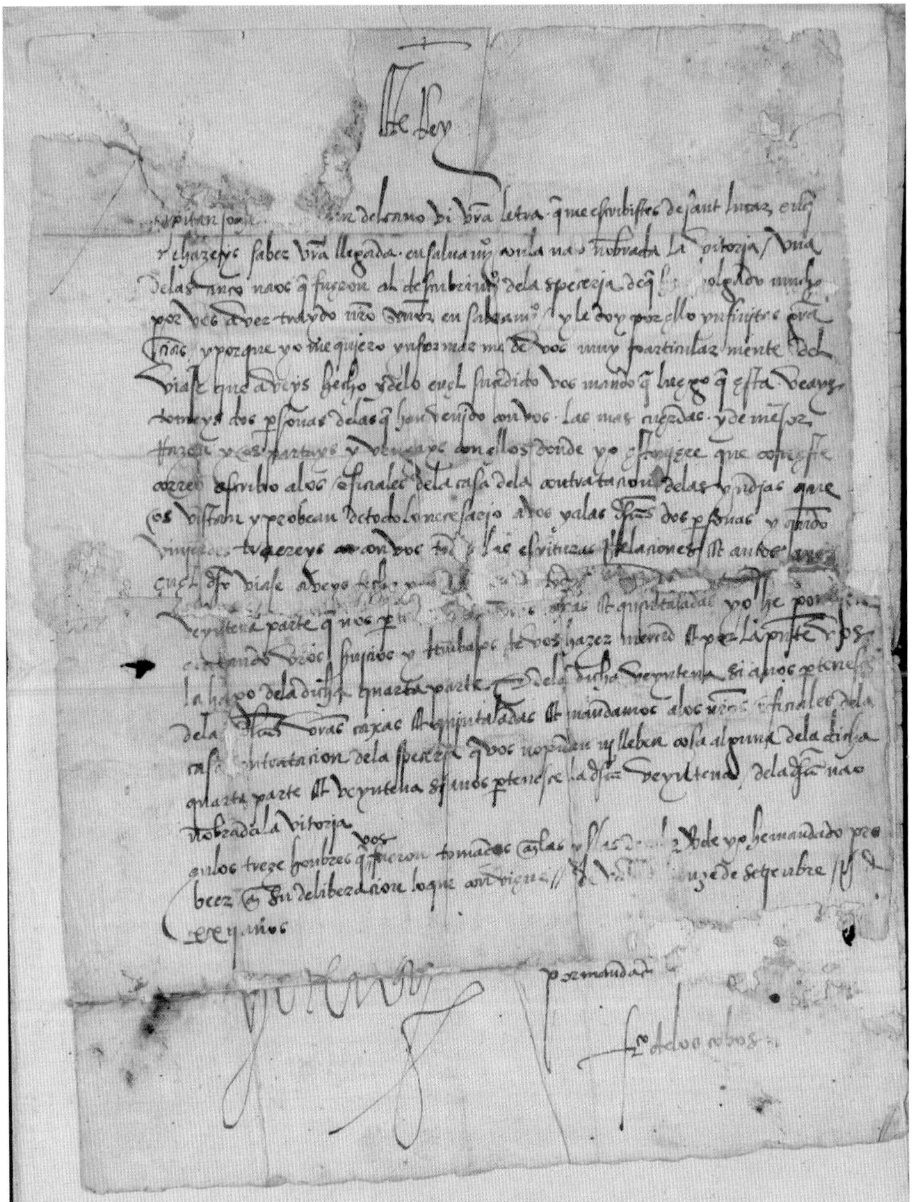

Carta de Carlos I a Juan Sebastián de Elcano acusando recibo de su 'letra' en que le cuenta su llegada con la nao Victoria, y mandándole acuda con dos personas delas que han venido con él, 'las mas cuerdas y de mejor raçon', a su encuentro; le comunica que ya ha ordenado a los oficiales de la casa de la Contratación para que les vistan y provean de lo necesario y hagan autos de lo sucedido; le hace merced de la cuarta parte y de la veintena que le pertenece. Original firmado.

Que aquellos hombres lograran tal hazaña ya es algo asombroso, con los medios y conocimientos de la época, que además su empresa, pese a las enormes pérdidas, resultara rentable finalmente, ya realmente prodigioso, de paso que tajante muestra del valor de las especias en Europa por aquella época y razón fundamental de la expedición.

Pero aquellos hombres habían logrado mucho más que traer una valiosa mercancía, como es evidente.

El informe de Elcano a Carlos I

Aunque el lector ya conoce los hechos, bueno es saber cómo se los resumió Elcano a Carlos I, el mismo día de su llegada a Sevilla, para juzgar con más exactitud al personaje:

> Muy alta e Ilustrísima Majestad. Sabrá Vuestra alta Majestad como hemos llegado dieciocho hombres solamente con una de las cinco naves que V.M. envió a descubrir la especiería con el capitán Fernando de Magallanes, que haya gloria; y por que V.M. tenga noticia de las principales cosas que hemos pasado, con brevedad escribo esta y digo: primeramente llegamos a los 54 grados al sur de la línea equinoccial, donde hallamos un estrecho que pasaba por tierra firme de V.M. al mar de la India, el cual estrecho es de cien leguas, del cual desembocamos y en tiempo de tres meses y veinte días, logrando vientos bien favorables, no topamos tierra alguna, sino dos islas deshabitadas y pequeñas; y después llegamos a un archipiélago de muchas islas bastante abundantes de oro. Faltónos por su muerte el dicho capitán Fernando de Magallanes, con muchos otros, y por no poder navegar por la falta de gente, habiendo quedado muy pocos, deshicimos una de las naves y con las dos restantes navegamos de isla en isla, viendo modo de arribar, con la gracia de Dios, a las islas de Maluco, lo que ocurrió al cabo de ocho meses de haber sucedido la muerte del dicho capitán, y allí cargamos las dos naves de especiería. Ha de saber V,M. como navegando hacia las dichas islas, descubrimos el alcanfor, canela y perlas.
>
> Deseando partir de las dichas islas de Maluco la vuelta a España, se descubrió una gravísima vía de agua en una de las naves, de tal modo que no se podía remediar sin descargarla, y pasando la época en que las naves navegan para Zabba y Melara, resolvimos o morir, o con toda honra servir a V.M., para hacerle sabedor del dicho descubrimiento, partir con una sola nave, estando en tal estado, por causa de la broma, que solo Dios lo sabe; en cuyo camino descubrimos a Badam, donde se dan el jengibre y la nuez moscada, y Zabba, donde se cría la pimienta, y Timor,

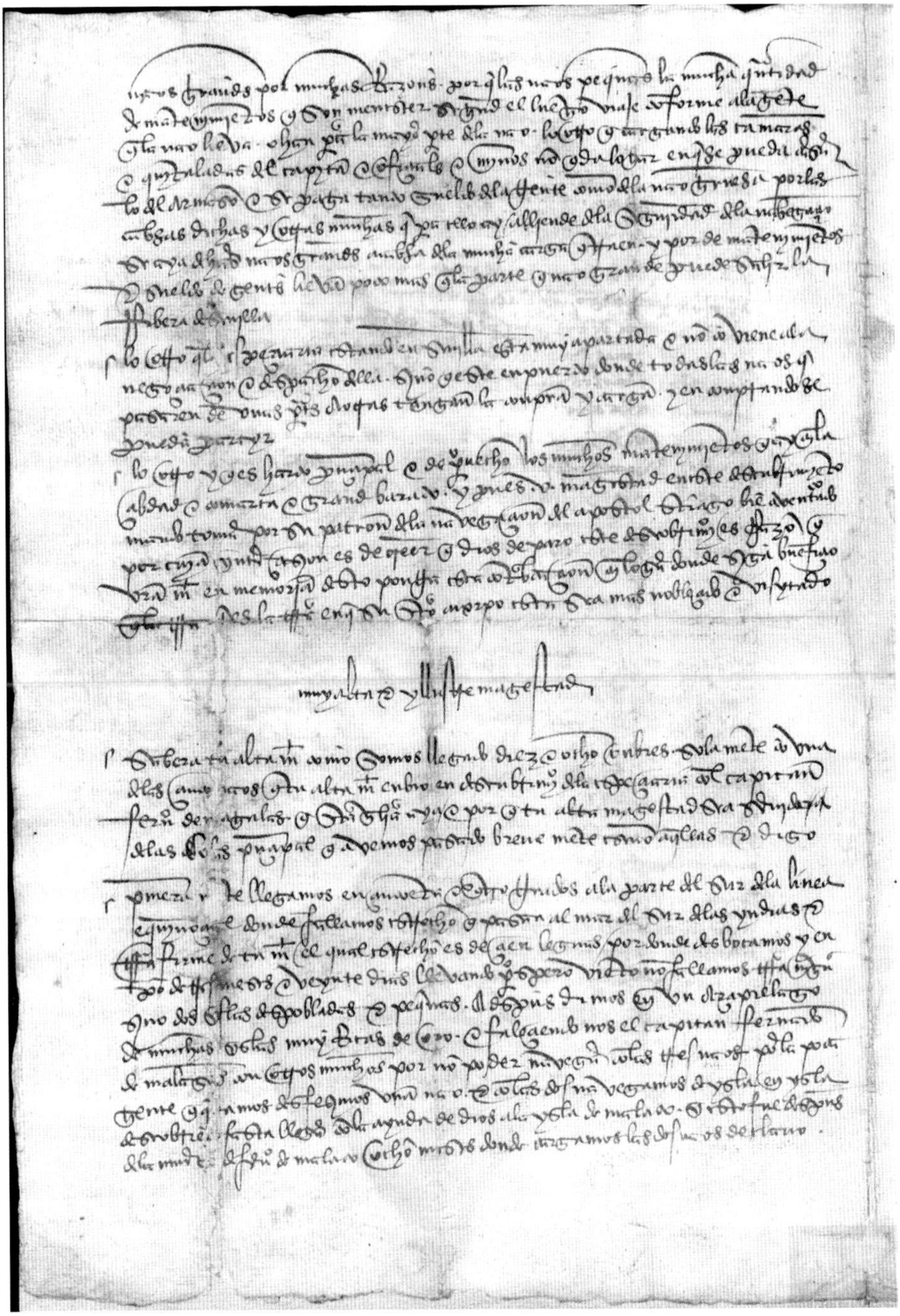

Parecer sobre la fundación de una Casa de Contratación para la Especiería en La Coruña y [a la mitad del folio, dirigida al rey] carta de Juan Sebastián Elcano sobre su viaje de circunnavegación o primera vuelta al mundo. Archivo General de Indias,PATRONATO,48,R.20 - F. 1v donde crece el sándalo y en todas las sobredichas islas hay infinito jengibre. La muestra de todas estas producciones, recogidas en las islas mismas donde se dan, traemos para mostrar a V.M.

Habiendo partido de la última de aquellas islas, en cinco meses, sin comer más que trigo y arroz y bebiendo solo agua, no tocamos en tierra alguna, por temor al Rey de Portugal, que tiene ordenado en todos sus dominios de tomar esta armada, a fin de que V.M. no tenga noticia de ella, y así se nos murieron de hambre veintidós hombres, por lo cual, y a falta de vituallas, arribamos a la isla de Cabo Verde, donde el Gobernador de ella me apresó el batel con 13 hombres y quería llevarme junto con todos mis hombres en una nave que volvía de Calicut a Portugal cargada de especiería, diciendo que solo el Rey de Portugal podía descubrir la especiería, y a este intento armó cuatro naves para apresarme, pero resolvimos, de común acuerdo, morir antes que caer en manos de los portugueses, y así, con muchísimo trabajo de la bomba, que de día y de noche no hacíamos otra cosa que echar fuera el agua, estando tan extenuados como hombre alguno lo ha estado, con la ayuda de Dios y de Nuestra Señora, después de pasados tres años, dimos fondo.

Por tanto, suplico a vuestra alta Majestad que provea con el Rey de Portugal la libertad de aquellos hombres, que tanto tiempo le han servido, y más sabrá V.M. que aquello que más debemos estimar y temer es que hemos descubierto y dado la vuelta a toda la redondez del mundo, que yendo para el occidente hayamos regresado por el oriente.

Suplico a V.M. por los muchos trabajos, sudores, hambre y sed y frío y calor que esta gente ha padecido en servicio de V.M., le haga merced de la cuarta y la veintena de sus efectos y de lo que consigo traen. Y con esto ceso, besando los pies y manos de vuestra alta Majestad.

Escrita a bordo de la nao *Victoria* en Sanlúcar, a seis días de septiembre de 1522. Firmado: Juan Sebastián de Elcano.

Obviamente, Elcano no habla del conato de rebelión, de la deserción de la *San Antonio* y de otras cuestiones, que luego fueron investigadas, sino de que ha cumplido su misión, descubriendo las Molucas (al menos para los españoles), trayendo una valiosa carga, y el hecho memorable de haber dado por primera vez la vuelta al mundo. Y le notifica las intenciones de Portugal de oponerse a los proyectos españoles, incluso utilizando la fuerza. De la *Trinidad* no habla, evidentemente, porque no sabe nada de ella.

Pero lo que más llama la atención es que pone el énfasis en el sufrimiento de su gente y su total entrega, reclamando sean rescatados los prisioneros lo antes posible y las mayores recompensas para los que han dado todo en servicio del rey.

Y si lo primero le acredita como un hombre ponderado, que se centra en su misión y en su cumplimiento, lo segundo es la marca de un buen líder, preocupado por sus subordinados y lejos del protagonismo personal de tantos otros que han pretendido serlo, pero que nunca o en muy escasas ocasiones reconocen que sin ellos no hubieran podido hacer nada.

La contestación de Carlos I no se hizo esperar, ante la importancia de los hechos:

> «...yo me quiero informar de vos muy particularmente del viaje que habéis hecho, y de lo que en él ha sucedido, os mando que luego de esta veáis, toméis dos personas de las que han venido con vos, las más cuerdas y de mejor razón, y os partáis y vengáis con ellas donde yo estuviere, que con este correo escribo a los oficiales de la Casa de Contratación de las Indias que os vistan y provean de todo lo necesario a vos y a las dichas personas».

Parece evidente que el rey y emperador estaba al tanto de las terribles condiciones en que habían vuelto Elcano y sus hombres, por eso ordena que los provean hasta de ropas adecuadas, y que quería saber todo lo que había pasado por boca de varios testigos. Elcano eligió para acompañarle al piloto Francisco Albo (que dejó también un diario del portentoso viaje, pero sin apenas anécdotas ni aventuras, solo atento a su profesión) y a Fernando de Bustamante.

El viaje hasta la corte, radicada entonces en Valladolid, pues la capitalidad seguía siendo itinerante, según costumbre medieval, fue una sucesión de continuos recibimientos multitudinarios en cada localidad por la que pasaban, pues la sensacional noticia del asombroso viaje se había extendido por todas partes, incluso en los países europeos.

Como primera recompensa, Carlos I concedió a Elcano un escudo de armas, en cuya mitad superior figuraba un castillo dorado en campo rojo, y en la inferior, un campo dorado sembrado de especies con dos palos de canela, tres nueces moscadas en aspa y dos clavos de especia. Como remate, un yelmo dorado y por cimera un globo terráqueo con esta inscripción: PRIMUS CIRCUMDEDISTE ME, que se puede traducir como: «primero que me circundaste».

Para la tripulación de la *Victoria*, y de sus compañeros presos en Cabo Verde, que pronto fueron liberados y repatriados, el rey renunció a la cuarta parte de la veintena (20%) que le correspondía del beneficio que se sacara de la venta de la carga.

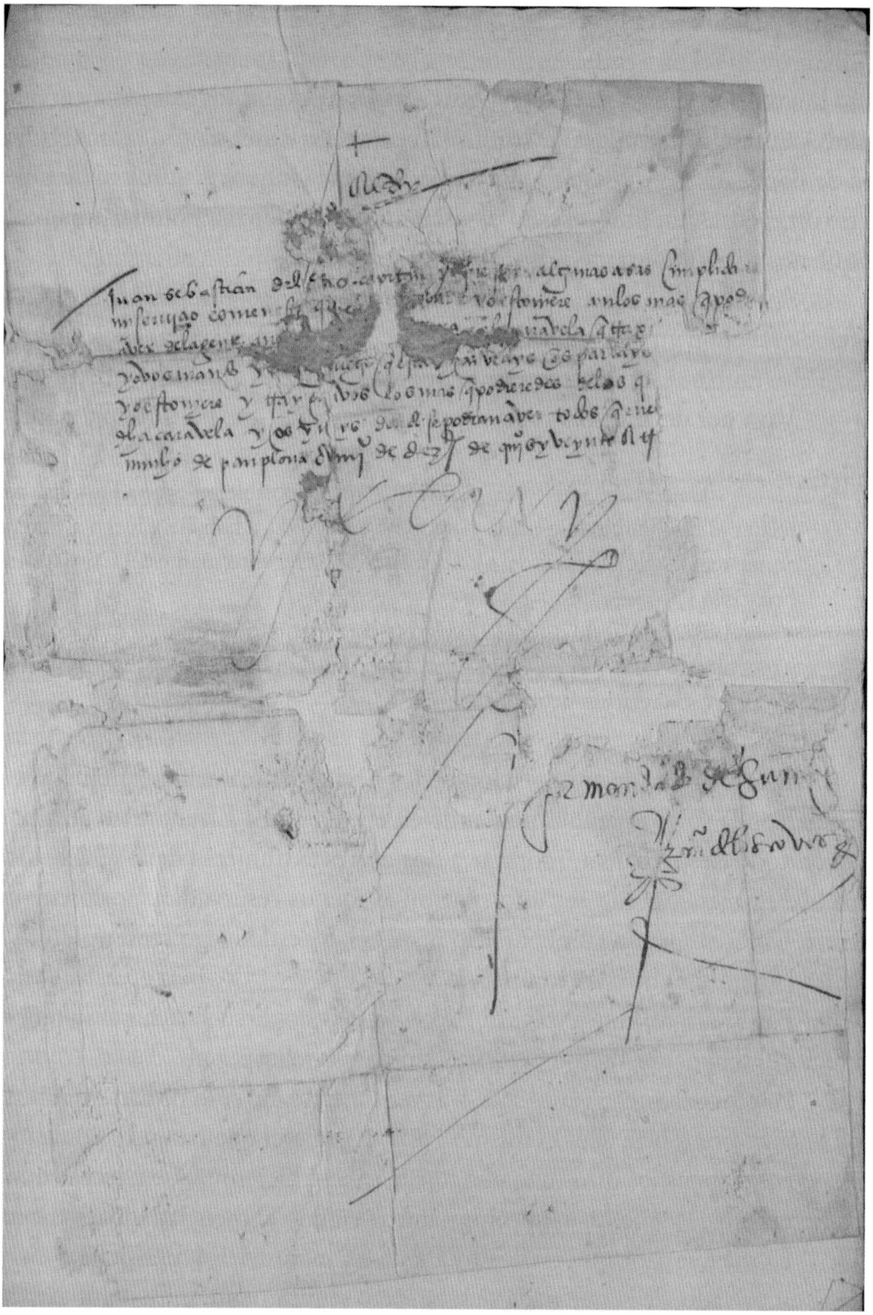

Cédula de Carlos I a Juan Sebastián de Elcano para que venga a su encuentro con 'los mas' que pudiera traer de quienes han venido con él. Original firmado.

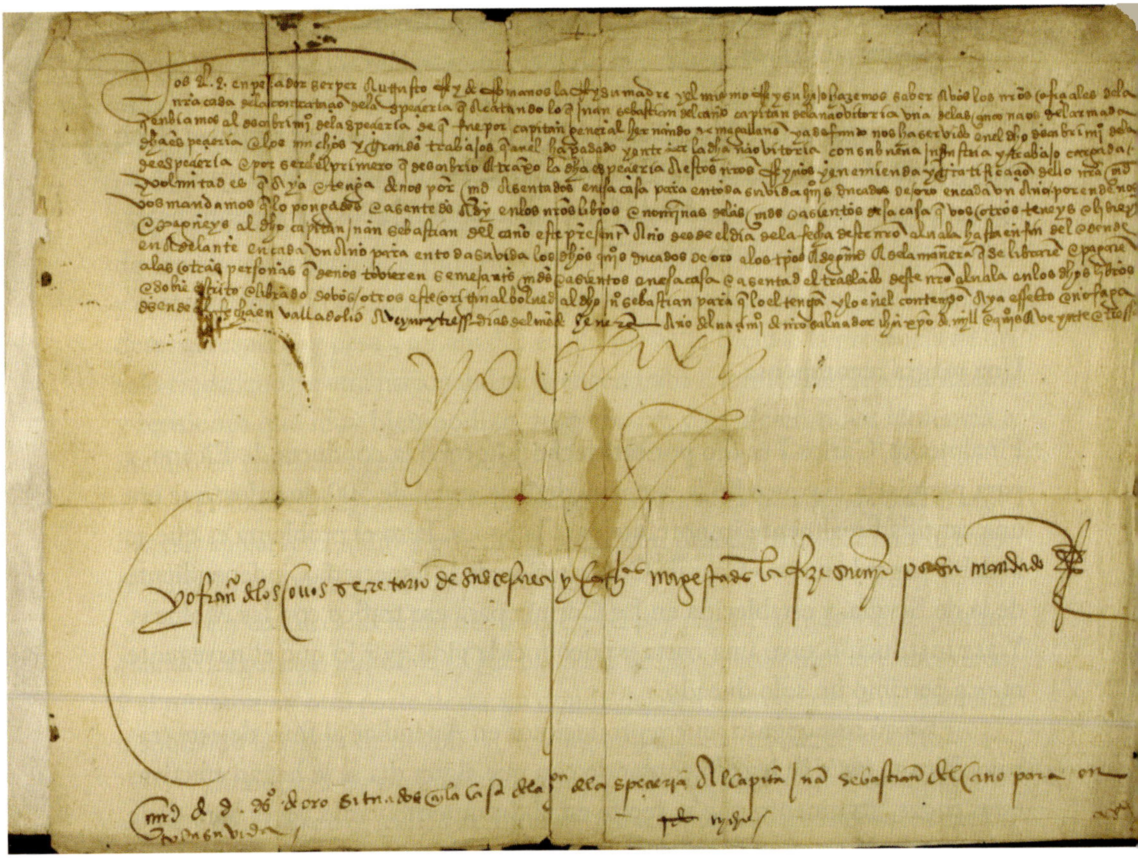

Real Provisión de Carlos I en la que hace merced de 500 ducados anuales a Juan Sebastián de Elcano. Original firmado.

no llegaba y los hombres se amotinaron. El perdón se comunicó a los miembros del Consejo Real, oidores de Audiencias, alguaciles de Casa y Corte, Chancillerías y a todas las justicias y jueces del reino, devolviendo así su «buen nombre» al navegante.

Animado por ello, Elcano solicitó como recompensa un hábito de la Orden de Santiago, lo que le suponía un evidente ascenso social y una renta. El precedente más claro era el propio Magallanes, que lo había conseguido antes de comenzar su viaje. De nuevo Carlos I fue cicatero, negándose a la petición por no contar con la aprobación del Consejo de la Orden, lo que constituía una excusa deleznable, por lo que tal vez hubiera otros motivos para la negativa que desconocemos.

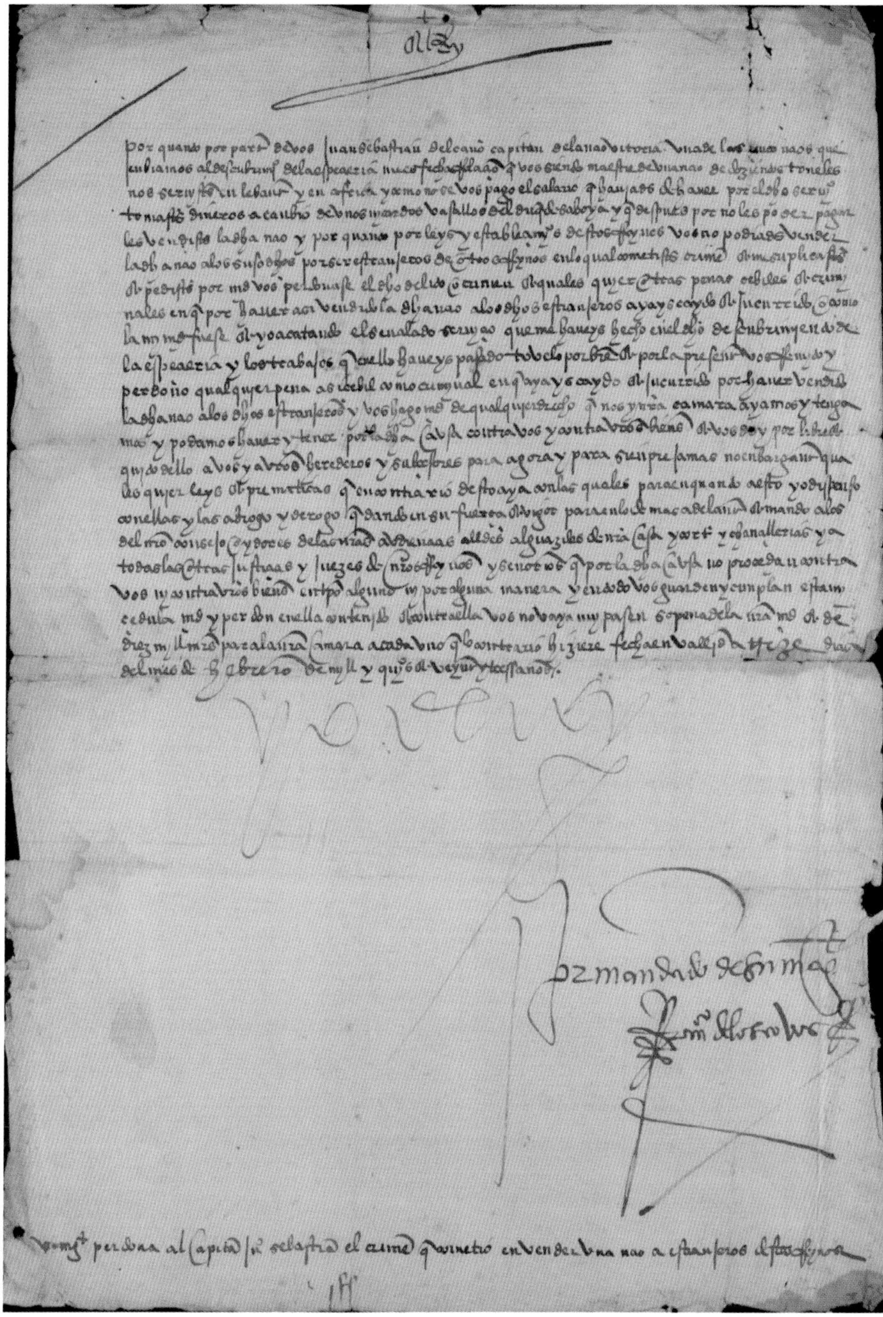

Real Cédula de perdón de Carlos I a Juan Sebastián de Elcano por haber vendido una nao a extranjeros. Original. 1 fol.

Aparte otras peticiones menores, se le concedió también el derecho a tener una escolta de dos hombres armados en todo momento, pues temía por su vida, de resultas de las enemistades y tensiones originadas en el viaje:

> ...a causa que algunas personas os quieren mal, os teméis o receláis que os herirán, matarán o lisiarán, o harán otro mal, o daño, o desaguisado alguno, para defensa de la cual tenéis necesidad de traer armas ofensivas y defensivas, vos y dos hombres que anden con vos, y me suplicásteis por merced os diera licencia y facultad para poderlas traer como la mi merced fuera, y yo, acatando lo susodicho y haceros merced, túvelo por bien...
>
> Real Cédula, en Burgos a 20-V-1524.

Lo curioso es que en ningún momento se cita el origen de esa amenaza, que hubiera sido cortada de raíz de tratarse de un particular, por lo que cabe suponer que la posibilidad de ese atentado venía de causas políticas y derivadas de la rivalidad luso-española, pues Carlos I no estaba dispuesto a ceder en sus pretensiones hacia las Molucas, ni el rey de Portugal a cedérselas, y Elcano era quien podía conducir una nueva expedición a las codiciadas islas.

Pero aquellas fueron todas las recompensas que recibió el navegante por su hazaña, aparte del encargo de conducir una nueva expedición para asentar definitivamente el dominio español sobre las Molucas.

Así que de nuevo se cumplió el dicho de que España es la tierra de El Cid, donde los mejores, más importantes y decisivos servicios no se retribuyen en absoluto, o se hacen con retraso, parcamente y a desgana, incluyendo siempre un «perdón» al héroe, para dejar siempre bien claro quien es el superior en todos los sentidos, y que la magra recompensa se da por la propia generosidad del poderoso y no por los presuntos y discutibles méritos de quien ha realizado una auténtica gesta.

Y mientras, en la corte, gozan de cargos, prebendas y sinecuras, gentes que ni tienen mérito alguno ni han hecho nada por merecerlos, ni mucho menos, han expuesto su salud y su vida por conseguirlos.

X.-Loaysa, Legazpi y Urdaneta

Pero, y pese a todo el valor real y simbólico de la primera vuelta al mundo, lo cierto es que la misión concreta encomendada a Magallanes no se había alcanzado más que en parte: estaba el hecho trascendental de haber encontrado el Estrecho de su nombre y de cruzar por primera vez el Pacífico, al menos de Este a Oeste (en sentido contrario lo habían logrado de forma incompleta los polinesios que poblaron las islas del océano y aún antes, los primeros habitantes de América, que cruzaron por la vía corta de Behring), pero no se había tomado posesión de las Molucas, y es más: su soberanía estaba más que en discusión con la corona portuguesa. Unido a que la pretensión de Magallanes de que las islas quedaban dentro de los límites españoles de Tordesillas resultaba cada vez más evidentemente errónea.

Y a este problema fundamental se unía, aunque en un futuro más lejano, el destino que se reservaba a esa enorme extensión oceánica, por sí misma y como puente para llegar a Extremo Oriente y sus ricas civilizaciones.

Por último, si bien el Estrecho que unía Atlántico con Pacífico era un descubrimiento sensacional, la misma expedición había mostrado palmariamente que era un camino especialmente largo y penoso, utilizable en el mejor de los casos en el verano antártico, y ello con graves problemas. Si España quería capitalizar el descubrimiento de una nueva vía, sería muy deseable encontrar un camino más corto y hacedero. Sin contar con el «camino portugués» evidentemente, en evitación de nuevos y graves conflictos.

De cómo se pretendió solucionar cada una de estas cuestiones trata este capítulo, que prueba una vez más que en los asuntos humanos, nunca se puede dar una tarea por terminada, sino que cada descubrimiento amplía el horizonte y plantea la necesidad de proseguir con la tarea. Porque, si se deja de caminar, lo andado ya tiene poco valor por sí mismo, y hay que dar, ineludiblemente, nuevos pasos, por mucho que el anterior haya sido decisivo.

Una negociación diplomática fallida

Como era de esperar, la gesta de Magallanes y Elcano, reavivó inmediatamente los deseos del emperador Carlos I de poseer aquellas remotas islas ricas en productos tan lucrativos. Y como ya sabemos, no tardó en crearse una nueva «Casa de Contratación», ahora no referida a América, sino «de la Especería» y radicada en La Coruña.

Carlos I apostó decididamente por la vía diplomática, para lo que despachó dos emisarios a Lisboa proponiendo armar cada rey dos buques, que trasladarían a tan lejanos lugares sendas comisiones que dictaminarían sobre el terreno los limites de la posesión de cada país, en la línea del reparto del mundo acordado en Tordesillas en 1494. El emperador ofrecía dejar en suspenso todos sus proyectos sobre las Molucas si Portugal, paralelamente, hacía lo propio en Malaca, también reivindicada por los españoles.

Los portugueses se negaron a tomar en consideración tal propuesta, pero Carlos insistió y consiguió que el rey de Portugal enviara una comisión a Vitoria para negociar con otra española, nada se logró, excepto acordar el 19 de febrero de 1524, que una comisión mixta se reuniera en otro punto más cercano a Portugal.

Para esta Junta Carlos I nombró como sus representantes a Hernando Colón, hijo del gran descubridor, Simón de Alcazaba, el doctor Salaya, Pedro Ruiz de Villegas, fray Tomas Durán y al mismo Juan Sebastián Elcano. El emperador les exhortaba a ponerse de acuerdo previamente entre ellos y a hablar «por una boca».

En signo de buena voluntad, se decidió que las sesiones se celebraran alternativamente en Elvas y en Badajoz, pero ahí acabó el acuerdo, pues ni siquiera se llegaron a plantear las grandes cuestiones, surgiendo ya las diferencias desde las previas cuestiones de procedimiento. El 31 de mayo de 1524 se dieron las conversaciones por fracasadas.

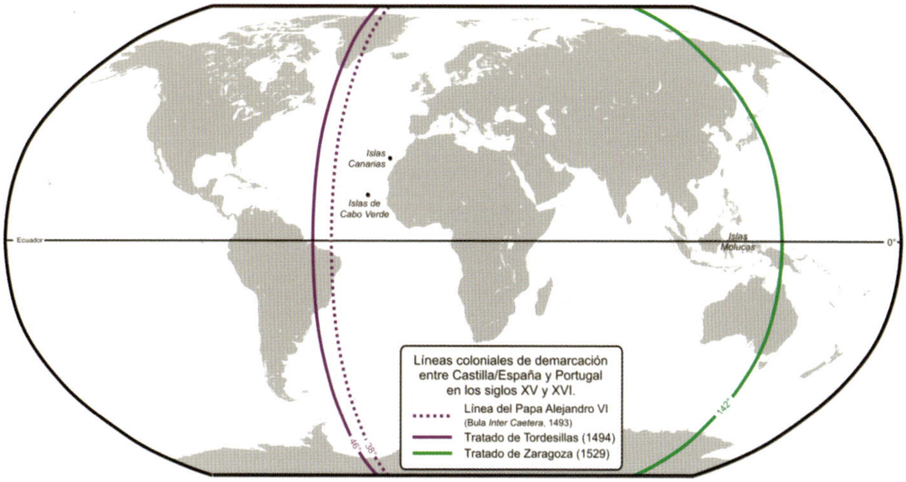

El reparto de influencia de Potugal y España.

Aquello decidió a acelerar los preparativos ya previstos de una gran expedición que debía dirigirse al archipiélago y tomar posesión de él en nombre del emperador, contando con un previsible conflicto con los portugueses, por lo que era una opción realmente arriesgada y arrojaba una gran responsabilidad sobre quien tuviera el mando directo de ella, ya que su gestión de la crisis sería completamente autónoma, dadas las enormes distancias y tiempos, que le harían imposible recibir órdenes e instrucciones desde España por lo que tomó un carácter mucho más militar que la de Magallanes, pues ahora el uso de la fuerza se consideraba poco menos que inevitable.

Una nueva y más potente armada

La armada reunida era bastante importante, componiéndose de siete naves, las que reseñamos a continuación:

Santa Maria de la Victoria, de 300 toneles, capitana de la expedición.
Sancti Spiritus, de 200 toneles, al mando de Juan Sebastián Elcano, piloto mayor.
Anunciada, de 170 toneles, al de Pedro de Vera.
San Gabriel, de 130 toneles, al de Rodrigo de Acuña.

Santa Maria del Parral, de 80 toneles, al de Jorge Manrique de Nájera.
San Lesmes, de 80 toneles, al de Francisco de Hoces.
Santiago, de 50 toneles, patache de la agrupación, al de Santiago de Guevara.

El mando, como capitán general de la expedición, lo ostentaba frey García Jofre de Loaisa, de la Orden de San Juan (los conocidos hoy como Caballeros de Malta), Comendador de Barbales, de sangre noble y nacido en Ciudad Real, hermano de un destacado obispo.

No se sabe que el buen caballero tuviera gran experiencia náutica, aunque, dado su carácter de caballero de San Juan, y destacado, es muy probable que la tuviera, al menos en el Mediterráneo, pues la Orden acaba de ser expulsada de su sede en la isla de Rodas, en 1522, por el sultán otomano Solimán, tras un épico asedio. Justamente por ello, el emperador Carlos cedió a la Orden la isla de Malta (y también Trípoli) para que continuaran con su secular lucha, eminentemente naval desde la pérdida de los últimos enclaves cristianos en Tierra Santa. Pero incluso en ese sentido, el buque de guerra normal en el Mediterráneo era la galera, una embarcación muy distinta a las naos oceánicas, y que utilizaba por ello tácticas de combate muy distintas.

En cualquier caso, se trataba evidentemente, del clásico mando de la época conferido a un noble, pues muchos de los embarcados no aceptarían el liderazgo de Elcano, con mucho el marino más experimentado de la armada y el que tenía una decisiva y casi única experiencia en tan largo y duro viaje, en las islas de su destino y en las gentes que debía tratar allí, tanto portugueses como indígenas. Pero, y como se ha repetido a menudo, los marinos «de pura cepa» eran socialmente inferiores entonces a la nobleza, y más a la militar. También es verdad que al tratarse no simplemente de una navegación, por larga, complicada y dura que fuera, sino de una verdadera expedición de asentamiento, las capacidades exigidas al jefe de ella excedían en muchos sentidos a la pura pericia náutica, cosa que comúnmente se olvida.

Iban en la armada embarcados no menos de 450 hombres, la mayor parte de ellos de «guerra», bien armados y pertrechados, como bien artillados iban los buques, en previsión de conflictos. Aunque no hemos podido conocer el número de piezas de artillería de cada barco, resulta evidente que la capitana llevaba al menos una veintena de piezas de diversos calibres, de las que una media docena al menos eran de gran peso y potencia. Entre las armas individuales ya sabemos por la anterior expedición que alternaban todavía las ballestas con los arcabuces.

Típico de la época era que el buque insignia fuera mucho mayor y más potente en dotación y armamento que los restantes, pues aparte de ser el buque de «representación» del mando y de su autoridad, solía ser el que llevaba el peso del combate y el que lo decidía. Otras tres naos eran medianas y de tamaño análogo a las de Magallanes, y las dos restantes y el patache eran embarcaciones bastante más ligeras, las idóneas para servir como exploradoras y auxiliares en aguas poco conocidas.

Y no deja de ser significativo que la nueva capitana llevara el mismo nombre que la nao que había conseguido el éxito con Elcano, una nueva *Victoria*, aunque ahora se añadiera la advocación de la Virgen para asegurar su éxito.

En cuanto a las procedencias de las dotaciones, debía de haber mayoría de vascos y cántabros, gallegos y andaluces en la parte marinera, y un abanico más amplio entre la gente de pluma y de espada, incluyendo flamencos, alemanes e italianos. Las rivalidades, frecuentes en la época, entre los marineros, que formaban la «tripulación» de los buques, y los soldados, que formaban la «guarnición», tan distintos en consideración social y formación, supusieron un serio problema de convivencia, como veremos. Entonces se consideraba a los marineros como ejercientes de un «arte» puramente mecánico, mientras que los soldados se asimilaban (o eran efectivamente en el caso de los mandos) directamente a la nobleza, por su profesión de las armas. Esto sucedía en todas las marinas europeas, pese a muchos mitos divulgados, y fue hasta el siglo XIX un motivo de problemas a bordo, pese a que tripulación y guarnición formasen la «dotación», que es el término usado en castellano para las personas que forman la de un buque de guerra. Por último, y curiosamente, los artilleros estaban también equiparados a los marineros, por entender que su oficio era también más mecánico que caballeresco.

En cuanto a las procedencias de las naos, se sabe que era cantábrica, como ya sabemos la más reputada entonces entre las españolas, pues tres eran de construcción gallega y cuatro vasca, tal vez especialmente guipuzcoana por influjo de Elcano, quien convenció para embarcarse en dicha aventura a no menos de tres hermanos y a un cuñado, el capitán del *Santiago*.

También llevó como secretario a un joven Andrés de Urdaneta, que debía redactar un diario de la expedición. Nacido en Villafranca de Oria, Guipúzcoa, en 1511, el joven estaba destinado por sus padres a seguir la carrera eclesiástica, pero no dudó en ponerse en contacto con Elcano y cambiar radicalmente de vida. Pese a su juventud y falta de experiencia en navegación o en combate, pronto demostró sus inmensos talentos y capacidades.

Naturalmente, los buques iban cargados con productos para comerciar con los indígenas como paños, lencería, buhonería y quincallería, siempre muy apreciados por pueblos sin manufacturas muy desarrolladas.

Varios de ellos deberían volver a España, es de suponer que cargados hasta las bordas de valiosísimo clavo, pero el resto se quedarían en las Molucas, como fuerza naval de vigilancia, y aparte alguna fortificación terrestre.

Carlos I dio unas muy extensas y detalladas instrucciones a Loaysa, que incluían la de que: «En ninguna manera se descubriese tierra ni se tocase en los límites del rey de Portugal», lo que debe entenderse como la habitual salvaguardia, un tanto cínica, de los políticos de cualquier época. De sobra sabían todos que los portugueses, y su rey en primer lugar, consideraban como propio el archipiélago que ellos debían ocupar para mayor gloria y provecho del emperador y rey y de sus súbditos. Y la anterior expedición mostraba fehacientemente que algo así sería imposible de conseguir.

Listo ya todo, la armada dio a la vela antes de la amanecida del día 24 de julio de 1525, dando comienzo así a una cuestión que se prolongaría en todas sus derivaciones, tanto políticas como humanas durante más de un decenio.

Un viaje accidentado

La navegación transcurrió sin incidentes dignos de reseñar hasta llegar a las Canarias. Allí se decidió recalar el 1 de agosto en la Gomera para reponer leña, agua, carne y demás, volviendo a dar la vela el 14. Esos días se aprovecharon ademas para reunir una junta de capitanes, en la que, a instancias de Elcano, se decidió dirigirse sin más demora al Estrecho de Magallanes, con la indicación que si alguna nao se separase, se señalaba como punto de encuentro la bahía de Todos los Santos en Brasil, donde se esperaría al resto durante 20 días, y caso de no llegar ninguna otra embarcación, seguir viaje, pero dejando en alguna altura cerca de la costa y bien visible una gran cruz como señal, al pie de la cual se enterraría una olla con un mensaje indicando la situación y previsiones. Lo mismo se haría en el río de Santa Cruz, más adelante.

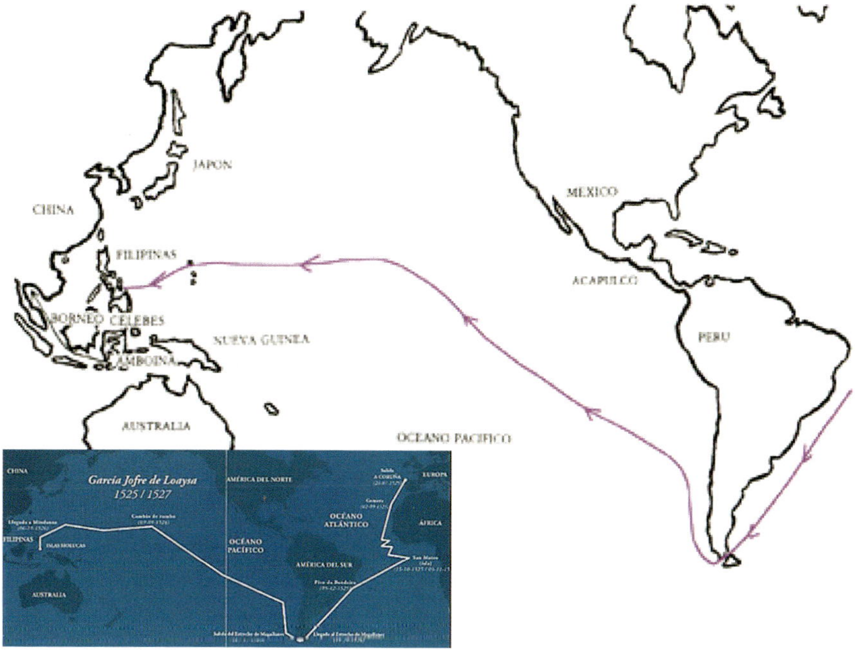

Derrotero de la expedición de García Jofre de Loaisa.

El 18 de agosto, con mar gruesa, se partió el mástil del palo mayor de la capitana, con la consiguiente contrariedad y necesidad de reparaciones a bordo, pero lo peor fue que, al dia siguiente, la averiada *Victoria* abordó a la *Santa Maria del Parral*, deshaciéndole la popa y abatiéndole el palo de mesana, el de más a popa, con su vela latina indispensable para ayudar al timón, lo que exigió nuevas y complicadas reparaciones.

El 5 de septiembre, cerca ya de Sierra Leona, se avistó un buque que se supuso francés, reino entonces en guerra con el emperador. Se le dio caza hasta las doce de la noche, en que Loaysa ordenó con un cañonazo cesase la persecución ante el peligro de que la armada se dispersase. Pero la *San Gabriel* y el patache *Santiago* o no lo oyeron o se hicieron los sordos, consiguiendo el segundo apresar al perseguido, que resultó ser portugués, y al que condujo junto a la capitana, para dilucidar su destino. ´Pero el hecho suscitó una seria polémica, pues el capitán de la *San Gabriel*, de rango superior al del patache, reclamó para sí el mérito de la presa, a lo que se negó vivamente el de la pequeña embarcación. Al final se dejó marchar al portugués, con quienes no interesaba crear problemas antes de tiempo.

El 15 de octubre llegaron a la isla de San Mateo (hoy Annobón), antes poblada por los portugueses, pero a la sazón abandonada tras una rebelión de esclavos, pues había sido un enclave negrero, hallándose diversos restos humanos, de construcciones y de enseres. Los viajeros aprovecharon para alimentarse de naranjas, palmitos, diversas aves, huevos y pesca. A los jefes se les sirvió unos grandes y apetitosos pescados, los llamados «picuda» que sentaron muy mal a quienes lo probaron, víctimas de un mal por entonces desconocido: la ciguatera, una toxina contenida en un alga que come el pez, que provoca vómitos y diarreas a los humanos que la ingieren en los primeros días, hasta que remiten. Lo peor viene después, insidiosamente, pues los enfermos que se creían curados empiezan a padecer trastornos cardiovasculares y neurológicos que pueden producir la muerte, y más en las duras condiciones de la larga travesía. Y a ello se achaca actualmente la posterior muerte de los dos líderes de la expedición: Loaysa y Elcano, hasta hace bien poco atribuida al escorbuto, por más que dicha dolencia contribuyó seguramente a su muerte al empeorar aún más su ya comprometida salud. Pero por el momento aquello pasó como una simple anécdota desagradable.

Por otra parte, había que reparar los buques averiados. También hubo que ver la causa judicial contra el capitán de la *San Gabriel*, quien fue arrestado por dos meses y reemplazado en el mando por Martín de Valencia. También hubo arresto y castigo para algunos hidalgos poco respetuosos de la autoridad de Elcano, por los motivos ya expuestos.

Hechos a la vela, y tras la separación accidental por dos días de la *Sancti Spiritus*, por fin el 5 de diciembre se avistó el continente americano, por lo que se empezó a costear en paralelo hacia el Sur. El 28 se desató un temporal tan fuerte que hubo que aferrar velas, desapareciendo al poco la capitana *Victoria* y la *San Gabriel*. La segunda se reincorporó dos días después, pero la capitana seguía perdida, por lo que Elcano tomó el mando conjunto y decidió ir a sotavento a buscar a la nao de Loaisa, haciéndolo por tres días, hasta que se decidió a arrumbar hacia el Estrecho de Magallanes, pensando que se habría adelantado, como lo hizo la *San Gabriel*, que se separó de las cinco restantes.

El 12 de enero las cinco naves llegaron al río de Santa Cruz, decidiendo Elcano esperar allí a las dos separadas, sabiendo por la experiencia anterior que era un fondeadero seguro. Pero los demás capitanes se opusieron, tal vez por saber de las consecuencias de aquella escala en la expedición anterior, y tras destacar al patache para que dejara un mensaje en la forma acordada, decidieron embocar el Estrecho.

Lo malo fue que se equivocaron en la supuesta «boca», tomando la del río Gallegos, con lo que las naos encallaron, bien que la marea entrante las puso de nuevo a flote sin demasiados problemas. Reanudada la navegación, fondearon ahora en el cabo de las Vírgenes, pero el temporal del Sudoeste bramó con toda potencia, haciendo garrear y encallar a la propia nao de Elcano, la *Sancti Spiritus*, que finalmente se perdió. Las *Santa Maria del Parral*, *Anunciada* y *San Lesmes* solo consiguieron sobrevivir arrojando al mar la artillería y otros pertrechos. Y eso en pleno «verano» antártico.

Las tres naos decidieron embocar el Estrecho, pese al temporal que arreció de nuevo el 17 de enero. Se envió gente a recoger a los náufragos de la *Sancti Spiritus*, entre ellos al joven Urdaneta, quienes entraron en contacto con los indígenas fueguinos. A todo esto se reincorporaron la *Victoria*, la *San Gabriel* y el patache *Santiago.*

Siguió una dura lucha contra los elementos que no describiremos, por bien conocida, en el curso de la cual la capitana sufrió de tal manera que, garreando pese a sus cinco anclas y cinco ayustes, tocó reiteradamente en el fondo, amenazando con partirse.

A todo esto, la desalentada *Anunciada*, se separó de la armada el 10 de febrero, supuestamente con la intención de llegar a las Molucas por la vía del cabo de Buena Esperanza. Nunca se supo más de aquella nao y de su gente.

La *San Lesmes* fue arrastrada por el temporal hasta los 55º, rebasando la Tierra del Fuego y llegando a divisar la mar abierta, antes de reincorporarse, lo que hace suponer que descubrieron el luego llamado cabo de Hornos, pues sus tripulantes afirmaron haber divisado el fin de la tierra firme.

En cuanto a la *San Gabriel*, con Rodrigo de Acuña al mando, aprovechó la ocasión para desertar, volviendo a Brasil, donde esperaba hacer buena carga. Pero allí fue atacada por tres buques franceses y Acuña, con equivocado criterio, intentó pasar en un esquife a negociar con los franceses, resultando apresado. Sin embargo la tripulación supo rechazar el ataque enemigo, y poco después el de otro buque francés, consiguiendo llegar a Bayona de Galicia el 28 de mayo con 27 castellanos y 22 indios, con bizcocho apenas para cinco o seis días y solo tres botas de vino.

Quedaban pues solamente cuatro embarcaciones. A la capitana *Victoria* hubo que repararla extensamente, con el costado hundido y la estructura quebrada, teniéndole que desmontar el timón y allanar la obra muerta para superar los temporales. El casco tuvo que ser reparado con tablas, grandes planchas de plomo y cintas de hierro. De igual manera tuvieron que ser reparados los otros tres, menos gravemente averiados. También se aprovechó la estancia en Santa Cruz para aprovisionarse en lo posible con los escasos recursos de tierra, especialmente aves y pescado, puestos en salazón.

Por fin, tras una durísima navegación de 48 días, llegaron el 26 de mayo de 1526 al cabo Deseado, hoy Pilares, fin del Estrecho, y embocaron el Pacífico.

El Estrecho de Magallanes se había cobrado, de una manera u otra, un duro precio a la expedición, que había perdido así tres de sus siete buques, probando que no era la vía más adecuada para una navegación regular.

La dispersión de la armada de Loaysa

Para acumular problemas, el Pacífico no hizo ahora honor a su nombre, y los recibió con gran cerrazón (nubosidad y falta de visibilidad por niebla) que los hace separarse desde el 31 de mayo y que se convierte en temporal el 2 junio, con lo que se terminó de dispersar la agrupación por completo.

Veamos la suerte de cada uno de los buques: la situación en el patache *Santiago* era trágica: el pequeño buque no tenía espacio suficiente en sus bodegas para almacenar el bizcocho para su tripulación, entonces de 50 hombres, para lo que dependía de la capitana. Apenas había a bordo cuatro quintales de galleta en polvo y ocho pipas de agua, por lo que su capitán, Hoces, concluyendo en que no podría cruzar el Pacífico, ordenó remontar al Norte, aprovechando la corriente de Humboldt hasta Nueva España (el Perú todavía no era español) dando fondo en el golfo de Tehuantepec el 25 de julio de 1526, en una asombrosa navegación que finalmente resultó afortunada.

En cuanto a la *San Lesmes*, nada se sabe de ella, salvo que, casi con toda seguridad, intentó cruzar en solitario el Pacífico. Más de dos siglos después, en 1772, la fragata *Magdalena* encontró una gran cruz, muy antigua, cerca de Tahití, de lo que Navarrete deduce que allí fue a parar la nao. Desde entonces no han cesado las especulaciones, basadas más o menos en los escasos datos y referencias conservados o en hallazgos arqueológicos, especialmente dos cañones aparecidos en Amanu, en las Tuamotu, así como la pervivencia entre los indígenas de caracteres europeos como la piel clara, cabellos rubios o pelirrojos, ojos claros, etc. Supuestamente llegaron hasta Nueva Zelanda y tal vez divisaron Australia.

La historia de la *Santa Maria del Parral* es algo mejor conocida. Al parecer consiguió, tras durísimas penalidades, atravesar el Pacífico y llegar a las Célebes, muy cerca de su destino en las Molucas. Pero en la tripulación se produjo un motín, asesinando al capitán, Jorge Manrique de Nájera, a su hermano y al tesorero, tras lo cual la nao embarrancó en la isla Sanguin, cercana a la de Cebú, en las Filipinas. Pero los indígenas les atacaron, matando a unos y esclavizando al resto. Ya conoceremos su destino.

En cuanto a la capitana, la *Santa María de la Victoria,* en el desastroso estado en que estaba, pese a las reparaciones de fortuna que se le habían hecho, consiguió la proeza de llegar a su destino. Eso sí, hizo constantemente agua, con el codaste quebrado, genoles y curvatones. Llevaba a bordo además buena parte de la gente de la *Sancti Spiritus,* con lo que había unos 145 hombres. El escorbuto no tardó en hacer presa de ellos, según la descripción de Urdaneta:

> Toda esta gente que falleció, murió de crecerse las encías en tanta cantidad que no podian comer ninguna cosa y más de un dolor de pechos con esto; yo vi. sacar a un hombre tanto grosor de carne de las encías como un dedo, y al otro tenerlas crecidas como si no le hubieran hecho nada.

Nada menos que unos cuarenta hombres fallecieron de la tripulación durante la travesía, y entre ellos Loaysa el 30 de julio y su sucesor, Elcano, el 6 de agosto, aunque en ellos los efectos de la ciguatera del pescado consumido se unieron a los del escorbuto.

Fue elegido nuevo jefe Toribio Alonso de Salazar, hidalgo montañés, quien a su vez nombró contador a Martín Íñiguez de Zarquizano, (o Carquizano) de Elgoibar. El 9 de agosto se decidió no subir más en latitud, pues la intención original era remontar hasta Cipango (Japón) y dirigirse por el camino más recto al objetivo final. Poco después avistaron una isla, que llamaron de San Bartolomé, aunque no consiguieron poner pie en tierra. El 4 de septiembre, por fin, avistaron las primeras de las Ladrones, hoy Marianas, pero sin poderse acercar por no tener viento favorable, por lo que tuvieron que bolinear. El 5 se les acercó una canoa con indígenas, uno de los cuales, ante la sorpresa de todos les habló en castellano, pidiendo «Seguro Real», es decir, indulto, pues no era otro que el gallego Gonzalo de Vigo, desertor de la nao *Trinidad* de la expedición de Magallanes, junto con dos portugueses a los que mataron los indígenas. Él, sin embargo, consiguió sobrevivir y sirvió de intérprete. Poco después llegaron nuevas canoas con sal, pescado, patatas, arroz, cocos, plátanos y otras frutas,

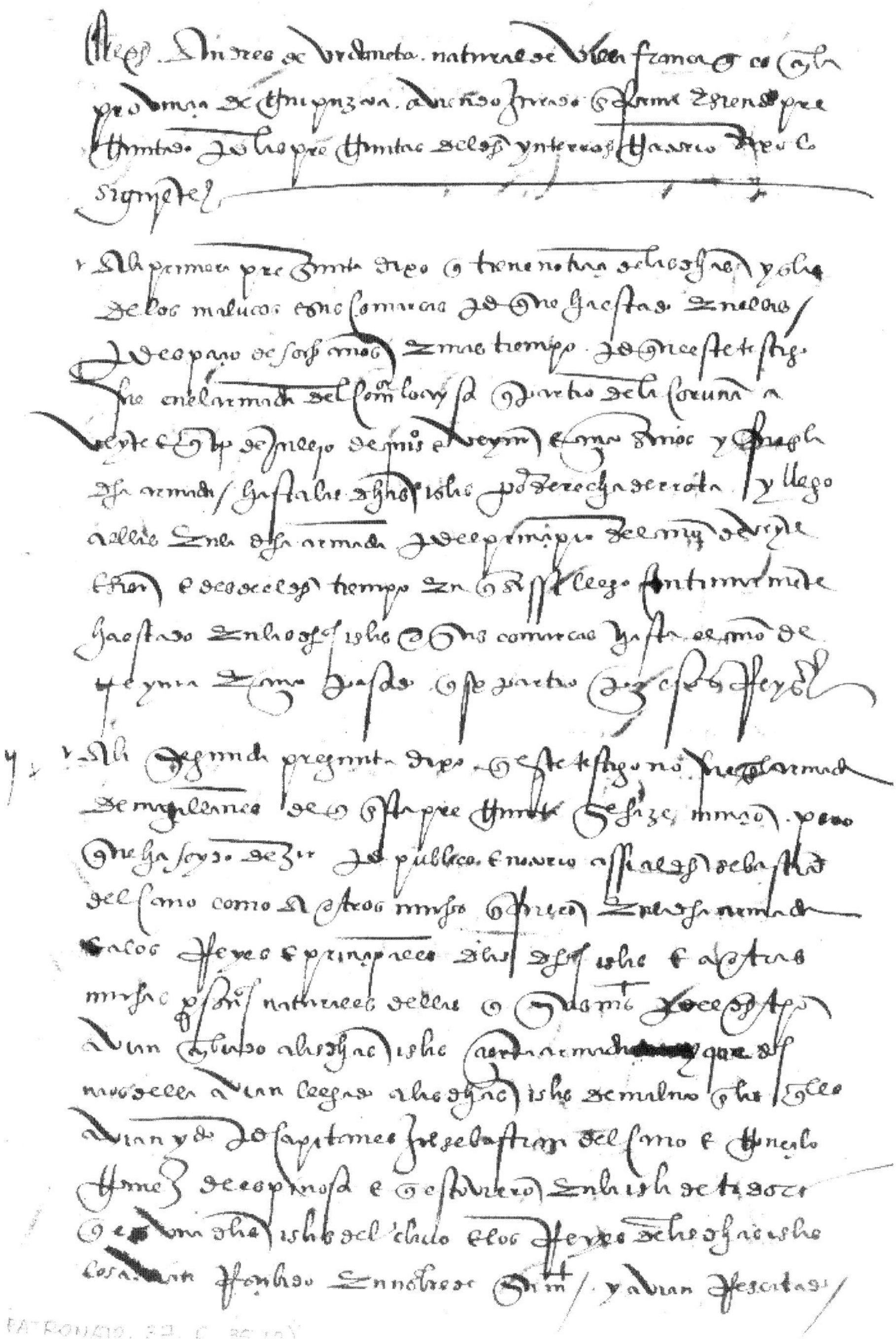

Declaraciones de Urdaneta a su regreso en 1536.
Declaraciones:Andrés de Urdaneta,Macías del Poyo, Archivo General de Indias,PATRONATO,37,R.35

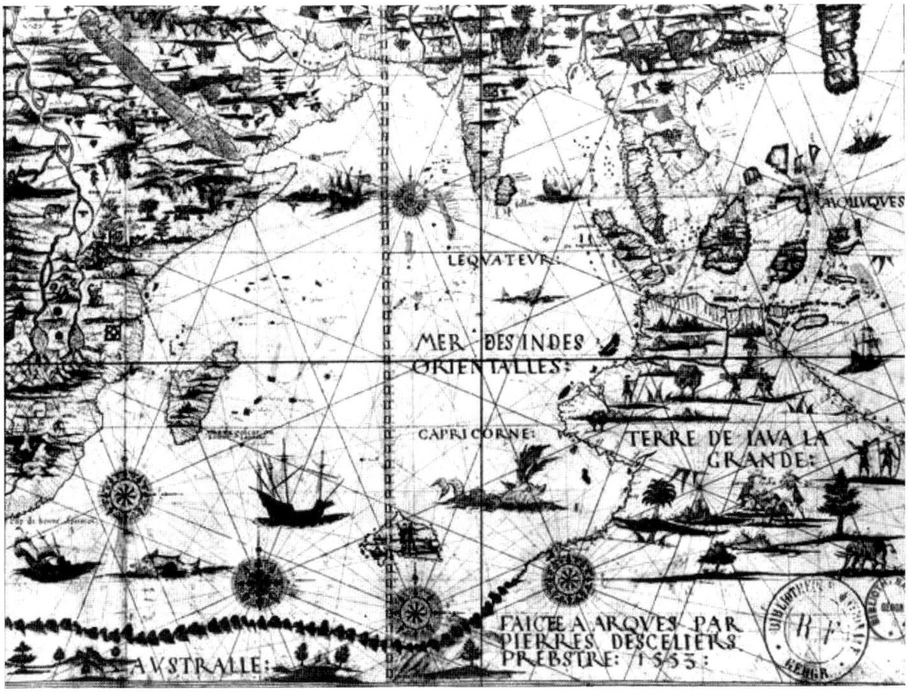

Fragmento del mapa de Pierre Desceliers.

que fueron intercambiadas por objetos de hierro, muy deseados por los indígenas, once de ellos fueron retenidos a bordo para ayudar con las bombas y por haber mucha gente enferma a bordo.

Al poco murió el nuevo jefe, y se discutió sobre si el sucesor debía ser Zarquizano o Hernando de Bustamante, ambos veteranos de la expedición de Magallanes y Elcano, cuestión que intentó resolverse por medio del voto, hasta que el primero la zanjó arrojando las papeletas al mar y proclamando su jefatura.

Tras escalas en Mindanao y Cebú, con incidentes menores, entre ellos la huida de los indígenas de las Marianas con su canoa, llegaron a la isla de Talao en las Célebes el dia 22 de octubre, consiguiendo hacer amistad con su rey, al que dieron una bandera con las armas del emperador, y embarcando los muy necesarios víveres frescos, entre ellos puercos, cabras, gallinas, pescado, arroz, vino de palma, etc. El rey les pidió le ayudasen en una guerra intestina, pero los españoles declinaron la oferta huyendo de complicaciones.

Por fin, el 29 avistaron la isla Gilolo, en las Molucas, pero, debido a una calma, solo pudieron fondear en Zamaso el 4 de noviembre.

Así, tras más de quince meses de terrible viaje, llegó a su destino la expedición, con solo una de las siete embarcaciones, la *Victoria*, si bien la mayor de ellas, completamente desbaratada como ya sabemos, con el casco abierto desde el Estrecho de Magallanes, mástil del mayor de repuesto desde Cabo Blanco y la proa resentida por su abordaje con la *Santa Maria del Parral*, y la obra muerta ya atacada por la broma. De los 475 hombres, apenas 105 habían conseguido sobrevivir al viaje.

Aquí o poco más suelen terminar su relato los historiadores posteriores, refiriéndose muy de pasada a los hechos posteriores de la expedición. Pero, como ya hemos expuesto, y sin desmerecer para nada la hazaña náutica, a esta le siguió una hazaña guerrera que bien merece sea recordada, porque aquellos hombres, pese a todo lo que habían pasado, pese a su aislamiento y a la precariedad de los medios de que disponían, intentaron cumplir hasta el último extremo las órdenes de su emperador de establecer su dominio sobre el archipiélago.

Otros, después de tal travesía, tales sufrimientos y tales pérdidas, se hubieran conformado con «salvar el honor» tras la primera escaramuza, capitulando ante el muy superior enemigo, y nadie se lo hubiera podido reprochar.

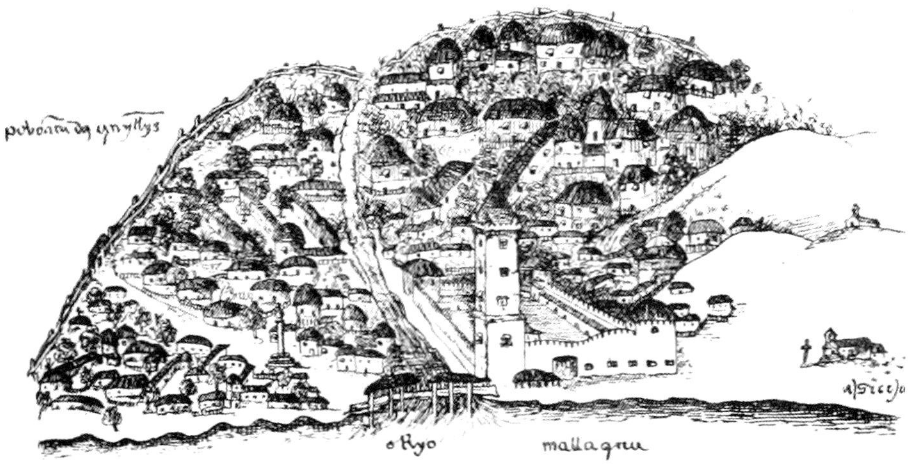

Malaca portuguesa aprincipios del siglo XVI.

El comienzo de una guerra

Como colofón a su expansión por el Índico, los portugueses, al mando de Dom Afonso de Alburquerque, habían tomado Malaca, principal centro comercial de la zona, en 1511, lo que les hizo pronto ser el principal poder en las islas de las Especias.

Estas estaban divididas en cuatro reinos, los de Ternate (o Terrenate), Tidore, Gilolo (o Jailolo) y Bachan, en proceso de islamizacion desde el siglo anterior, pero que aun solo era evidente entre los reyes, llamados sultanes, y la clase alta. Estos reinos estaban en continuas luchas internas, pero el establecimiento de los portugueses en Ternate, donde construyeron una fortaleza y almacén, dio a este reino una clara ventaja sobre sus competidores.

Así, la llegada de la *Victoria* y de la *Trinidad* de la expedición de Magallanes, fue bienvenida, pues los soberanos de los otros reinos pensaron que los españoles nivelarían la balanza de poder. Y lo mismo sucedió cuando llegó la nueva expedición.

Las noticias que recibieron los españoles apenas desembarcados en Gilolo, eran que los portugueses, aliados con el sultán de Ternate, acababan de vencer al de Tidor, que había tenido que huir con sus más leales seguidores, lo que había sembrado la preocupación también allí, pues se imaginaban ser la próxima victima.

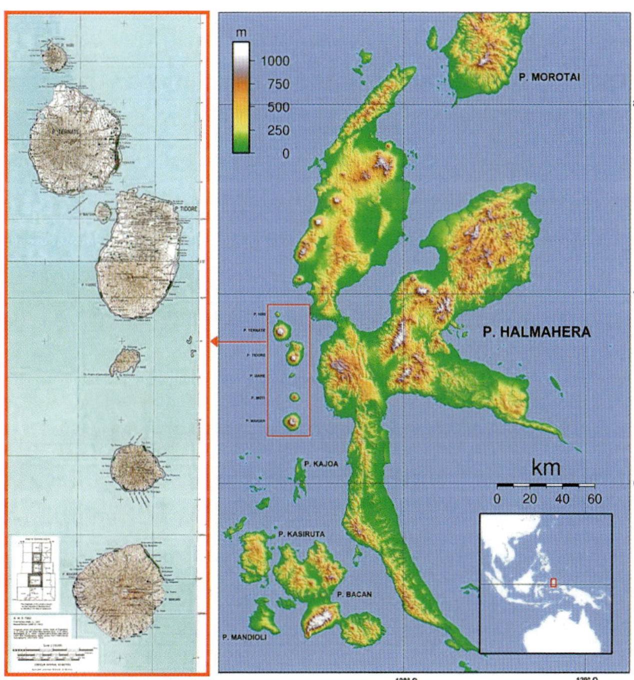

Las islas de las especias: un territorio en disputa entre España y Portugal en el siglo XVI.

Los españoles, para dar más importancia a su ayuda, afirmaron que eran siete naos, pues el resto venía detrás, enviando embajada con Urdaneta y Alonso de los Ríos, que fueron muy bien recibidos.

Realmente en Tidor las cosas estaban mal: muerto el viejo rey, llamado «Almanzor» por los españoles, su joven e inexperto sucesor había sido arrojado del trono y de su capital por los portugueses y sus aliados, teniendo que refugiarse con sus seguidores en zonas montañosas, mientras los pueblos eran saqueados y quemados por los enemigos. El poder de Tidor, con el que se contaba como aliado, era ya solo una sombra, pero aún se contaba con Gilolo.

No tardaron los portugueses en saber que habían llegado españoles a las islas, por lo que ya el 30 de noviembre, Francisco de Castro se presentó como enviado de García Henriques, jefe de la fortaleza de Ternate, con un requerimiento formal para que los españoles se presentasen allí, o «de lo contrario, echaría a pique la nao con toda su gente, porque todas las islas del Maluco y sus comarcanas estaban por el rey de Portugal». Los españoles no se dieron por enterados, aduciendo que la carta no estaba firmada y que ellos tenían instrucciones muy precisas del emperador. Hubo aún nuevos requerimientos, esta vez de Hernando de Baldaya, factor de la fortaleza portuguesa.

Los españoles, decididos a no dejarse amilanar, pusieron rumbo con su desvencijada nao hacia Tidor, les retrasó una calma inoportuna, pero luego levantó el viento. En zafarrancho de combate como elemental precaución, y al doblar un cabo el día 29 de diciembre, avistaron a la flotilla portuguesa que iba en su busca, compuesta de dos carabelas, una fusta, un batel grande, otros barcos con artillería y cosa de 80 paraos, embarcación indígena ligera pero con capacidad oceánica, con centenares de guerreros de Ternate y de otros puntos, todos al mando de Manuel Falcón. Sin embargo, al ver que «la nao era grande e iba bien artillada, conociera su gente determinada y el viento era recio, no se atrevieron a llegar a tiro de cañón».

El 1 de enero de 1527 fondearon los españoles, siendo recibidos por el rey de Tidor, al que llamaron Raja Miu, el gobernador y otros cortesanos que juraron ser leales amigos de los españoles. Estos, para demostrarles su apoyo y crear de paso una base o punto fortificado, hicieron tres baluartes de piedra, tierra y madera, con la ayuda de los naturales, pues incluso las mujeres ayudaron, poniendo allí a salvo parte de la artillería, mercaderías y otros enseres de a bordo, así como la mitad de la gente, que se especifica eran por entonces los 105 hombres que hemos mencionado.

Se sucedieron los requerimientos portugueses, todos desechados por Martín Íñiguez, quien recibió un aviso secreto de algún portugués amistoso, previniéndole no fuera a Ternate, pues planeaban matarlos.

Se daba así el caso, paradójico pero no nuevo (como atestiguan hechos análogos en la Reconquista) de que dos pueblos cristianos y emparentados como españoles y portugueses iban a luchar entre si apoyados por sus respectivos aliados musulmanes, que juraban su lealtad sobre el Corán. Por aquellos años en el Mediterráneo, el rey «Cristianísimo» de Francia, Francisco I, no tenía inconveniente en aliarse con los sultanes otomanos en su lucha contra Carlos I que, por su parte, apoyaba a los reyes norteafricanos, singularmente al de Túnez, con tal de que se opusieran a la expansión turca.

Un combate artillero

El 17 de enero, a eso de la medianoche, la flotilla portuguesa se acercó sigilosamente al fondeadero de la nao española, pretendiendo tomarla por sorpresa al abordaje. Pero los españoles habían situado un piquete de soldados en una punta próxima, con un verso o pieza de artillería ligera, que los divisó e hizo fuego, dando la alarma.

Generalizado el combate, los portugueses acertaron con un tiro de grueso calibre a la nao, haciéndole un gran agujero y matando a un grumete e hiriendo a otros tres hombres, pero la respuesta les hizo retroceder, a su vez con un muerto y dos heridos, secuela de dos impactos certeros.

Al día siguiente volvió la flotilla portuguesa y reanudó el bombardeo, ahora desde larga distancia, buscando siempre inutilizar a la *Victoria*, alcanzándola otras dos veces más, y sin que se conozcan sus propias pérdidas. A la hora de la comida se retiraron, yendo a tierra para hacerlo más cómodamente, siendo sorprendidos por 15 escopeteros españoles seguidos de indígenas amigos, que mataron a dos portugueses y a dos caballeros de Ternate, hiriendo a algunos más de unos y otros, sin sufrir bajas por su parte pese al nutrido fuego de los sorprendidos.

Por la tarde se reanudó el cañoneo, izando los portugueses bandera de combate con la tremebunda inscripción: «A sangre y a fuego», pese a lo cual, y ante la ineficacia de sus tiros y la profusión de los españoles que les disuadían de acercarse más, se retiraron con la noche.

Una nao artillada.

De nuevo se reanudó el nutrido cañoneo al día siguiente, consiguiendo acertar otras tres veces a la nao, pero a mediodía se les reventó a los portugueses un cañón pesado, presumiblemente por haber aumentado en exceso la carga de pólvora para conseguir mayor alcance. Tal vez escasos ya de municiones, cansados o creyendo haber inutilizado la nao por completo, los portugueses se retiraron. Se desconocen sus bajas, pero debieron ser muy superiores a las de los españoles, a la luz de los hechos subsiguientes.

Realmente el ataque portugués fue excesivamente prudente, fiándolo todo al efecto de la artillería de largo alcance, que fue, como hemos visto, eficazmente respondida por la de los españoles, aunque estos se quejaron de que los improvisados asentamientos en tierra no les permitían manejar bien las piezas y que en la ya quebrantada nao, el retroceso y la concusión de las piezas dañaron más sus estructuras que los proyectiles enemigos. En cualquier caso, habían creado un volumen de fuego suficiente como para desanimar a sus muy superiores enemigos, aunque constataron con cierta aprensión que habían gastado nada menos que 12 quintales de pólvora de la limitada carga de la *Victoria*. Y nadie sabía cuándo podrían recibir más.

Por cierto, que estos hechos ponen seriamente en entredicho la tesis de Geoffrey Parker y de Colin Martin sobre la ineficacia y lentitud de los españoles en disparar su artillería, y nada menos que más de sesenta años después, en la campaña de la mal llamada «Invencible» de 1588. Parker y Martin aducen que apenas podían hacer más de uno o dos disparos por día y por pieza, especialmente las pesadas. Y cabe recalcar que el combate se dirimió a larga distancia y justamente con esas piezas de mayor alcance.

Volviendo a nuestra relación, debemos hacer notar que la retirada portuguesa, si no forzada fue por lo menos inoportuna, lo prueba el epílogo de este primer combate. En Gilolo habían quedado tres españoles con dos arcabuces, y la misma tarde de la retirada de los portugueses, dos de ellos fueron con 5 paraos de los aliados nativos a llevar comida a los de la nao.

El día 20 se divisaron dos paraos enemigos rumbo a Ternate, saliendo los de Gilolo cada uno con dos o tres españoles con sus arcabuces, consiguiendo apresar uno de los enemigos, en el que el único portugués de a bordo se arrojó al agua muriendo ahogado, mientras que los aliados mataban a 21 de los 23 nativos, salvándose los otros dos porque los españoles «con harta pena de aquella matanza, se opusieron a los de Gilolo a cuchilladas...». Lo que no pudieron

Un parao indonesio según los apuntes existentes en el Museo Naval.

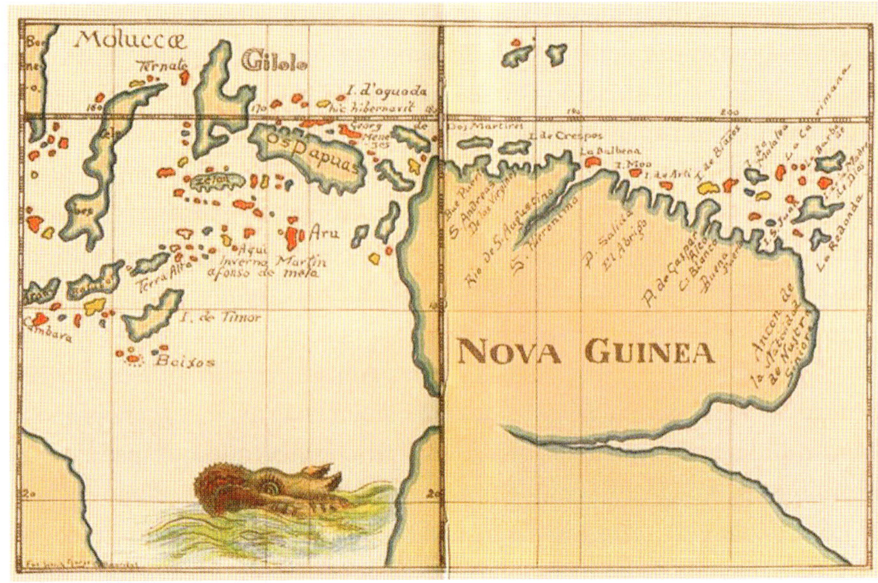

Map of New Guinea ('Nova Guinea'), Spanish/Portuguese, c.1600; as reproduced in G. Collingridge's 1906 work, "The First Discovery of Australia and New Guinea".

Quichiltildore, de parte del rey de Gilolo, quien le convenció de la perfidia del enemigo. Martín Íñiguez se dio por satisfecho y prometió recompensas, pero murió el 11 de julio de 1527, tal vez de enfermedad, o, como pretenden los cronistas castellanos, envenenado por Hernando de Baldaya en una comida durante las negociaciones.

Fue elegido por votos como nuevo capitán español Hernando de la Torre, montañés y antiguo teniente de Martín Íñiguez.

A todo esto continuaban las argucias de los portugueses: uno de ellos, diciéndose natural de Écija y llamarse Francisco Pérez, se pasó a los castellanos. No era más que un intento de quemar la nao de estos en construcción, bien que fracasó porque la madera no prendió.

Lo que sí les salió bien fue el siguiente intento. Como en Tidor, base principal de los españoles, la anterior guerra con los portugueses y sus aliados de Ternate, había dejado devastadas las plantaciones, se enviaron algunos paraos a otros puntos con cinco o seis españoles en ellos, para recoger arroz y otras vituallas en otras islas. Ya de vuelta y confiados en las treguas, navegaron separados y sin tomar las debidas precauciones, por lo que algunos de ellos fueron apresados, con muerte de dos de los españoles.

Otra complicación vino de la juventud e inexperiencia del rey de Tidor y de las disputas internas con el favorito de la reina madre, que concluyeron con la muerte del arribista. Por suerte, entre los portugueses surgieron rencillas entre García Hernández que se amotinó con sus seguidores y Jorge Meneses, hasta que al final se reconciliaron tras no pocos avatares.

A los españoles se les pasó el rey de la isla de Maquian o Bacham, ofreciendo como regalo una juanga, embarcación mayor que un parao, pero solicitando a cambio ayuda militar de los españoles. Estos regalaron la embarcación al rey de Tidore y le enviaron siete hombres con algún arcabuz. Los portugueses, antes de que se afianzara allí el dominio español, enviaron en enero de 1528 una flotilla al mando de García Henriques con una carabela, una fusta y un batel, totalizando 60 portugueses, aparte de 20 paraos con guerreros de Ternate. Desembarcaron y derrotaron fácilmente a la pequeña fuerza española, matando a uno de ellos, Martín de Somorrostro y apresando a otro, Pablo Marinero, quien consiguió fugarse a los siete meses. Los otros cuatro huyeron al monte con el rey de la isla y el resto de sus seguidores, logrando luego pasar a Tidor. Los portugueses devastaron totalmente la isla.

Nuevos y más duros combates

Para entonces, y tras muchos retrasos debido a supersticiones de los auxiliares indígenas, los españoles ya habían terminado su galera en Gilolo, enviándola el 18 de enero de 1528 a Tidor. Como sabemos, era de 17 bancos de remos, se le montaron las mejores piezas de artillería disponibles y se nombró por capitán a Alonso de los Ríos y por tesorero al infatigable Urdaneta.

Seis días después, el 24, ya apresó tras combate a un parao enemigo con tres portugueses y artillado con un verso, que al verse atacado, embarrancó en tierra y montó allí su pequeña pieza dispuesta su tripulación a resistir, bien que se tomó al asalto sobre la marcha, enviando el verso al rey de Tidor como regalo.

Uno de los caudillos nativos de mayor mérito y prestigio, Quichilrade, zarpó con 13 paraos en febrero, reuniéndose con los de Gilolo y dando juntos sobre la escuadra del rey de Ternate, sucediéndose una gran batalla, con ventaja de los españoles y sus aliados, aunque hubo muchas bajas entre los indios, incluido su jefe, herido de un disparo, los españoles solo tuvieron algunos heridos, y algunos más y algún muerto los portugueses.

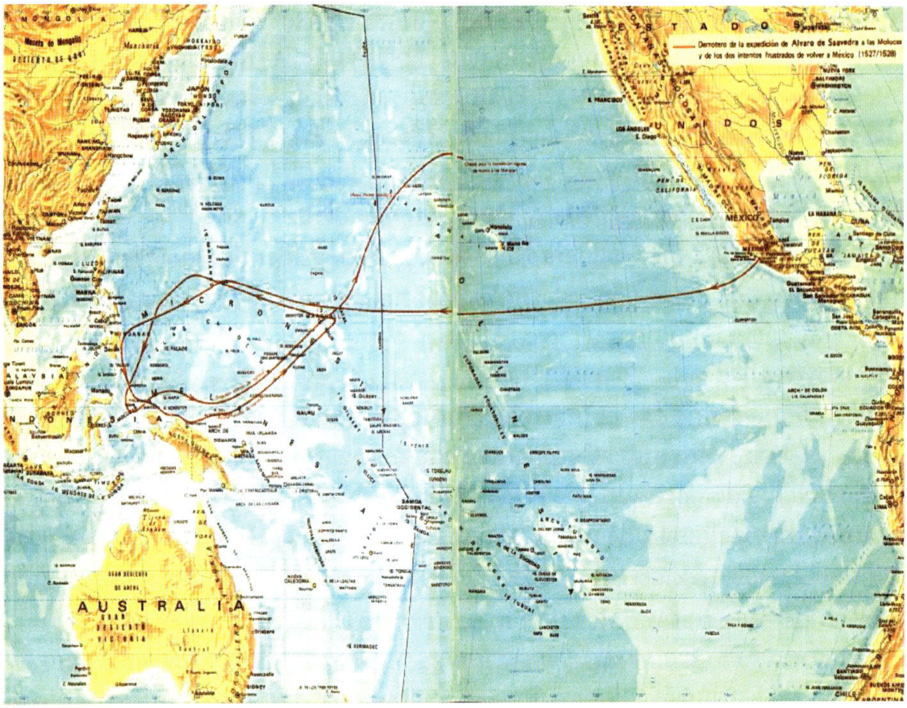

Derrotero de Álvaro de Saavedra.

En los tres buques se metieron un total de 30 piezas de artillería, entre ellas algunas pesadas y de bronce, las mejores de la época (otro logro de Cortés), armas, municiones, vituallas y las consabidas «cosas de rescate».

En un principio la navegación no fue difícil, salvo por una vía de agua en la capitana que inundó un pañol de pan y provisiones. Aunque pudo ser reparada, hubo que tirar 20 quintales de bizcocho estropeado y otros alimentos, complicando esta cuestión, ya de por si ardua en largas navegaciones.

Tras sesenta días de viaje consiguieron llegar a las Marianas, pero cinco o seis días antes, las dos embarcaciones se separaron de la capitana y jamás se ha vuelto a saber de ellas. Otro serio inconveniente es que, a unas 200 leguas de Tidor murió el piloto de enfermedad, y se quedaron sin nadie que supiera situar al buque. Después de varias escalas, en las que rescataron tres hombres de la *Santa Maria del Parral*, dos de los cuales fueron protagonistas de su motín y pérdida, por lo que fueron luego juzgados y ejecutados, llegaron a fines de marzo de 1527 a las Molucas, con 45 supervivientes de su tripulación.

Apenas divisada la nao, unos y otros contendientes hicieron lo imposible por ser los primeros en llegar hasta ella. Lo consiguieron los portugueses con su galera, diciendo a los de la nao que Loaysa estaba muerto, lo que era bien cierto, y que los supervivientes de su expedición se volvían para España, lo que era bien falso, ordenando a la nao que fuera al enclave portugués de Ternate. Pero Saavedra no se dejó engañar, al estar apercibido de lo que podía esperar.

Los portugueses recurrieron a la fuerza entonces, pero les falló su cañón de crujía, el principal y más pesado con mucho en una galera, por tres veces, al no prender la pólvora, lo que resultó providencial para los españoles, pues un tiro de grueso calibre a bocajarro hubiera podido resultar decisivo. Los españoles reaccionaron y rechazaron el ataque, y gracias a un fuerte viento se separaron de sus enemigos, fondeando en Gilolo.

A los portugueses se les unió un batel y decidieron entonces cañonear desde lejos a la *Florida*, como habían hecho antes con la *Victoria*, a fin de inutilizarla. Solo consiguieron un impacto en un mastelero y sin causar demasiado daño. Consumida su pólvora y eficazmente respondidos por los cañones españoles, decidieron retirarse antes de que llegara la fusta española.

Cabe imaginar la alegría de los españoles al recibir aquel primer refuerzo: la *Florida* venia repleta de pertrechos que necesitaban: plomo para balas de mosquete, balas de cañón y una excelente botica. También traía una buena provisión de escopetas, ballestas, coseletes, lanzas y otras armas. Especialmente valoradas fueron sus tres gruesas piezas de bronce, de las que dejó allí dos, así como siete u ocho arcabuces. Sin embargo apenas traían pólvora y hubo que darles alguna de la ya escasa disponible, y, por supuesto, víveres en cantidad y calidad.

Como es bien sabido, la *Florida*, una vez reparada, con 70 quintales de clavo a bordo, su tripulación reducida a 30 hombres, pero con la inclusión del piloto Matías del Poyo, intentó volver a Nueva España, pero los vientos y las corrientes le hicieron desistir y volver a Tidor. Tenazmente lo intentó de nuevo en mayo de 1529, y aunque consiguió cubrir más de la mitad del trayecto, llegando al sur de las Hawaii, de nuevo tuvo que regresar a las Molucas, cuando ya el conflicto había acabado. La gloria del «tornaviaje» estaba ya reservada al gran Urdaneta bastantes años después, pero estos fueron los primeros y denodados intentos de establecer la conexión novohispana en el Pacífico español.

La derrota y la capitulación

Pero la situación de los españoles se hizo angustiosa, pese a sus continuos éxitos, por lo menguado de su fuerza y los continuos refuerzos de los portugueses. En Ternate había unos 190 portugueses, aparte guerreros nativos aliados, y al poco recibieron de Malaca un sustancial refuerzo de 150 hombres más, al mando de Gonzalo García de Acevedo, con seis buques diversos y artillería.

Enfrente quedaban poco más de medio centenar de españoles, faltos de todo, incluso de ropa, destrozada por el largo tiempo pasado sin reponerla, con víveres escasos que apenas podían proporcionar los reyes aliados, y complementados por la caza de cerdos salvajes. Las continuas bajas en una guerra que duraba ya tres años, las enfermedades y accidentes, no hacían sino reducir cada vez más la denodada dotación de la *Victoria*. Y faltos de socorros adecuados, salvo el de efectos principalmente morales de la *Florida*, el ánimo de algunos empezó a flaquear.

Pero pretendiendo seguir con la cadena de éxitos, se enviaron dos pequeñas columnas en ayuda de los aliados nativos: una con Alonso de los Ríos con 11 españoles y otra con Urdaneta y solo seis. Aquello dejaba a la base principal, Tidor, guarnecida solo con 37 hombres, de los que 12 no eran muy aptos para la lucha, por ser grumetes y pajes, ello sin contar con los lisiados y enfermos, y sin la ayuda de los guerreros nativos, cuyos mejores hombres habían partido para la expedición.

A tal debilidad se unió la traición, en este caso de Hernando de Bustamante, contador general pero preterido anteriormente como jefe supremo, que fuera por esta causa o por considerar imposible la resistencia, entró en tratos con los portugueses y les informó de la debilidad de los españoles.

Una expedición portuguesa atacó el casi desguarnecido Tidor, no tardando en tomar la población, incendiándola y haciendo una matanza entre los naturales, matando a un español y apresando a dos heridos, mientras el resto se refugiaba en la fortaleza.

Los portugueses intimaron a aquellos hombres a la capitulación, apoyando la propuesta Bustamante y cundiendo el desánimo entre los hombres, desertando un artillero flamenco.

Al final tuvieron que hacerlo, entregándose Hernando de la Torre con 23 hombres, mientras que Bustamante y otros once (incluido el capellán y otros dos artilleros flamencos) preferían pasar al servicio de Portugal.

Entre los pequeños destacamentos de Alonso de los Ríos y de Urdaneta reinó la consternación al conocer los hechos, cundiendo las deserciones. Ambos capitanes propusieron a la Torre hacerse fuertes en Gilolo y esperar los ansiados refuerzos, pero este respondió, razonadamente, que la resistencia no tenía ya sentido y que los portugueses se habían comprometido a respetar sus vidas y repatriarlos.

También regresó por entonces de su segundo intento la *Florida*, con apenas 22 hombres agotados y enfermos, teniendo igualmente que entregarse, era el 9 de diciembre de 1529.

Como sabemos, el primer ataque portugués contra la *Victoria* fue el 17 de enero de 1527, por lo que la guerra duró asombrosamente casi tres años justos, en los que los supervivientes de la baqueteada nao *Victoria* lucharon con un valor y habilidad sorprendente y estuvieron muy cerca de conseguir el éxito, y solo cedieron a su escaso y decreciente numero y a la traición.

Los acontecimientos posteriores ya nos parecen secundarios para nuestro propósito: el alzamiento de los indígenas al ver consolidada la hegemonía portuguesa en el archipiélago, el enorme retraso y dificultades en la repatriación de los que decidieron seguir siendo fieles a su patria y a su emperador, o prefirieron quedarse en unas tierras donde muchos ya tenían familia, etc, etc. Solo referir que fue ya en 1532 cuando los españoles se enteraron del tratado firmado entre el emperador y el rey de Portugal, y nada menos que en 1536, despojado de todos sus libros, cartas, documentos y papeles, cuando Urdaneta y unos pocos prisioneros consiguieron llegar a Lisboa y devueltos tras su liberación a España.

El Tratado de Zaragoza

Como ha sucedido tantas veces en la Historia, resultó que mientras se luchaba, la paz ya estaba hecha entre los reyes. De hecho, el acuerdo se firmó en Zaragoza en 22 de abril de 1529.

También conviene recordar que, intereses y rivalidades coloniales y comerciales aparte, ambas monarquías estaban mucho más unidas de lo que pueda parecer, y en modo alguno querían llegar a un enfrentamiento total. Signo de ello es que Carlos I se había casado el 11 de marzo de 1526 con la infanta Dª Isabel de Portugal, que sería madre del Felipe II, quien lograría a la

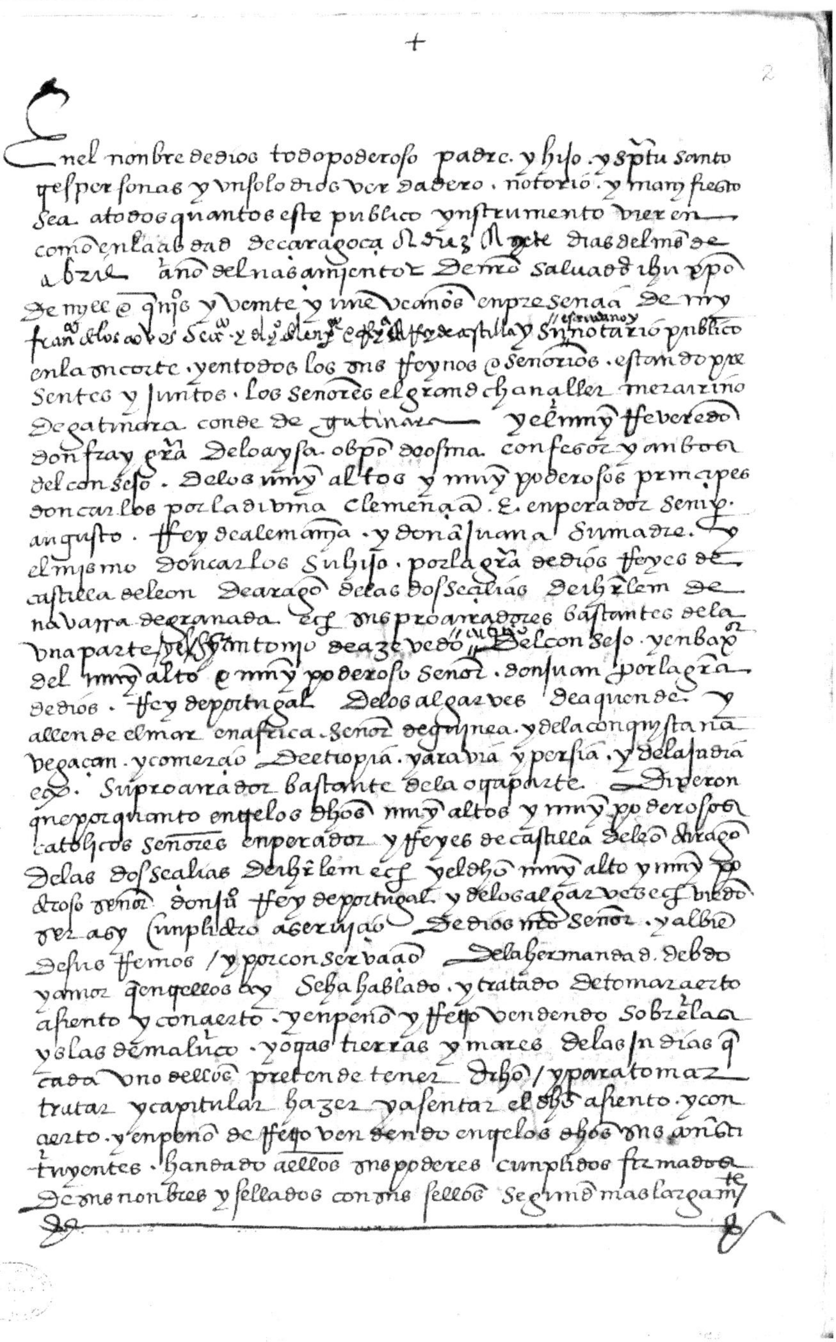

Mercurino de Gattinara, fray García de Loaisa y el comendador calatraveño García de Padilla con plenos poderes para que se convinieran en el tema con el embajador y plenipotenciario portugués Antonio de Acevedo Coutiño. Tratado de Zaragoza, Archivo General de Indias,PATRONATO,49,R.9

postre reunir en su cabeza ambas coronas. Y aquella no era precisamente la primera unión matrimonial entre ambas casas reinantes, ni mucho menos.

Centrándonos ahora en la negociación diplomática y como apunta la gran investigadora Lourdes Trecchuelo:

> Portugal seguía manteniendo su irreducible postura: en virtud del Tratado de Tordesillas aquellas tierras le pertenecían. Por eso puede decirse que en Zaragoza es la Corona Portuguesa la que cede, puesto que al comprar los derechos españoles sobre las Molucas, tácitamente los reconocía.
>
> Por este convenio España vende «todo derecho, acción, dominio, propiedad y posesión o casi posesión y todo derecho a navegar, contratar y comerciar con el Maluco» por 350 000 ducados de oro a 375 maravedíes cada uno. Es un pacto de *retro vendendo*, puesto que el rey de España se reserva la facultad de anular estas renuncias previa devolución a Portugal de la mencionada suma. Mientras el tratado estuviera vigente no podrían ir a la Especiería naves españolas y todo cargamentos de especies que no fuera traído a España por súbditos y barcos portugueses, debía ser embargado. Por su parte, el rey de Portugal se compromete a no levantar nuevas fortalezas en el Maluco, que se considera situado al oeste de una línea que pasa por las islas de las Velas o de los Ladrones, y de Santo Tomé.

Para valorar la cantidad que el rey de Portugal pagó, debemos recordar que la expedición de Magallanes, con los cinco buques incluidos, costó unos 8 334 335 maravedíes. Los 350 000 ducados a 375 maravedíes cada uno suponían nada menos que más de 131 millones, lo que da idea del valor atribuido al archipiélago.

Lo curioso es que las Cortes reunidas en Madrid en 1528 encarecieron al emperador que no enajenara al rey de Portugal tierras tan valiosas. Pero Carlos I supo burlar aquella aspiración, declarando que no eran todavía un bien de la Corona, sino que estaban en litigio. Y bien recordamos las inmensas necesidades de dinero de la Hacienda Real e Imperial de Carlos, aparte de que la Guerra de las Comunidades era aun un recuerdo bien cercano.

Quedaban aún asuntos pendientes, que se solucionaron con un nuevo tratado el 8 de enero de 1545, admitiéndose la residencia de los españoles asentados en Tidor y hasta su comercio, y que la línea no fue respetada en lo sucesivo, como se demostró en el caso de las Filipinas, por entonces aun muy poco conocidas.

Y no dejó de resultar paradójico el que, ya en el XVII y ante la amenaza holandesa, muchos de los mayores esfuerzos de los enclaves españoles en Filipinas fueran para defender las Molucas de ese nuevo enemigo. Claro que de 1580 a 1640 las coronas española y portuguesa estuvieron unidas.

Pero con ello nos salimos de los límites que nos hemos trazado para este trabajo, y sería ya ir demasiado lejos, baste con recordarlo para el lector interesado y como signo de las vueltas que da la Historia.

Urdaneta en América

Aunque detenido en Lisboa, junto con los escasos supervivientes de la expedición de Loaysa, ayudado por el embajador español, Urdaneta no tardó en escapar de su encierro y llegar a Valladolid, Corte por entonces de Carlos V. El emperador se hallaba ausente por campañas en Italia y el norte de África, pero los miembros del Consejo de Indias atendieron al viajero y le acosaron a preguntas sobre todos los detalles de su viaje, incluyendo datos precisos sobre la situación de cada uno de los puntos visitados en su vuelta al mundo y muchos otros aspectos, demostrando el marino una memoria tan prodigiosa, que, pese a haber perdido todos sus papeles, requisados por los portugueses, celosos de sus secretos que pensaban seguir monopolizando, se le encargó rehiciera la relación de su viaje con todo detalle.

Urdaneta visitó a su familia, y les confió su hija Gracia, porque él, como si no tuviera bastante con las aventuras que había corrido, tanto en las Molucas como en la larga vuelta a España por la vía portuguesa del Índico y del Atlántico, aún quería embarcarse en más lejanas empresas.

La ocasión surgió por su amistad con Pedro de Alvarado, uno de los subordinados de Cortés en la conquista de México, que planeaba una expedición por aquellas aguas y seguidamente cruzar el Pacífico y hasta llegar a China, proyectos para los que contaba con la experiencia en aquellas aguas y tierras de Urdaneta.

La expedición, con 400 personas zarpó de Sevilla el 16 de octubre de 1538, y tras cruzar por tierra el continente americano, se preparó otra en Guatemala para el Pacífico. Pero entonces surgieron problemas de diversa índole, pues el virrey de Nueva España, Antonio de Mendoza, no consideró adecuado que Urdaneta fuera el responsable de la parte de navegación de la expedición, por considerarlo muy impulsivo y, por su parte, el joven marino creía contrario a los tratados el que se pensara en una escala en la isla de Cebú, descubierta por Magallanes y situada dentro de la esfera portuguesa.

Urdaneta joven visto por Antonio Valverde "Ayalde".

Pero cuando ya estaba casi lista la expedición, que iba a componerse de seis buques y unos quinientos hombres, estalló una violenta insurrección entre los indios chichimecas y caxcanes, conocida como la guerra del Miztón, en la entonces llamada Nueva Galicia y Alvarado, y con él Urdaneta, fueron requeridos para dominarla. Alvarado murió al caer de su caballo en plena campaña, por lo que el mando de la expedición recayó en Urdaneta (3 de julio de 1541) quien lo retuvo hasta el fin de la guerra en febrero del año siguiente.

Seguidamente, y por orden del virrey, ocupó puestos como el de corregidor y visitador en aquella provincia, destacándose por sus dotes diplomáticas y por su comprensión de los indígenas, buscando la conciliación y el entendimiento mutuo.

Años después, y como reinara una auténtica guerra civil entre españoles en el Perú, fue nombrado jefe de la flota que trasladaría allí a los seiscientos hombres al mando de Oñate para restaurar el orden, cosa que finalmente no fue necesaria por haber muerto los cabecillas de la revuelta.

Así que Urdaneta pudo descansar finalmente por unos años en la ciudad de Michoacán, fundada por el propio Alvarado, actuando como gobernador en su suntuoso palacio. Allí tuvo por fin tiempo para reflexionar sobre su vida pasada, y al enterarse de la boda de su hija Gracia, que había quedado en España al cuidado de su hermano mayor, y muerto este, de su hermana Margarita, decidió ingresar en la Orden de San Agustín, hacia el 19 de marzo de 1552, haciendo sus votos casi exactamente al año siguiente, y ordenándose sacerdote en 1557, recibiendo la responsabilidad de ser maestro de novicios en el convento de la Orden en la Ciudad de México.

Parecía que el aventurero renunciaba al mundo y optaba por una vida sosegada y tranquila, pero nuevos acontecimientos le pusieron en el rumbo de volver al mar y lograr la proeza por la que hoy es más recordado.

La expedición de Legazpi a Filipinas

Pero en España seguía vivo el deseo de llegar a Extremo Oriente y tener allí una avanzadilla para el comercio con el fabuloso mundo chino. Descartadas las islas del Pacífico, por ser demasiado pequeñas, se pensó en las Filipinas que visitó Magallanes y donde halló su muerte.

Asentado ya el dominio español en América, Felipe II reconsideró nuevamente la cuestión, encomendando la organización de una nueva expedición al virrey de Nueva España (México), Luis de Velasco, en carta de 24 de junio de 1559. El interés era triple: conseguir un asentamiento estable en la región de Asia Pacífico, con lo que se tendría acceso al mercado de las especias y otros muchos productos asiáticos sin depender del monopolio portugués o del anterior veneciano, y por supuesto, extender la evangelización en aquella parte del mundo.

El problema era, como ya sabemos, que la ruta hallada por Magallanes a través del estrecho de su nombre, era tan larga como peligrosa, según habían demostrado las expediciones anteriores. Y no parecía mejor camino el del paso abierto más al sur. Lo ideal, como ya se había intentado (en la expedición de la *Florida* ya citada, y en otras) era partir de un puerto americano directamente, con lo que se acortaba sensiblemente el viaje y las penalidades inherentes, y varias veces se intentó, con decepcionantes resultados: el problema no era la ida en el trayecto de América a Extremo Oriente, sino la vuelta, de modo semejante al trayecto Europa-América de Colón: los alisios y la Corriente del Golfo hacían relativamente fácil el viaje hasta América, lo verdaderamente dificultoso era la vuelta, cuestión primordial resuelta por Colón, eligiendo un rumbo mucho más al norte del de ida para regresar a España.

Urdaneta no podía olvidar todo lo que había aprendido en su expedición con Loaysa, y según testimonió el Padre Esteban de Salazar, con quien tuvo largas conversaciones en el convento de México:

> Prometió con tanta deliberación la vuelta desde las Filipinas a la Nueva España, que con ser hombre modestísimo en hablar, solía decir que el haría volver no una nave, sino una carreta.

Aquella afirmación llegó a oídas del virrey, Luis de Velasco, quien tras consultar con navegantes y astrónomos y el propio Urdaneta, llegó a la conclusión de que el intento era plausible, lo que comunicó al rey, quien aprobó se organizara la expedición, tras conseguir los oportunos permisos eclesiásticos para que Urdaneta participara en ella.

Un religioso no podía estar al mando de la expedición, y además, una cosa era el asentamiento en Filipinas y otra el lograr el oportuno tornaviaje, condición indispensable para que la nueva posesión fuera viable, al tener segura comunicación con su base mejicana, así que por recomendación del propio Urdaneta, se puso al frente de ella a Miguel López de Legazpi, guipuzcoano de Lezcano, y con 29 años de residencia en México, donde era escribano, y unos 58 de edad, donde se casó y tuvo nada menos que nueve hijos. Por cierto, que el mismo Urdaneta rondaba ya los 56, edad considerable para la época, y más tras las penalidades de su primera expedición.

Tras muchos estudios, se decidió construir los buques de la expedición en un puerto mejicano, el de Navidad, aunque Urdaneta prefería por el clima el de Acapulco, por ser más salubre y adecuado en todo, en lo que de nuevo acertaba. Finalmente se concluyeron las dos naos y dos pataches o embarcaciones ligeras hacia 1564, tras no pocos retrasos. Eran la capitana *San Pedro*, de 550 toneladas, *San Pablo* de 400, y los pataches *San Juan de Letrán* y *San Lucas* de unas 90 y 40 respectivamente, a los que se añadió finalmente un pequeño bergantín, el *Espíritu Santo*, comprado a última hora a su propietario, embarcando en ellos un total de unos 350 hombres, 200 de ellos soldados.

Así que bien provistos de armas, provisiones para dos años, quincallería para comerciar con los indígenas, agua y leña, los buques zarparon de Navidad el 21 de noviembre de 1564 y fondearon en el puerto de Cebú, su destino, el 13 de febrero de 1565, tras casi cuatro meses y medio de viaje.

La travesía fue cómoda, excepto porque el alimento básico de los marinos de entonces, el «bizcocho» o pan cocido dos veces para su mejor preservación, empezó a echarse a perder por haber sido hecho con demasiada antelación.

Más grave fue la deserción del patache *San Lucas*, al mando de Alonso de Arellano, que se separó del resto el 1 de diciembre, y tras peripecias poco creíbles, regresó a Navidad el 9 de agosto de 1565, dos meses antes de la vuelta de Urdaneta. Afirmaron haber llegado a Filipinas y otras extrañas historias que hacen dudar seriamente de su veracidad, arrogándose la primacía en haber logrado el deseado «tornaviaje». En cualquier caso, estaban al tanto de los planes de Urda-

Monumento en honor a Urdaneta y Legazpi en la ciudad de Manila.

neta, por lo que su mérito, si es que realmente existió, llegando a Filipinas y cruzando de nuevo el Pacífico a la vuelta, es más que discutible.

El resto de la expedición siguió adelante, descubriendo el 9 de enero de 1565 la isla de Los Barbudos, hoy Mejit en las Marshall, la de Los Placeres, hoy atolón de Ailuk y la de Los Pájaros, hoy Jemo, así como Las Hermanas y Los Corrales, hoy atolón de Wotho.

El 23 del mismo mes avistaron Guam, en Las Ladrones, hoy Marianas, como sabemos descubiertas por Magallanes en su expedición, haciendo nuevamente honor a su apelativo los indígenas, que en el intercambio comercial, pagaron con supuestos sacos de arroz que tras una pequeña capa de cereal contenían arena, y con recipientes de aceite de coco que resultaron estar llenos de agua. Tres días después Urdaneta celebró allí misa, la primera en dichas islas, y Legazpi tomó posesión de las islas en nombre de Felipe II, zarparon de Guam el 3 de febrero y el 13 llegaron a la isla de Samar, ya en Filipinas, tocando seguidamente en Leyte y otros puntos hasta el destino final.

El asentamiento español en las islas fue bastante pacífico, pese a que los indígenas los recibieron con gran recelo en un principio, pues piratas portugueses, diciéndose castellanos, habían saqueado algunas islas y secuestrado centenares de personas para ser vendidos y utilizados como esclavos. Gracias en buena medida

Urdaneta ya de agustino.

a las dotes diplomáticas de Urdaneta el equívoco pudo aclararse y la violencia fue mínima. Otro hecho que alentó a los españoles fue la aparición de la imagen del Santo Niño de Cebú, regalada por Magallanes a la reina Juana de Cebú en su estancia allí, nada menos que 44 años antes.

El tornaviaje

Pero faltaba la segunda parte de la expedición, la más importante: asegurar la vuelta a México y la fácil comunicación con el nuevo asentamiento. Para ello se preparó la nao *San Pedro*, la mayor, embarcando como capitán un sobrino de Legazpi, de solo 18 años, llamando Felipe de Salcedo. Aparte iban como piloto Esteban Rodríguez, que moriría el 27 de septiembre de 1565, poco antes de su llegada a Acapulco, y Rodrigo de Espinosa, que estuvo enfermo la mayor parte del viaje, con lo que todo el peso de la navegación recayó, aún más de lo planeado, en el propio Urdaneta. Según la relación de Esteban Rodríguez:

> ...estaba la nao capitana presta para salir bien abastecida de pan y arroz y millo y haba y garbanzo y aceite y vinagre y vino para más de ocho meses, y agua 200 pipas; iban en la nao doscientas personas con diez soldados y dos padres, el Prior (Urdaneta) y Fr. Andrés de Aguirre...

La *San Pedro* dio la vela en el puerto de Cebú el 1 de junio de 1565, poniendo rumbo al norte/nordeste, siguiendo el plan de Urdaneta.

Allí radicaba la genialidad del ahora clérigo: como en el caso de Colón, las latitudes bajas, cercanas al Ecuador eran muy adecuadas para navegar de Este a Oeste, ayudados por vientos y corrientes favorables, pero ello mismo hacía imposible en la época de la vela que el buque pudiera volver por el mismo camino. Colón remontó hasta las costas del hoy Estados Unidos para volver a Europa, y Urdaneta se remontó en latitud incluso más allá del norte del archipiélago japonés, a no mucha distancia de las Aleutianas, y tras bajar hacia el sur, de nuevo remontó hacia las costas de la actual Alaska, tras de lo cual y haciendo rumbo sudeste no tardó en avistar las costas de California, en concreto la isla a la que llamaron Deseada, el 18 de septiembre de 1565, llegando a Acapulco el 1 de octubre, cuando ya la mitad de la dotación y pasajeros habían enfermado de escorbuto, sin contar con que algunos habían muerto y habían sido entregados al mar.

Lo que parecía imposible se había logrado, y de tal forma que se emplearon en la vuelta cuatro meses justos, una docena de días menos que en la ya conocida y fácil ida, y navegando muchas más millas en su derrota o trayectoria, por las dos grandes remontadas al norte para hallar vientos y corrientes favorables.

A Urdaneta le valió su rica experiencia y celebradas dotes de observación en la expedición de Loaysa, también el estudio de otras expediciones anteriores fracasadas, su conocimiento de aguas y vientos, y especialmente su genial concepción de la globalidad del planeta: lo que había sido demostrado cierto con Colón en el Atlántico, tenía que serlo también en el Pacífico: para navegar de Este a Oeste las mejores latitudes eran las bajas, cercanas al Ecuador, y para el camino contrario, las mejores serían las altas.

El mayor y casi único problema real había sido el escorbuto, con todo, y del total de más de doscientos hombres, solo unos 16 murieron en la travesía (incluyendo a causa de otras enfermedades) lo que se compara muy favorablemente con las expediciones de Magallanes-Elcano o con la de Loaysa, fruto especialmente de la rapidez de la travesía. Y es de señalar el que por entonces se buscó y encontró un remedio, apoyado en su divulgación por el propio virrey Velasco, como detallamos en uno de los apéndices de este trabajo, hecho que parece haber pasado desapercibido, pues hasta hoy se ha atribuido tal descubrimiento a un médico naval británico del siglo XVIII, casi doscientos años posterior.

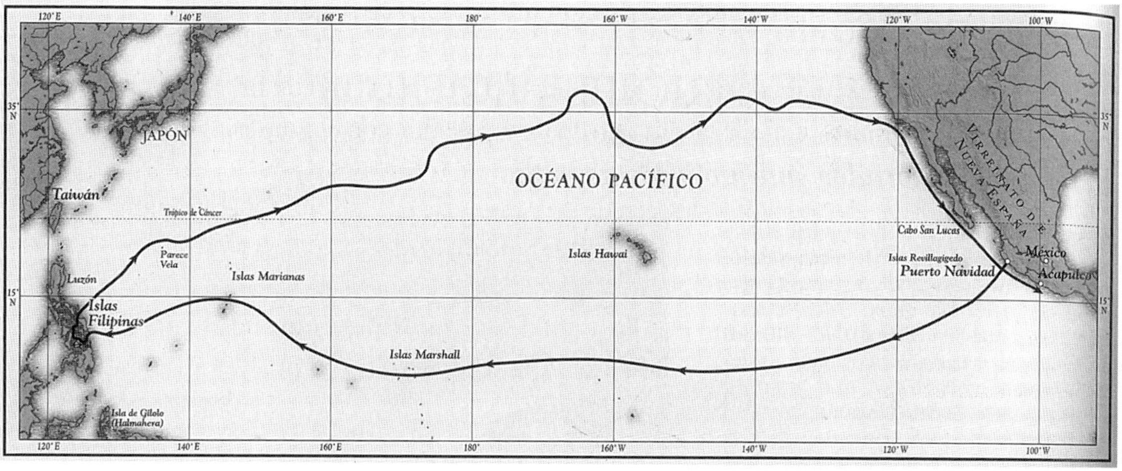

La ruta del *San Pedro*: Puerto de Navidad, Guam, Cebú, California, Acapulco.

El júbilo fue universal, y Urdaneta embarcó de nuevo rumbo a España, siendo recibido en el palacio del Pardo por el propio Felipe II. Según se afirma, la conversación transcurrió en los siguientes términos:

Dijo el rey: «Tengo entendido que las observaciones que hicísteis en vuestra estancia en las Molucas os ayudaron a trazar la ruta de vuelta», a lo que respondió Urdaneta: «Así es Señor. La experiencia de casi ocho años en aquellas aguas fue una ayuda inestimable. Los vientos soplan siempre del este, por lo que había que encontrar una ruta alternativa. Y esta se consigue subiendo veinte grados al norte». Felipe II dijo entonces: «Sencillo, pero a nadie se le hubiera ocurrido».

Claro que no era solo intuición y observación de vientos y aguas lo que le llevaron al éxito, sino profundos conocimientos en cosmografía, cartografía y en astronomía, indispensables por entonces para situarse en la mar, a falta de otras referencias. Pero que el rey reconociera esos otros méritos ya era demasiado pedir.

Sin apenas recompensas materiales de ningún tipo, pues solo se le concedió la exigua cantidad de tres reales diarios de dietas durante su estancia en la Corte, y sin recibir tampoco honores simbólicos, salvo el reconocimiento a su gesta en algunos escritos, Urdaneta terminó así su vida activa. De nuevo Felipe II, según su tenaz costumbre, supo ser tacaño y remiso a reconocer méritos con los que mejor le servían.

Pero con la inmensa satisfacción íntima de lo conseguido, que es finalmente lo más importante, Urdaneta volvió a embarcar el 13 de junio de 1567 en Sevilla, llegando a San Juan de Ulúa, el puerto mejicano de llegada de las Flotas de Indias, a mediados de agosto de aquel año, con el propósito de vivir sus últimos años en el convento.

Llegaba agotado y deseoso de descanso y de paz espiritual, pero la naturaleza se cobró el pago por tanto esfuerzo y por la inadecuada dieta en sus navegaciones: a principios de 1568 cayó enfermo, especialmente de hígado y riñones, falleciendo en su convento el 3 de junio de ese año. Enterrado en la cripta de su última morada, un incendio en el siglo XVII, seguido de una inundación, hicieron desaparecer su tumba y sus restos.

El galeón de Manila

El logro de Urdaneta significó a la postre mucho más que hacer posible el asentamiento español en Filipinas y en la región de Asia-Pacífico, con ser ello tan importante, y no hay más que mirar un mapa de la zona para ver la extensión que llegó a tener: de Formosa a Marianas y Carolinas, de Camboya al norte de Borneo, sino que implicó una línea comercial, cultural y de personas que entre Manila y Acapulco unió anualmente tres continentes con enormes repercusiones de todo tipo en los tres.

No fue ya solo el que productos asiáticos, desde la seda a la porcelana, desde el jade a las especias, llegaran a América y Europa por esa vía, también hubo su contrapartida, entre ellas y de forma determinante, la plata española extraída de las minas americanas, que condicionó seriamente la economía del vastísimo imperio chino, ante su falta de metálico para el comercio. Cuando la línea, debido a la independencia novohispana, cesó en el tercer decenio del siglo XIX, tras bastante más de dos siglos, casi tres de funcionamiento, hasta la independencia de México, la falta de la vital plata española se hizo notar pesadamente en el sofisticado imperio.

Las consecuencias de todo tipo de esta primera globalización fueron inmensas. Y ello sin hablar del arte, de la literatura y de las creencias.

Tal vez sea la mejor imagen de todo aquello el que los tradicionales mantones de Manila, de magnífica seda tejida y bordada en China, indispensables en el vestuario femenino español durante siglos, llegaran por esa vía, o

Fragmento de una ilustración del códice Baxter (c. 1590) en el que se representa un barco español en el lejano Oriente intercambiando mercancias con los nativos de la zona. Se conserva en la biblioteca de la Universidad de Indiana.

que el mismísimo Lope de Vega tuviera las suficientes noticias de aquellas tan alejadas tierras como para escribir sus *Triunfos de la fe en los reinos del Japón.* O que la porcelana se convirtiera en un elemento indispensable en la vajilla de los hogares europeos. Hasta entonces las vajillas habían sido de cristal y plata para los pudientes y madera para los pobres.

Así Urdaneta, con su tornaviaje finalmente hizo posible el sueño de Colón, que era abrir una ruta hacia los misteriosos pero imponentes imperios de Extremo Oriente, abriendo así al mundo a un desafío cultural en todos los órdenes. Ahora que tanto se habla de globalización en uno u otro sentido, pero como un hecho evidente, resulta sorprendente que el hombre que la hizo posible apenas sea recordado como debe.

Ello sin olvidar el decisivo hecho de la definitiva comprensión global del planeta y su conocimiento, en tierras, mares y atmósfera, poniendo de relieve hechos como la simetría en ambos hemisferios de los fenómenos. La era de los mitos y leyendas sobre el planeta, su distribución de tierras y mares y su dinámica, había terminado. Quedaba solamente rematar la tarea, completando la exploración de regiones apartadas, pero lo substancial estaba ya logrado. Y muchas veces con la ilusión de descubrir «mundos perdidos», algún remoto lugar donde las cosas fueran diferentes, pero ya solo en una escala tan pequeña y anecdótica, que no cambiaban el cuadro general, o simplemente desmentían las fantásticas pero finalmente frustradas esperanzas de hallar algo verdaderamente nuevo.

XI.-La vuelta al mundo de Drake

Pese a que la navegación de Magallanes y Elcano fue pronto divulgada por todo el mundo, y pese a que después de ellos otros españoles (o al servicio de España) dieron asimismo la vuelta al mundo, aunque completándola como prisioneros de los portugueses (el grupo de Cabo Verde, Urdaneta y sus compañeros y Espinosa y los suyos), durante demasiado tiempo y demasiadas veces se ha pretendido en Gran Bretaña y en los países de cultura anglosajona que tal gesta se debió al gran navegante Francis Drake. Hoy pocos estudios de alguna seriedad pueden sustentar esa pretensión, pero lo cierto es que ha calado en la cultura popular y se sigue repitiendo y creyendo comúnmente. Es, por supuesto, un intento de arrebatar el mérito a los españoles y adjudicárselo ellos mismos o gentes de su gusto, como todas las historias del descubrimiento de América por los vikingos, de los que los británicos se sienten en buena medida descendientes, que, aunque fuera cierta (y el famoso fraude del falso mapa de Vinland no es más que un ejemplo), sería históricamente irrelevante por su nulo impacto posterior en ambas orillas del Atlántico.

Otra táctica ha sido desviar la atención hacia el origen supuestamente genovés de Colón, con lo que incluso algunos científicos (no especialistas en Historia) son capaces de decir en sus obras que las famosas tres carabelas zarparon nada menos que de Génova, o que la expedición de Magallanes era portuguesa y organizada por ese país. Todo antes que reconocer un mérito a los competidores de siglos.

Para dejar bien claras las cosas añadimos este capítulo, que narra brevemente la navegación de Drake y las circunstancias en que se produjo, que puede servir tanto para zanjar definitivamente esa cuestión como para oportunas reflexiones y comparaciones entre ambas navegaciones, y el valor respectivo de una y otra.

Los primeros años de Drake

Parece probado que Francis Drake nació hacia febrero o marzo de 1540 en un pueblecito de Devon, Tavistock, donde su padre era arrendatario de la abadía católica allí situada, trabajando sus tierras a cambio de entregar parte de la cosecha. Se cree que su madre se llamaba Anne y es seguro que tenía dos hermanos: John y Joseph. Pero su modesta vida se vio alterada al erigirse Enrique VIII como jefe de la iglesia anglicana, desligándose de la católica. Aquella medida le sirvió para enajenar las tierras eclesiásticas, y venderlas por subasta en beneficio propio. Los nuevos propietarios, centrándose en el beneficio inmediato, rescindieron los contratos de aparcería y dedicaron las tierras a la cría de ovejas, para vender su lana en bruto a los tejedores de Flandes, con lo que muchas familias quedaron en la ruina y arrojadas de sus viviendas, pues eran mucho menos numerosos los pastores necesarios para el nuevo negocio que los agricultores.

El padre de Drake, Edmund, aparece como «trasquilador» en esa época, lo que, dados sus escasos ingresos, le empujó a la delincuencia, siendo acusado de dos atracos a mano armada y con violencia en 1548. Tras conocer la cárcel, y en un asombroso giro, se hizo pastor anglicano, abandonó a su familia y se trasladó a Kent.

La madre y los tres niños tuvieron que trasladarse en bien penosas condiciones al cercano Plymouth solicitando la ayuda de un pariente cercano, William Hawkins, hermano de su madre, y cuyo hijo mayor, John, pronto hizo amistad con Francis, su primo hermano ocho años más joven.

Los Hawkins eran muy diferentes de los Drake: navieros y comerciantes que no despreciaban el contrabando o la piratería, ejercida no ya contra enemigos, sino contra cualquier barco de cualquier procedencia que pareciera llevar una buena carga y tuviera poca defensa. Aquello les trajo problemas repetidos con la justicia, pero fuera por amistad o por sobornos, siempre salieron bien de los embrollos.

Sus negocios se ampliaron con la oportunidad de dedicarse a la trata de esclavos, bien secuestrándolos por su cuenta, bien asaltando naos portuguesas que se dedicaban a tal tráfico desde sus enclaves en la costa africana. Luego los vendían en América, donde eran muy valorados como mano de obra. Y fueran esas u otras «mercancías» las que vendieran, las reclamaciones diplomáticas españolas, por contrabando, y portuguesas, por robo con violencia, no dejaron de producirse, mientras unos y otros tomaban las medidas de seguridad pertinentes, lo que hizo que los contrabandistas y piratas (no había guerra alguna que enfrentara a Inglaterra con España o con Portugal) se armaran a su vez para defenderse de los buques que los perseguían o para convencer con amenazas más o menos explícitas a los colonos de que les convenía en todos los aspectos comprar sus mercancías o sus esclavos.

Así hizo sus primeras navegaciones el joven Drake, siguiendo fielmente las rutas abiertas por portugueses en las costas africanas y la española de Colón para llegar a América, con escala en las Canarias incluida, y a menudo con algún piloto ibérico, secuestrado o comprado para la ocasión.

Y, por supuesto, Isabel I Tudor puso poco empeño en perseguir esas actividades, pues de un lado la beneficiaban vía impuestos y regalos de los poco recomendables navegantes y de otro convenían a sus planes de hacer una guerra no declarada a sus enemigos católicos del sur, por más que protestara tan hipócrita como reiteradamente de no saber nada de sus actividades y de no permitirlas en modo alguno.

Costa de Veracruz con San Juan de Ulúa enfrente.

El negocio era tan boyante que en 1567 se preparó otra expedición con dos grandes galeones, el *Jesus of Lubeck* y el *Minion*, ambos de 30 cañones, ambos de la Royal Navy y por tanto buques de combate, y otros cuatro o cinco más pequeños, propiedad de los Hawkins, para hacer en grande lo que hasta entonces tan bien había resultado con recursos más modestos.

Confiados en su potencia, los ingleses, tras diversos ataques, raterías y secuestro de indígenas en diversas pequeñas poblaciones, terminaron fondeando en el mismísimo puerto de Veracruz, puerto de salida y entrada de las Flotas de Indias, y se permitieron incluso ocupar la isla fortificada de San Juan de Ulúa, entonces conocida como «La Gallega».

La situación se volvió insostenible hasta que el 23 de septiembre de 1568 apareció por allí la flota española, al mando de Francisco de Luján, y atacó a los intrusos, venciéndoles por completo y salvándose solamente Drake en una pequeña embarcación y Hawkins en el *Minion*. Pero la huida de Drake en el *Judith* sin apenas combatir y volviendo a Inglaterra por su cuenta, le indispuso seriamente con su primo, y aunque luego se reconciliaron, la distancia entre ellos creció desde entonces. Ambos tuvieron la desfachatez, en su viaje de vuelta, de hacerse pasar por pobres marinos castigados por los

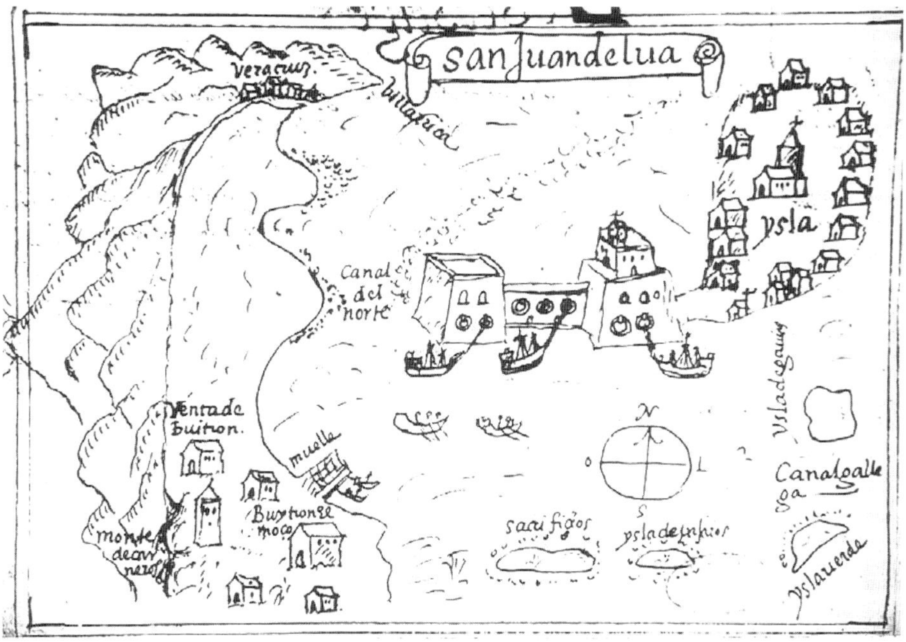

Croquis de la Isla de San Juan de Ulúa y Vercruz.

temporales y solicitar ayuda y alimentos en las costas gallegas, que ingenuamente se les concedió.

Aquel duro enfrentamiento marcó el comienzo de una guerra no declarada entre España e Inglaterra, agravada por el encarcelamiento por Isabel I Tudor de María Estuardo, reina de Escocia, con lo que los pocos escrúpulos de la reina inglesa en proseguir su política de acoso hacia España desaparecieron.

Drake, que había estado tres meses en una cárcel inglesa por apoderarse del botín común, saltó otra vez a la acción, tras asegurar a todos su inocencia, embarcándose en una serie de ataques piratas con escasos medios contra objetivos poco o nada defendidos. Porque incluso con un buque pequeño, con unos pocos cañones, se podían conseguir grandes botines en aisladas poblaciones o contra piraguas cargadas con productos exóticos, de altísimo valor en Europa, y tripuladas por una decena o menos de hombres. En la más productiva de esas incursiones, en Panamá, asaltó en connivencia con un pirata francés una reata de mulas cargadas con plata peruana y poco vigiladas, lo que supuso su fortuna, especialmente porque los franceses fueron atrapados por los españoles, y porque en tal expedición, de solo dos pequeños barcos, del que perdió uno, murieron sus dos hermanos, por lo que el botín pasó íntegramente a sus manos.

Hasta entonces Drake había actuado realmente como un pirata, si bien con evidente «vista gorda» por parte de la reina, pero ahora quería llegar a tener una «comisión real», es decir, actuar en nombre del estado y no como un vulgar ladrón.

La ocasión se la brindó Walter Devereux, conde de Essex, que planeó conquistar la parte norte de Irlanda, siempre refractaria a la dominación inglesa. Drake se sumó a la expedición con sus tres pequeños buques, que debían cooperar con la fuerza terrestre al mando de John Norreys, curiosamente el mismo con el que compartió el mando en su desastrosa «Contra-Armada» de 1589. Juntos atacaron la isla de Rathlin, en la costa norte de Antrim, habitada por un señor escocés, Sorley Boy McDonnell. Los escoceses, tras presentar dura resistencia tras los muros, finalmente se rindieron, solo para ser masacradas a continuación

Walter Devereux, conde de Essex.

más de 500 personas, entre ellas mujeres y niños. Pero el botín fue substancioso, entre otras riquezas no menos de 300 vacas y 100 yeguas, y Drake había conseguido un mando oficial y ponerse en relación con las altas esferas.

El proyecto inglés de vuelta al mundo

Hay una muy divulgada historia, al parecer creada y divulgada por el propio Drake, de que en su anterior incursión por Panamá, en cierta ocasión subió a un árbol y vio desde allí el océano Pacífico, jurando que navegaría por él. Sin discutir lo que no es más que una anécdota, por más que Drake insistiera en dar al más simple de sus actos una trascendencia histórica, parece evidente que la decisión de lanzar una incursión por el Pacífico contra España se debió no a ninguna propuesta o proyecto del primero pirata y ahora corsario, sino que surgió de los más altos niveles del gobierno inglés y se llevó a cabo con el más absoluto secreto, o al menos, lo que no era más que una vaga idea, se concretó definitivamente. En cualquier caso, resulta evidente que la opinión de Corbett de que fue Drake el que articulaba la política exterior isabelina, con un meditado y complejo plan, es una evidente exageración, pues el poco ilustrado navegante ni tenía la cultura y estudios necesarios, ni por entonces su opinión pesaba tanto en el gobierno. Se le escogió por ser el instrumento más adecuado, pero fue eso: el instrumento y no el creador.

No se conserva salvo muy fragmentariamente el documento con el plan general de la expedición, pero parece que los objetivos eran:

1.- Pasar al Pacífico por el Estrecho de Magallanes, hostilizar en todo lo posible la navegación española en esas aguas, así como las costas y conseguir los mayores botines posibles. Se daba por descontado que las defensas españolas serían mínimas.

2.- Llegar a las islas de las especias, las Molucas, y tratar de establecer una ruta comercial de tan gran interés.

3.- Indagar sobre un posible paso al Atlántico por el norte, y en general, hacer acto de presencia en aguas y tierras donde nunca habían estado más que los españoles, con el fin de futuras reivindicaciones coloniales o simplemente como medio propagandístico.

Este último no era el menor de los objetivos, contando con la personalidad de Drake, que no cabe duda de que era muy capaz de adornarse con plumas ajenas: una de las cosas que más mortificaba a muchos protestantes de entonces era pensar que el buen Dios había creado un tan maravilloso y espectacularmente grande mundo, solo al parecer para que fuera descubierto y explotado por los repugnantes papistas, fueran estos españoles o portugueses. No sería mala cosa que los protestantes, forzando más o menos las cosas, fueran los que en adelante descubrieran, exploraran y colonizaran, demostrando así de paso de qué lado realmente estaba Dios.

La expedición, como de costumbre, se financió como una empresa con participaciones de lo más diverso, desde la propia Isabel Tudor a Drake e incluso Hawkins, aportando cada socio no solo cantidades en metálico, sino armas, pertrechos, provisiones y los propios buques.

El buque insignia era el *Pelican*, construido por el propio Drake con la ayuda de una subvención real, un buque de 150 toneladas inglesas, armado con 18 piezas (14 por mitades en las bandas, dos a proa y dos a popa) un buque nuevo y muy bueno. El *Elizabeth* era de 80 toneladas inglesas y llevaba once piezas, y era propiedad de John Winter, otro de los expedicionarios. El *Marigold*

Isabel I recibe a los embajadores; en la sala también está el almirante de la Royal Navy. Miniatura atribuida a Levina Teerlinc.

era de 30 toneladas y seis cañones, el *Swan* de 50 toneladas y cinco cañones, y la pinaza *Benedict* de 17 toneladas y un puñado de piezas ligeras.

Resulta curioso añadir, en referencia a la complicada cuestión de las medidas de la época, que para el piloto portugués Nuño da Silva, que navegó prisionero durante mucho tiempo en ellos, el *Pelican* tenía unos 220 toneles, 150 el *Elizabeth* y 50 el *Marigold*. Las dotaciones sumaban en torno a los 170 hombres.

El mando supremo lo ostentaría Drake, si bien en colaboración con John Winter y Thomas Doughty, quienes habían facilitado los contactos con la corte para el plan y habían intervenido en su gestación. En la flota embarcó otro hermano de Drake, Thomas y su primo Joseph, también iban algunos de los miembros del clan Hawkins.

Oficialmente se dijo que la expedición tenía fines comerciales y su destino era el Mediterráneo, los informantes españoles sospecharon que se dirigiría a las Antillas, pero el verdadero objetivo no quedó aclarado hasta que los hechos se desencadenaron.

Resulta muy significativo que los ingleses consideraran entonces y aún hoy una gran hazaña el realizar algo que ya habían conseguido los españoles más de 55 años antes, y cuando el viaje regular y anual del «Galeón de Manila» se hacía desde más de un decenio.

Pero es que además de navegar por aguas ya trilladas, resultó que, durante todo el viaje, Drake utilizó constantemente mapas, cartas y derroteros españoles y portugueses, comprados o robados y secuestró constantemente a pilotos de ambas naciones para que le indicaran la ruta en cada una de sus navegaciones. Esto es, por otra parte, lo que había aprendido de Hawkins, quien ya hemos visto que no conocía mejor ruta para ir a América que la misma de Colón, recalando en Canarias, y que recurría a los mismos métodos para sus viajes más comprometidos, como cruzar el Atlántico, cosa que los españoles hacían regularmente desde 1492.

Pese a ello se insiste todavía en demasiadas ocasiones que el mérito de Drake fue dar la «segunda» vuelta al mundo, afirmación muy discutible por otra parte, como si los posteriores intentos fueran cosa que debiera recordarse y valorarse especialmente, o como si se hubiera conseguido independientemente de los descubrimientos españoles, y no siguiéndolos tan exactamente como se ha indicado.

Si a esto unimos el estado de paz entre España e Inglaterra, pese a los reiterados incidentes, y la absoluta confianza y tranquilidad de los españoles,

Primer folio del Derrotero de Nuño de Silva
Archivo General de Indias, PATRONATO,33,N.3,R.30

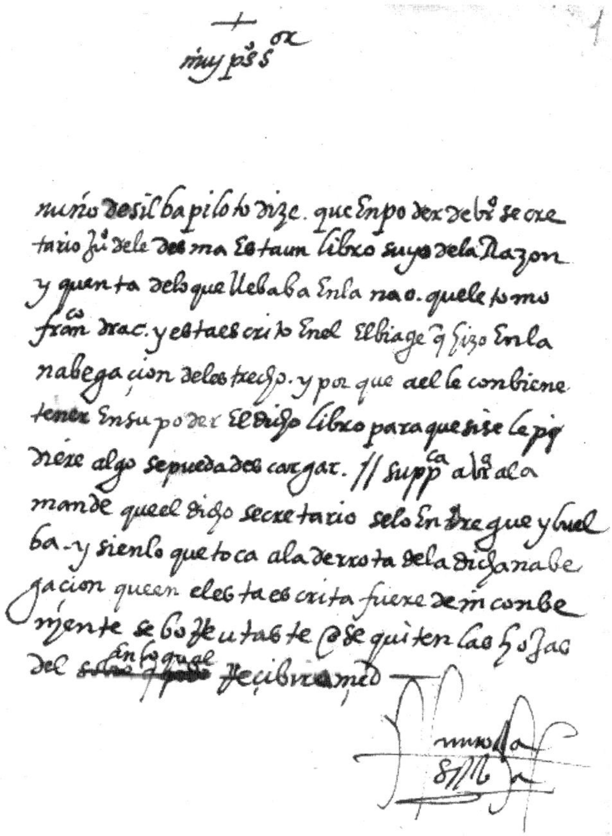

que hacían que en el Pacífico, el «Mar del Sur» español, no hubiera un solo buque artillado con cañones, el lector podrá evaluar más correctamente el valor y significado de la supuesta «gran gesta» de Francis Drake.

Así que como veremos, Drake no solo intentó robar riquezas, también se intentó apropiar de asuntos mucho más nobles.

La expedición hasta el Pacífico

Los buques ingleses zarparon de Plymouth el 15 de noviembre de 1577, pero una repentina tempestad les hizo entrar en Falmouth con serias averías, por lo que el comienzo se retrasó al 13 de diciembre de aquel año.

Tras nuevas tempestades que trajeron la pérdida de un grumete, y por evitar Canarias, la expedición fondeó sobre Mogador, en la costa sahariana, donde perdió otro hombre, pero hizo aguada y armó una de las pinazas desmontables embarcadas. En los días siguientes apresó tres pesqueros españoles y tres carabelas portuguesas en esa misma costa, incorporando a la flotilla el mayor de los pesqueros, de unas 40 toneladas, al que se rebautizó como *Cristopher*, abandonando el pequeño *Benedict*, también se incorporó temporalmente una carabela portuguesa, liberando a la mayoría de las tripulaciones.

Tal vez Drake pudiera argüir razones para explicar sus agresiones contra los españoles, citando la «afrenta» de Veracruz, pero lo cierto es que tales motivos suenan más bien a excusas, pues indiscriminadamente apresaba y saqueaba buques portugueses, que nunca le habían hecho nada. Y bueno es recordar que por entonces Portugal era un reino completamente independiente del de España. En eso Drake, como en tantas otras cosas, actuaba siguiendo a Hawkins ya desde sus primeras expediciones, según hemos visto.

Por si no hubiera bastantes pruebas, el objetivo siguiente de Drake fueron las islas de Cabo Verde, ya que había evitado Canarias y en la escala sahariana obtuvo previsiblemente muy poca cosa. Desembarcó así en la isla de Maio, donde apenas consiguió nada, al estar sus habitantes escondidos con sus provisiones, de resultas de otra incursión pirata anterior, y luego en la de Santiago, donde no pudo desembarcar, pero sí apoderarse de un gran navío portugués cargado de vino y otras mercancías. Pero el botín de la *Santa María* fue otro mucho más importante: su capitán, Nuño da Silva era un experimentado piloto del Atlántico Sur, aguas por donde Drake nunca había navegado. Así que, sin remilgos de ninguna clase, no solo se quedó con el barco, sino que obligó al navegante portugués a servirle como piloto en su travesía. Al resto de los prisioneros les dejó en la pinaza desmontable para que alcanzaran tierra como pudieran.

Comenzó entonces la travesía hacia América del Sur y el estrecho de Magallanes, si bien muy lenta por una encalmada. Durante ella y por razones tan polémicas como en el fondo desconocidas, Drake empezó a enemistarse con uno de sus lugartenientes, Doughty, hasta entonces su amigo y favorecedor en la Corte. Tras mandarle prender por una nimiedad no aclarada, Drake empezó una sistemática campaña de acoso, insultos en los peores términos, desprestigio ante el resto de los hombres y maltratos, que culminó en una sorprendente acusación de traición, sabotaje y motín, y lo hizo decapitar el 2 de junio de 1578. Se ha especulado mucho sobre las razones de aquel tan terrible hecho, especialmente porque un hermano del ejecutado iba en la expedición y se querelló después contra Drake. Hoy generalmente se acepta que Drake tenía a veces una cierta obsesión por conspiradores que pretendían arrebatarle el mando, como demostró en más ocasiones, provocada seguramente como reacción de su mente por su rápido y no muy limpio encumbramiento.

Pero, y obsesiones aparte, también era un draconiano método que Drake solía utilizar para dejar claro quién era el jefe e implantar la más severa disciplina sobre sus hombres, que temían constantemente incurrir en las iras del corsario. Salvo por un círculo muy restringido de amigos y colaboradores, Drake nunca consiguió ser popular entre sus dotaciones, entre otras cosas porque fue siempre un enorme tacaño al pagarles o compartir el botín. Solo inspiraba un temor respetuoso hacia un hombre que cultivaba expresamente mantener las distancias mediante ropas, comidas, vajillas y enseres muy caros. Otra forma de mantener la disciplina a bordo fue la de establecer oficios religiosos que nadie podía eludir, incluyendo la confesión privada, algo sorprendente en un supuesto devoto protestante, pero con evidentes intereses disciplinarios.

A todo esto, el 10 de marzo dieron vista a la bahía de Todos los Santos, en Brasil, dispersados los buques por otra tormenta, se reunieron junto al cabo de Santa María, que Drake rebautizó Cape Joy, y siguió costeando la hoy costa argentina hacia Magallanes, rebautizando a su antojo cabos y accidentes de la costa ya descubiertos y señalizados. Allí en distintos momentos se decidió abandonar al ya inútil *Cristopher*, al pesquero español apresado en Canarias, quemar el *Swan*, en mal estado, y abandonar el *Mary*, el buque portugués. En uno de los desembarcos para conseguir aguada, leña y algunos víveres frescos, ya en la Patagonia, los indios mataron a dos ingleses.

Con todo ello quedaban solo tres buques en la expedición, los *Pelican,*

Derrotero de Drake según la versión popular inglesa con cabos y estrechos rebautizados, incluso con el hipotético paso del Cabo de Hornos.

Marygold y el *Elizabeth*, cuando ya estaban muy cerca de embocar el estrecho de Magallanes. Indudablemente Drake prefirió prescindir de los más pequeños o deteriorados, y concentrar las decrecientes tripulaciones en los tres mayores, pues aparte de los incidentes descritos se cobrarían su tributo las enfermedades.

Pero entonces también tomó la decisión, ya a punto de emprender realmente la gran empresa, de rebautizar a su buque insignia, el *Pelican* (antes *Francis*) como *Golden Hind*, unos dicen que en homenaje a la reina Isabel, otros dicen que en honor a uno de sus protectores y capitán de la Guardia Real, Christopher Hatton. Lo cierto es que Isabel prefería por su simbolismo entre mágico y religioso, el nombre anterior de Pelícano, por la creencia muy extendida por entonces de que el ave alimentaba a sus crías con su propia sangre, rasgándose para ello con el pico su propio pecho.

Embocando el Estrecho de Magallanes a fines de agosto, en pleno invierno en el Hemisferio Sur, Drake y su expedición lo pasaron bastante mal, encontrándose al salir al Pacífico con un duro temporal que les hizo derivar hacia el sur, paralelamente a la costa.

Allí, según ciertas relaciones, Drake descubrió y dio nombre a tres islas (entre los varios centenares existentes en esas costas) a las que llamó George (por el santo patrón de Inglaterra), Elizabeth (por la reina) y Bartholomew (por el santo del día), tal «descubrimiento», reducido a desembarcar y cazar focas y aves marinas, tuvo nula trascendencia y aún hoy se discute cuales fueron tales islas.

Lo que sí ha tenido trascendencia es que Drake se arrogó el descubrimiento del paso por mar abierto al extremo sur de América, diciendo que había visto mar libre, y por ello aún hoy mucha cartografía anglosajona y mundial nombra al tal paso como Pasaje o Estrecho de Drake. Lo que ni los más enfervorecidos partidarios del marino niegan es que Drake no navegó por tal estrecho que presuntamente descubrió, ni lo cartografió (salvo unos casi infantiles dibujos de las islas mencionadas y con muy escasos detalles) ni lo sondeó, ni lo situó astronómicamente. Si se fueran a admitir normalmente «descubrimientos» de este estilo, su historia sería ridículamente compleja y polémica.

Desde la misma expedición de Loaysa al menos, que cruzó igualmente por Magallanes, se suponía que más al sur había mar libre, y se cree fundadamente que el primero que lo avistó fue Francisco de Hoces, con su carabela *San Lesmes*, en 1525, más de cincuenta años antes que Drake. Luego hubo otros varios viajes exploratorios que reafirmaron esa creencia, así que era más que una hipótesis generalmente aceptada que existiera el mencionado paso, y de hecho, en otra cartografía se llama a esas aguas Mar de Hoces, con bastante mayor justicia. Es cierto que no se había explorado convenientemente ni cartografiado, pero nadie tuvo la arrogancia de atribuirse el mérito hasta que llegó el advenedizo marino inglés.

Pero así Drake y la corte de Isabel Tudor podían decir que los ingleses también descubrían tierras y mares, emulando y hasta superando a los navegantes ibéricos. Que lo pretendiera un hombre que para llegar hasta allí había secuestrado y obligado a servirle como piloto a un capitán portugués (Nuño da Silva) es todo un sarcasmo.

Lo cierto fue que al poco, y debido a los continuos temporales, el *Marigold* se separó de los otros dos buques, y nunca se volvió a saber nada de él, y el *Elizabeth*, tras esperar para reunirse con Drake, y con la tripulación harta y a punto de amotinarse, hizo finalmente rumbo de vuelta a Inglaterra, donde llegó tras dura travesía. La propaganda inglesa llegó a pretender que Wynter, su capitán y segundo jefe de la expedición, regresó por el nuevo paso.

Aquello dejaba a Drake solo con su *Golden Hind* o *Pelican* para el resto de la expedición, pero el tan audaz como tenaz navegante no cejó en sus propósitos.

En el Pacífico

Tanto honor hacía a su nombre, que los españoles no tenían un solo cañón en sus buques en toda la costa americana del Pacífico, como ya se ha dicho, creyéndose por completo a salvo de piratas y corsarios. E incluso en tierra, apenas había fuertes, cañones o soldados adiestrados. Por el contrario, el buque de Drake ya hemos visto que iba poderosamente artillado para su tamaño y época, con 18 piezas, algunas de ellas de buen calibre, y unos ochenta hombres supervivientes de las pruebas anteriores. La incursión, por tanto, iba a ser la del lobo en un pacífico rebaño de ovejas, sin la protección de un pastor y su mastín. Así que la gran aportación de Drake fue introducir en aquellas aguas por vez primera la violencia armada.

El primer golpe se intentó dar en La Imperial, al norte de Valdivia, en la costa chilena, donde había unas importantes minas de oro. Pero los indios

turando al escribano de una de ellas para enterarse de la ruta de otro rico barco, que al poco logró apresar, de nuevo sin resistencia pues iba desarmado, el *Concepción*, al que no se sabe porqué razón, los ingleses dieron en llamar «Cacafuego», nombre luego muy popularizado en relatos novelescos, que pintan el hecho como una gran hazaña, cuando lo cierto es que los españoles ni presentaron resistencia ni podían hacerlo.

Francis Drake'S Ship 'Golden Hind' In Combat With The Spanish Treasure Ship 'Cacafuego' (Left) Off The South American Coast, 1579.

Empezó entonces la representación de Drake de dárselas de gran señor ante sus prisioneros, si bien únicamente ante los de noble cuna, invitándoles a su mesa, contándoles sus fabulosas hazañas y devolviéndoles algunas de las alhajas que acababa de robarlos. No cabe duda de que aquella fastidiosa pantomima estaba dictada para satisfacer el insaciable ego de un hombre de origen muy humilde y que hasta entonces tenía más de salteador, y no demasiado valiente, que de gran marino.

A todo esto, el *Golden Hind* se hallaba en aguas de América Central, aprovechando para ir a la costa y reparar y limpiar fondos del buque, que bien lo necesitaba. Gracias a las cartas y derroteros robados a uno de los pilotos apresados, Alonso Sánchez Colchero, Drake conoció las rutas para cruzar el Pacífico, e incluso propuso pagarle para que dirigiera la navegación, a lo que Sánchez Colchero se negó, pretextando sus más de cincuenta años y su familia. Drake de momento le trató bien, pero luego le colgó por dos veces de una soga, liberándolo solo cuando perdía el conocimiento (era esta la tortura favorita de Drake en esta expedición) y luego le encerró en una jaula en el fondo del buque, donde se hallaba el lastre.

Luego apresó otro buque, sirviéndose del desdichado piloto para que se acercara sin temor, y saqueó la desprevenida población de Guatulco. De nuevo iba un personaje en el barco (no es que fuera un grande de España, era simplemente un Caballero de Santiago) y se repitió la comedia del gran señor magnánimo.

Evitando el puerto de Acapulco, Drake remontó hacia el norte, hacia las costas de California, con el evidente propósito de evitar complicaciones, pues del puerto mejicano podrían venir en su busca buques armados. Lo que buscaba era una ensenada desierta donde reparar su buque, pues con las bodegas llenas de botín, iba siendo ya hora de volver a Inglaterra. Fue entonces cuando empezó a pensar que le sería más fácil y provechoso volver por el Pacífico que por Magallanes, donde era seguro que le esperaban buques españoles más o menos armados. Por otra parte, parece claro que sus órdenes le indicaban que debía pasar por las Molucas.

Esa estancia de Drake en las costas de California ha dado lugar a las más pintorescas historias, desde que pretendió fundar allí una colonia inglesa, a la que dio el nombre de «Nueva Albión» (por evidente oposición a Nueva España, el nombre que dieron los españoles a Méjico y sur de los actuales EE.UU.) a muchas otras, incluyendo que remontó la costa americana para hallar el fantasmal paso por el Norte al Atlántico, que entabló fuerte y entrañable amistad con los indios, etc, etc, aparte de continuos, grandes e inefables descubrimientos. Todo ello por supuesto que son mentiras, exageraciones o puros delirios propagandísticos, aunque fueron repetidos posteriormente con sospechosas variaciones y no pocas contradicciones por ingleses y holandeses. En cualquier caso, lo que hiciera o dejara de hacer Drake en las costas californianas no tuvo repercusión posterior alguna.

Lo cierto fue que, valiéndose de los consejos de los pilotos secuestrados y de las cartas y derroteros robados, Drake cruzó el Pacífico hasta las Molucas, se hizo pasar por amigo de los españoles y embarcó una rica carga de especias, de valor incalculable en Europa, por llevar nada menos que diez toneladas, seis de ellas de clavo, que pagaron con paños, muy deseados por los indígenas. Aparte se aprovisionaron largamente de víveres de todas clases.

A la altura de las Célebes, y ya en franco rumbo de retorno, el buque encalló, y Drake encargó al capellán Fletcher, a quien de hecho había substituido durante casi toda la travesía en sus funciones religiosas, que celebrara un oficio. Fletcher se atrevió a decir que el accidente era un castigo divino por la injusta muerte de Doughty. Drake no lo pensó un momento: cargó de cadenas al pobre pastor, y se sintió con poder nada menos que para excomulgarle, amenazándole con colgarlo del palo mayor si se movía de su lugar de encierro o se comunicaba con alguien. Así era el fervoroso creyente que algunos pintan.

Al fin se pudo desencallar el buque aligerándolo, tirando al mar parte de la carga, y ya sin mayores incidentes que recaladas en algunos puntos de la costa para hacer aguada y comprar provisiones, un 26 de septiembre de 1580, nada menos que 58 años y seis días después de la llegada de Elcano a Sanlúcar, la igualmente zarandeada, exhausta y solitaria *Golden Hind* con su riquísima carga y con su reducida, enferma y agotada tripulación, entraba en Plymouth.

El triunfo

No tardó en conocerse en Inglaterra el increíble éxito económico de la empresa, ya que en el terreno militar fue casi inexistente y en el de la navegación muy limitado, pese a su evidente dureza, por surcar aguas ya conocidas sobradamente por españoles y portugueses, utilizando cartografía y derroteros de estos, y hasta pilotos ibéricos secuestrados, como ya sabemos.

Entre el oro y la plata apresados y las especies de las Molucas, la cantidad era tan enorme, que pese a que Drake, según costumbre, se reservó la parte del león, los beneficios ascendieron a 47 libras por cada una invertida, deducidos todos los gastos, es decir, un increíble 470 %.

Aquello era como para que Isabel y su gobierno cerraran los ojos, no ya a la ilegalidad del botín, sino incluso a las posibles reacciones de un previsiblemente muy enojado Felipe II, puntualmente informado por su nuevo y muy eficaz embajador en Londres, Bernardino de Mendoza, quien, pese a conocer muy bien los hechos por su servicio de espionaje, intentó legalmente recuperar los bienes robados, la mayor parte a particulares. Nada consiguió, pese a que muchos comerciantes ingleses, que negociaban legalmente con España, estaban interesados en que la cuerda no se rompiera. Es más, enviado el marino Pedro de Zubiaur a esa misión, de forma privada por navieros y comerciantes españoles, no solo se le negaron cualquier clase de componendas sino que se le acusó falsamente de diversos delitos y se le encarceló, aunque luego fue liberado.

Marcus Gheeraerts: Retrato de Sir Francis Drake en el National Maritime Museum.

Drake también hizo considerables regalos a los ministros y personajes importantes, para conseguir así su beneplácito y apoyo y se volcó literalmente con la reina.

Claro que muchos ingleses no veían así las cosas, y así, en una cena de gala, y mientras el corsario se jactaba en tono fanfarrón de sus supuestas hazañas, lord Sussex le espetó que no veía hazaña alguna en apresar buques inermes con uno bien artillado, y como Drake insistiera, el conde de Arundel le llamó insolente y desvergonzado.

Para Isabel era un gran triunfo personal: había humillado a Felipe II, le estaba engañando con sus trapacerías pseudo-legales y había conseguido un enorme botín para las nada boyantes cuentas del reino. Por ello ordenó que la *Golden Hind* fuera engalanada para una cena de gala, a la que asistió con la corte, y en la que armó caballero a Drake.

Claro que en la Europa del siglo XVI los reyes solo podían hacerlo a personas que de algún modo fueran previamente nobles, así que se le buscó un cierto parentesco con otros Drake, y con su inmenso botín empezó a comprar viviendas tan notables como el palacio Buckland (antigua abadía desamortizada) y muchos terrenos agrícolas, para demostrar a todos que era un rico terrateniente. Sin embargo, Drake gastaría mucho tiempo y dinero en los años posteriores para ennoblecer debidamente a sus antepasados, problema muy común entre todos los nuevos ricos europeos de su época.

Igualmente la reina le concedió un escudo de armas con la leyenda en latín declarando que era el primer navegante que había dado la vuelta al mundo, como burlándose del que Carlos I había concedido más de cincuenta años antes a Elcano, tal vez afectando ignorancia y seguramente pretendiendo que esta segunda atribución hiciera olvidar la primera.

Siguiendo con la racha de honores, fue nombrado alcalde de Plymouth, su patria de adopción, el 29 de septiembre de 1581, ya que era allí uno de los mayores propietarios de tierras y uno de los principales «comerciantes». Su mandato no parece que tuviera el menor interés. Y sumando honores, en octubre de 1584 fue elegido diputado por el distrito de Bossiney, en Cornualles, por los Comunes, interviniendo en una comisión sobre la celebración dominical, otra para la concesión de una patente a Walter Raleigh para asentar una colonia

Francis Drake, alcalde con escudo de armas.

en la llamada Virginia, y otra para la introducción del pescado en general y el bacalao en particular como alimento básico de las clases humildes.

Así que el humilde muchacho abandonado por su padre, y obligado a ganarse la vida de maneras que a muchos de sus propios compatriotas parecían deshonrosas, había llegado a ser uno de los hombres más ricos de Inglaterra, a ser armado caballero y tener su propio escudo de armas, a ser alcalde de Plymouth y diputado en los Comunes, aparte de su amistad con la Reina, su Consejo Privado y buena parte de la Corte. Más no podía pedir, pero aún quería más.

Una de sus frustraciones fue entonces que la reina decidió declarar secreto todo lo referente a su vuelta al mundo, su mayor y gran hazaña, lo que le dolió especialmente. Pero aquello hubiera sido provocar directamente a España, y la reina no renunciaba a su doble juego. Por ello, muchas de las obras propagandísticas, tanto inglesas como holandesas, en las que se narraban aventuras inverosímiles y descubrimientos aún más inverosímiles, tuvieron que esperar bastantes años, unas a la muerte del corsario, y otras a casi cuarenta años después, cuando en Inglaterra las cosas iban tan mal en una nueva guerra con España, que se necesitaba recordar un pasado falsamente dorado.

Si ya las narraciones eran originalmente tendenciosas o exageradas, el paso del tiempo con la desaparición de documentos y testigos, las volvieron muy poco fiables, incluso contradiciéndose entre ellas en numerosos puntos.

Pero quedó en pie la leyenda, que era lo que realmente ha llegado a la inmensa mayoría de las personas. Como ha quedado el mito del «invencible corsario», que seguidamente, y tras cinco años de disfrutar de sus puestos y posesiones, lanzó un devastador raid con una poderosa escuadra contra el poco defendido Caribe español en 1585, para volverse a destacar dos años después con el que realizó contra Cádiz.

Ya en el episodio de la mal llamada «Armada Invencible» el afortunado pirata y luego corsario defraudó como almirante, no siéndolo sino de una de las divisiones de la flota inglesa, pues el mando supremo correspondió a Howard (pese de nuevo a la leyenda) fracasó estrepitosamente al año siguiente con la «Contra-Armada» contra Coruña y Lisboa, con pérdidas semejantes a las españolas del año anterior, y tras cinco años pasados en evidente ostracismo y en los que no se le volvió a dar el mando de una expedición, le fue encomendado el mando conjunto de una flota, junto con Hawkins y con Baskerville, (lo que prueba que ya no se confiaba en sus dotes de mando) terminó su carrera con un completo y reiterado fracaso, en Las Palmas, Puerto Rico y Panamá, regresando a Inglaterra solo ocho de los veintiocho buques que habían zarpado para la expedición, con bajas en las dotaciones aún más graves. Entre ellas, y por enfermedad, su propia muerte por disentería y la de su primo Hawkins.

Y, obviamente, esos dos grandes desastres finales que enmarcan los siete últimos años de su vida, también son regularmente olvidados, para centrarse en los discutibles éxitos que lograra contra enemigos con los que no estaba en

Las tropas de Francis Drake atacan La Coruña y son rechazadas por los coruñeses dirigidos por María Pita [bronces del monumento de la heroína].

guerra, utilizando en su provecho su confianza, falta de vigilancia y hasta de medios defensivos.

En cuanto a sus supuestas grandes hazañas náuticas y descubridoras, el lector habrá podido formarse una buena opinión de ellas. Para más detalles sobre su circunnavegación y su carrera entera, recomendamos al lector dos recientes trabajos, especialmente el de Harry Kelsey, quien tal vez merezca más atención y crédito para el lector.

Solo en un aspecto la Corona inglesa fue muy superior a la española en la época: en el del reconocimiento y recompensa a los servicios prestados, mostrados en los respectivos concedidos a Elcano y a Drake, casi nada para el español y casi todo para el inglés, pese a que el mérito de este era muy inferior. Tal vez radiquen en cuestiones semejantes las muy diversas trayectorias de una y otra monarquía en los siglos siguientes. Y no, como se supone generalmente allí y aquí, en las muy desiguales capacidades y realizaciones de los marinos isleños y de los peninsulares.

Y esa sí es una lección que podemos y debemos aprender.

XII.-Otras vueltas al mundo y un hermoso velero

Inevitablemente en los años y siglos siguientes han sido muchas las veces que un buque o agrupación de ellos han dado la vuelta al mundo, con los más diversos fines, desde bélicos a deportivos y científicos, por no mencionar los comerciales y los humanitarios, como veremos.

Y creemos que no está de más mencionar alguno de los más interesantes, por cualquier motivo, desde una visión española, que bien pueden servir de reflexión para el lector.

La primera vuelta al mundo de los holandeses

Quiere el mito acuñado por historiadores británicos, especialmente desde la «era victoriana», que finalmente, y pese a los fracasos últimos de Drake, que por otra parte no suelen siquiera mencionar, con su rotunda victoria en su guerra contra España, adquirieron el dominio de los mares y empezaron a construir su propio imperio ultramarino.

Nada más lejos de la realidad. Lo cierto es que, estudiando el Tratado de Londres que puso fin a la larga guerra en 1604, se constata que los ingleses en absoluto habían conseguido ese dominio del mar, que renunciaban a su política de agresión y de alianza con otros enemigos de España, y que ni habían conquistado territorio alguno bajo el dominio español, ni logrado por su parte establecer colonia alguna en ultramar. De hecho, es bien sabido que su primera colonia que logró pervivir en los actuales Estados Unidos de América, fue Jamestown, en 1607, tres años después de la paz y en territorio que los españoles ni habían colonizado, ni era de su interés, ni, por tanto, intentaron disputar. Extraña trascendental victoria es esa.

Lo cierto es que el principal enemigo con el que tuvo que luchar España en ultramar en los años sucesivos fue otro muy distinto: los rebeldes holandeses, en una interminable guerra que duró hasta 1648, cuando España finalmente aceptó su independencia y sus conquistas en ultramar, realizadas fundamentalmente a costa de las posesiones portuguesas. Justamente esas pérdidas portuguesas fue lo que terminó provocando en buena medida la separación de ambos países ibéricos en 1640, tras más de medio siglo de unión entre las dos coronas, al quejarse los portugueses, bastante infundadamente, de que los españoles se desentendían de la defensa de su imperio ultramarino, que, por otra parte, seguían reservándose en exclusiva para ellos mismos.

No deja de llamar la atención el hecho de que fueron los holandeses los que fundaron «Nueva Amsterdam», hoy Nueva York, a comienzos del XVII, lo que proporciona otra prueba de que los supuestos vencedores de esa lucha por ultramar fueron muy otros que los ingleses y mucho tiempo después de su pretendida victoria. Y solo tras vencer a los holandeses en repetidas guerras y aliados con Francia en el siglo XVII, pudieron los ingleses desplazarlos en algunos lugares, como en la costa este de los actuales Estados Unidos para luego satelizarlos en buena medida.

Pero todo ello son hechos muy posteriores al que queremos tratar. Como es bien sabido, a fines del siglo XVI los rebeldes de las Provincias Unidas holandesas hacía tiempo que no se conformaban con la simple defensiva, y ayudados por un increíble despegue industrial, comercial, financiero, pesquero y naviero, atacaban el comercio y las posesiones de las Coronas española y portuguesa, unidas bajo Felipe II, siguiendo el ejemplo de franceses e ingleses.

Especial interés tenían para ellos las situadas en el Indico y en el Pacífico, aunque los navegantes ibéricos hicieron todo lo posible por no dar a conocer a sus enemigos las rutas, vientos y derroteros de aquellas por entonces casi desconocidas aguas.

Pero en esas apartadas latitudes, los asentamientos ibéricos eran muy débiles en población y armamento, y parecía muy hacedero hacerse con ellos con tal de que llegara allí una importante expedición.

Tras el fracaso de alguna tentativa anterior, se organizó en Róterdam una pequeña escuadra de cuatro buques, al mando de Oliver van Noort, con la misión específica de abrir nuevas rutas para los holandeses en el área, atacando a los buques y puertos españoles y portugueses y procurando atraerse a los indígenas para facilitar su asentamiento. Y es de señalar que mientras Drake y sus numerosos émulos solo pretendieron saquear, los holandeses pensaban seriamente en reemplazar a los ibéricos, fundando factorías comerciales y creando un nuevo imperio marítimo.

La escuadra zarpó el 13 de septiembre de 1598, dando inicio así a un largo y penoso viaje, tardando no menos de catorce meses en llegar al Estrecho de Magallanes y embocar el entonces llamado Mar del Sur. Uno de los buques tuvo que ser desechado por las averías y otro se perdió, quedando la escuadra reducida a la mitad. Tampoco faltaron las enfermedades, los encuentros con los enemigos y las discordias internas, que concluyeron castigando al segundo jefe de la escuadra, Claasz, abandonado solo en el estrecho y con escasas pro-

La escuadra dispuesta en Róterdam.

visiones, esperando que el hambre, el frío o los indígenas dieran pronto cuenta de él, en sorprendente paralelismo con la acción de Magallanes.

Pese a todos los contratiempos, Noort intentó atacar las costas españolas del Pacífico, pero estas estaban apercibidas y tras apresar a un par de pequeños mercantes y ante el peligro de que buques de guerra españoles le dieran caza, el marino holandés decidió poner rumbo al Oeste, hacia el Extremo Oriente.

Tocando en las Filipinas y haciéndose pasar por un marino francés con autorización del rey de España para comerciar con aquellas islas, Noort consiguió las tan necesarias provisiones después de la larga travesía, y hasta guías para cruzar el Estrecho de San Bernardino y llegar cerca de Manila. La superchería no tardó en ser descubierta, pero el mal estaba ya hecho.

Con solo dos buques y unos 150 hombres de las reducidas dotaciones, Noort no podía intentar tomar Manila, pero sabiendo que los españoles no disponían entonces de buques armados en el puerto, pensó que sería muy productivo situarse en la entrada de la bahía e ir apresando a los numerosos juncos chinos que acudían a aquel puerto transportando las ricas mercancías de sedas, porcelanas, especies y otros mil productos tan deseados en Europa.

En Manila no tardó en conocerse la noticia, sembrando el consiguiente temor entre todos, pues no solo la colonia española era muy pequeña y pocas las defensas, sino que casi todos los escasos hombres, barcos y armas disponibles se hallaban fuera, en una expedición de castigo contra los piratas esclavistas de Mindanao, llamados «moros» por su religión musulmana.

En tal tesitura, el gobernador, don Francisco Tello no pudo sino convocar al vecindario, colaborando todos, españoles y filipinos, en las improvisadas defensas. De las de Cavite, principal base española, se encargó con singular acierto el oidor (magistrado judicial) don Antonio de Morga, haciendo trincheras con tablas y tierra y emplazando los pocos cañones disponibles.

Pronto se observó que no era intención del enemigo atacar Manila ni Cavite, pero que su bloqueo podía ser, de todos modos, ruinoso para la pequeña colonia española. Había pues que armar buques, salir a afrontar un combate naval y ahuyentar o destruir al enemigo.

Pero como hemos dicho, no había buques disponibles. Solo había un mercante en reparación y una galizabra o pequeña fragata mixta de vela y remo. La necesidad apretaba y no tardaron los dos buques en ser alistados y artillados con catorce cañones el primero y unos diez el segundo, la mayor parte de escaso calibre. Para las dotaciones hubo mayor problema, pero al final se juntaron unos centenares de hombres, menos de la mitad españoles, muchos filipinos, negros libres y hasta mercenarios japoneses. El mando se confió a Morga a falta de otro jefe mejor, que embarcó en el mercante armado, el *San Diego*, mientras que don Juan de Alcega fue nombrado segundo jefe y tomó el mando de la fragata o galizabra *San Bartolomé*.

Por los informes de un desertor inglés de los buques holandeses, se supo que el mayor de sus buques, el *Mauritius*, contaba con 24 cañones, tantos como los dos españoles juntos y de mayor calibre, y un centenar de hombres de dotación, mientras que el menor *Eendracht* (Concordia) contaba con diez piezas y unos cuarenta hombres. En lo único en que eran superiores los españoles era en la gente embarcada, pero los buques holandeses eran más fuertes,

Grabado holandés de Benjamin Wright: el *Mauritius* se encuentra con un barco español con el yate holandés capturado, 1600 [Olivier van Noort].

veloces y marineros, y sobre todo, contaban con mayor y más potente artillería y dotaciones mucho más diestras en la maniobra y en el combate naval, cosas desconocidas para la mayoría de los españoles.

Todo aquello debió de pesar en el ánimo del jefe español, Morga, quien no obstante, zarpó a su encuentro el 12 de diciembre, tras ordenar que se debía embestir y abordar sin más preámbulos a los buques enemigos, centrándose en el mayor de los holandeses y desentendiéndose del menor.

Tras fondear en Mariveles, los dos buques españoles se prepararon para el combate. Al alba del día 14, y tras conocer dónde se hallaban fondeados los holandeses, zarparon los dos improvisados pero animosos buques españoles, tomando rápidamente la delantera el *San Diego*, con fuerte viento y mucha mar. Poco después se avistaba a los dos enemigos a unas tres millas de distancia, ordenando Noort rápidamente levar anclas y aprestarse para el combate. Morga, decidido a que no escapara el enemigo y dispuesto a abordarlo, única situación táctica que le era favorable, se dirigió a toda velocidad hacia el *Mauritius*, pese a las andanadas de este.

Sin reducir velas, el *San Diego* abordó violentamente al holandés, escorando ambos con el fuerte choque. Inmediatamente, los arcabuceros y mosqueteros españoles cubrieron la cubierta enemiga de balas, se echaron los garfios y un trozo de abordaje al mando de un alférez saltó a su bordo, no tardando en apoderarse de la cubierta enemiga, del castillo y de la toldilla, así como de los estandartes enemigos, que fueron enviados al buque español. Los abrumados holandeses se refugiaron bajo cubierta, cerrando las escotillas y solicitando la rendición siempre que se les diera cuartel.

A todo esto llegó la *San Bartolomé*, que rompió el fuego sobre el holandés, aunque pronto tuvo que cesarlo ante los gritos de sus aprehensores: «Sus señorías no disparen, somos amigos» y «España, España, victoria, se han rendido».

Ante esto, la fragata abandonó el lugar y comenzó a dar caza a la *Eendracht*, que intentaba huir desesperadamente, hasta que al fin, acorralada, se aprestó a la defensa. De nuevo y de acuerdo con su táctica tradicional, los españoles barrieron la cubierta contraria con todas sus armas y pasaron al abordaje, sufriendo dos muertos y algunos heridos, pero apresando al buque enemigo junto con su comandante, Viesmann y los 25 supervivientes.

La victoria pues era tan completa como poco costosa, habiendo quedado los dos buques holandeses presos. Sin embargo, la situación varió de forma insospechada.

En el victorioso *San Diego* y en el *Mauritius,* ya dominado, se estableció una extraña calma: los holandeses, técnicamente rendidos, seguían encerrados bajo cubierta, asegurando las puertas, mientras que los españoles, satisfechos con lo conseguido, no hicieron apenas nada para reducirlos de una vez, segu-

Grabado anónimo: Batalla en la bahía de Manila, 1600 [Olivier van Noort].

ramente por la falta de un mando decidido, ya que Morga, por causas desconocidas, cayó en un estado de postración.

Al ver que sus enemigos se descuidaban y que la *San Bartolomé* estaba lejos, Noort reanimó a sus hombres, y pese a haber sufrido, según confesión propia, siete muertos y veintiséis heridos, o sea, la tercera parte de su dotación, los convenció de que volvieran a la lucha. Serían las dos de la tarde y hacía ya seis horas que el combate había empezado, cuando en el buque español, averiado por el fuego enemigo y, especialmente, por el encontronazo, se detectaron numerosas vías de agua en su frágil casco, no pensado para tales avatares bélicos.

Al pánico causado por el inminente hundimiento, se unió el que empezó a salir humo del interior del *Mauritius*.

Desde el comienzo de la rebelión de las Provincias Unidas, y desde que los primeros *gueux* o «mendigos de mar», como se llamaban a sí mismos los corsarios holandeses, empezaron a atacar a los buques españoles, se había convertido en algo usual que, si eran abordados y superados por sus enemigos, los holandeses prefirieran volar con su buque a la rendición, llevándose de paso consigo a sus enemigos y vencedores. Era cierto que, tratándose a los ojos de

Olivier van Noort con toda la parafernalia de sus derroteros marítimos. Hay que vera también que en las esquinas superiores estan las imágenes de Francis Drake y de Thomas Cavendish, el Navegante.

los españoles de piratas, de herejes y de rebeldes contra su rey y señor, no les esperaba más que la horca o el durísimo castigo de ser condenados a galeras en el mejor de los casos.

Aquellas espantosas explosiones se habían repetido ya demasiadas veces como para no impresionar la imaginación de los españoles, lo que fue aprovechado por sus enemigos para utilizarlo como treta: dominada la cubierta de un buque holandés, bastaba la aparición de humo saliendo de las escotillas para que cundiera el pánico entre los españoles y abandonaran su reciente presa, que ahora libre, no tardaba en intentar la huida.

Noort afirmó que amenazó a su dotación con volar la santabárbara si no volvían al combate, aunque parece que el fuego se produjo de forma accidental o causado por la reanudación de la lucha. En cualquier caso, no era de importancia y pudo ser apagado.

Pero ya los españoles habían abandonado en tropel el *Mauritius* y regresado al *San Diego,* que hundiéndose a ojos vistas decidió acercarse a la cercana isla Fortuna, pero apenas separado unos centenares de metros del holandés, el buque zozobró rápidamente.

Museo Naval: maqueta del victorioso pero desgraciado *San Diego*.

En un momento la mar se llenó de náufragos que intentaban no irse a fondo o pedir auxilio de los holandeses. Pero Noort fue inflexible y ordenó matar a los pobres náufragos a tiros de cañón y de mosquete y a golpes de pica. Casi 250 hombres fueron así cruelmente asesinados o perecieron ahogados, salvándose un centenar más en los botes, sujetos a cualquier resto que flotara o nadando, entre ellos el propio Morga, que tuvo la entereza de no soltar el pabellón enemigo apresado, símbolo de su frustrada victoria.

Noort, salvado «in extremis» por afortunado azar, decidió no seguir tentando a la suerte. Con la dotación diezmada y agotada, con su buque averiado por el combate e incendio y con dos palos inútiles pues el trozo de abordaje español les había cortado los obenques, decidió alejarse lentamente gracias a las velas del trinquete, único que le había quedado útil. De nuevo tuvo suerte, pues la *San Bartolomé*, creyendo todo satisfactoriamente acabado, había vuelto a Manila con su presa, sin enterarse de nada.

Pero, y pese a la desgracia del *San Diego*, la victoria era de los españoles, pues habían apresado a uno de los enemigos e inutilizado al otro, que ya no pensó más que en volver a su patria. Los prisioneros holandeses de la *Eendracht* fueron ajusticiados en Manila, y, en cuanto a Noort, tras una durísima travesía, consiguió arribar a Amsterdam el 26 de agosto de 1601, tras tres años de viaje, y cuando solo quedaban vivos ocho hombres de su dotación.

De nuevo, y tras los ejemplos anteriores de Elcano y de Drake, solamente una de las embarcaciones de cada expedición sobrevivió a la dura prueba.

Si su campaña fue un fracaso militar y comercial, pudo al menos alardear de ser el primer holandés en dar la vuelta al mundo. Posteriormente escribió y publicó una obra autolaudatoria en la que narraba su campaña, pero parece que no volvió a navegar.

En cuanto a Morga, también publicó su propia versión de los hechos, y no salió mal parado, pese a que no faltaron las críticas a su conducta durante el combate, pues disfrutó de puestos más importantes de los que había tenido en Manila, aunque no de índole militar o naval. Tampoco se podía pedir más a un aficionado como él.

Como tampoco se podía pedir mal al desgraciado *San Diego*, que vio como le era arrebatado el triunfo en el último momento y por un azar inesperado.

Pese a lo pequeño del combate, lo hemos reseñado por las circunstancias tan especiales en que se dio, y sobre todo, porque buena parte de la carga del heroico mercante español ha sido salvada de las profundidades y está ahora expuesta en el Museo Naval de Madrid, así como los más diversos objetos, desde armas a utensilios de vajilla, desde empuñaduras de espadas de los samurais japoneses mercenarios a cañones, lo que constituye, sin duda, una interesante muestra de lo que era la vida en un mercante español en el Pacífico a caballo entre los siglos XVI y XVII.

Y si bien es cierto que los holandeses fracasaron en apoderarse de las Filipinas en esta y en las siguientes ocasiones que lo intentaron, no es menos cierto que obtuvieron grandes éxitos cuando atacaron las posesiones portuguesas en el Índico y hasta en el Pacífico, desplazando a los ibéricos incluso en el comercio con Japón y explorando hasta el lejano y helado Norte. Y justo es reconocer que esa presencia holandesa, que llegó hasta más allá de la primera mitad del siglo XX, tuvo como adelantado a Van Noort.

La vuelta al mundo de la vacuna

Pero bueno es que reseñemos otra vuelta al mundo muy distinta, muy lejos de las luchas imperialistas y que hablemos de algún aspecto positivo de la globalización que trajo el conocimiento de aquella parte del mundo.

Ahora que tanto se habla de salud, de prevención y de vacunas, bueno es recordar que hace poco más de doscientos años, se llevó a cabo la primera campaña de vacunación mundial, contra una enfermedad espantosa y sin cura conocida, que había provocado hasta entonces la muerte de millones de personas, probablemente la que más, y hoy ya en trance de desaparición.

La enfermedad era la viruela, que se cebaba en los niños de menos de 10 años y era con frecuencia mortal. Incluso los que la superaban, solían quedar ciegos o con grandes y feas cicatrices por todo el cuerpo, muy visibles en la cara, al reventar los enormes y feos granos repletos de pus que salían a los que enfermaban. El contagio era justamente por pus y sangre, afectando a grandes masas de población, sobreviviendo, según la variedad, solo entre el 30 y el 10 % de los infectados.

Griegos y romanos padecieron sus efectos, pero en Europa, con el paso del tiempo, la población se fue haciendo algo más resistente, creando algunas defensas naturales. Con el descubrimiento de América, el virus pasó al nuevo continente, y cuando Cortés conquistó Méjico, una epidemia mató a la mitad de la población, sin defensas naturales ni tratamiento alguno para la enfermedad. Fue tan horrible que muchos murieron entre 24 y 48 horas después de haberse contagiado.

Un médico inglés, Edward Jenner, que vivió entre 1753 y 1819, trabajando en un pueblo, observó que las mujeres que ordeñaban a las vacas adquirían una viruela muy leve, que les dejaba algunas marcas en manos y brazos, pero que las hacía inmunes a la enfermedad. Un hecho paralelo ya había sido observado antes por una viajera, lady Montagu, que vio en Turquía que las mujeres se pinchaban con agujas con las que habían pinchado antes a las vacas.

El caso fue que Jenner probó su «vacuna» o «inoculación» en un niño de 8 años en 1796 y la cosa funcionó, publicando dos años después, y tras muchas pruebas, un libro donde contaba su descubrimiento. Nada se sabía entonces de las causas de la enfermedad, de microbios ni, mucho menos, de virus, pero la cosa funcionaba y muy bien.

A lo mejor por eso le parecían tan «hermosas» las vaqueras de la Finojosa al Marqués de Santillana y a tantos poetas de muchas épocas: las aldeanas que cuidaban vacas no tenían las cicatrices de la enfermedad en la cara y en toda la piel.

El conocimiento de la vacuna llegó a España en 1800, muy rápidamente para la época, divulgándose entre los médicos. Uno de ellos, el alicantino Francisco Javier Balmis y Berenguer, nacido el mismo año que Jenner, médico militar que había intervenido en las campañas de Argel y asedio de Gibraltar, estudiado la sífilis y la escrófula, así como plantas medicinales, concibió el proyecto de llevar la vacuna a los territorios españoles de América, donde la enfermedad seguía causando estragos aún mayores que en Europa, como ya sabemos.

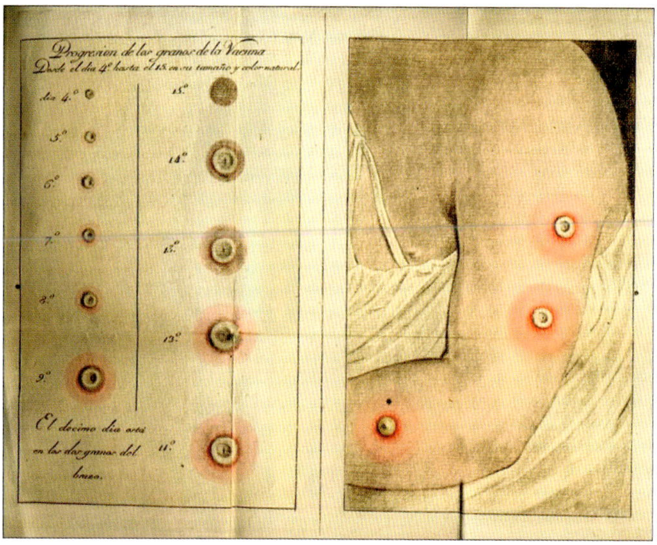

La viruela.
Evolución de la enfermedad.

Balmis obtuvo el apoyo del rey, entonces Carlos IV, y se decidió organizar una «Expedición Filantrópica de la Vacuna», para llevarla a América. Se preparó un buque de la Armada, la *María Pita*, (por la heroína coruñesa que defendió su ciudad del ataque de Drake en 1589) al mando del Teniente de Fragata Pedro del Barco, con una veintena de tripulantes, y esta salió de Ferrol el 30 de noviembre de 1803 con un equipo de cuatro médicos, tres enfermeras y, lo más curioso de todo: 22 niños huérfanos abandonados y la directora del hospicio, que servirían con su sangre para conservar la vacuna durante el viaje. No había otro método para preservar la vacuna entonces, aunque ya se había intentado por varios medios y al propio Jenner le pareció genial. De hecho, cada persona vacunada servía como donante a otra, estableciéndose así «cadenas humanas» de vacunación.

Llegados a América, la expedición se dividió, dirigiéndose Balmis a México y su subordinado, el doctor Salvany, a América del Sur. La tarea era ingente: vencer los temores y supersticiones de la gente, enseñar el método a los médicos de allí y asegurar que la cadena humana de vacunación no se interrumpiera. El trabajo era tan difícil como enorme, pero los resultados fueron muy esperanzadores.

Balmis no estaba aún satisfecho, y convenció al virrey español de Méjico, entonces la máxima autoridad, para que financiara una nueva expedición a Filipinas, colonia española. Y así partió de Acapulco con un nuevo barco, el «Maga-

REAL EXPEDICIÓN FILANTRÓPICA DE LA VACUNA

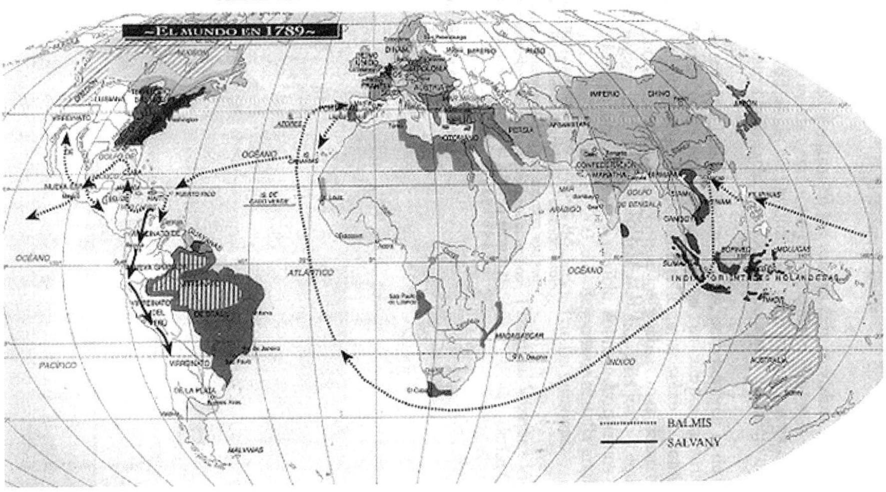

La vuelta al mundo filantrópica encabezada por Francisco Balmis.

llanes», como en homenaje a la anterior gesta, y un nuevo equipo, ahora con 25 huérfanos novohispanos.

Terminada la vacunación en Filipinas, y pese al peligro de los piratas chinos y de todas nacionalidades que actuaban por aquellas aguas, Balmis pasó a China, vacunando a la colonia portuguesa de Macao y a la población del mismo Imperio Chino, en la región de Cantón.

Las penalidades, trabajos, accidentes y anécdotas del viaje darían para escribir no una, sino varias novelas.

Francisco Javier Balmis.

Balmis hubo de volver a España, y lo hizo por el Índico, con el nuevo peligro de una guerra con Gran Bretaña. Pese a ello, no dudó en vacunar incluso a la población y guarnición británicas de la isla de Santa Elena (donde fue desterrado y murió nada menos que Napoleón) siempre fiel a sus principios filantrópicos e ilustrados. Y, por supuesto, la vacunación era gratis y se hacía a todo el mundo.

Ya de vuelta, y como médico personal de Carlos IV, Balmis siguió investigando y publicando obras científicas, en 1810 volvió a México y murió en Madrid en 1819.

Aquello significó toda una serie de récords mundiales:

La de la viruela fue la primera vacuna que se conoció.

Por primera vez en la Historia del mundo, un rey, nuestro Carlos IV, tan justamente criticado por tantas otras cosas, patrocinó y costeó una iniciativa de salud pública, hecho tanto más de admirar porque entonces no existía nada semejante, y solo existían establecimientos de la Iglesia, de asociaciones o de particulares.

Por primera vez también, se hizo una campaña de vacunación mundial, gratuita, dirigida a todos, incluso a enemigos por entonces.

El propio Edward Jenner escribió sobre la expedición: «No puedo imaginar que en los anales de la Historia se proporcione un ejemplo de filantropía más noble y más amplio que este».

Y Alexander von Humboldt, el gran geógrafo y conocedor de la América española por aquellos años, escribía en 1825: «Este viaje permanecerá como el más memorable en los anales de la Historia».

Esa fue otra vuelta al mundo de los españoles, mucho menos conocida que la primera, la de Magallanes y Elcano, especialmente en el extranjero, donde se la menciona mucho menos de lo que se debiera. Es indudable que su mérito en navegación, cartografía y conocimiento en general del mundo fue mucho menor, pero su valor humano fue inmenso, por lo efectivamente conseguido, que fue mucho, y especialmente, por el magnífico ejemplo a seguir que sentó.

La vuelta al mundo de la *Numancia*

La siguiente vuelta al mundo de los españoles fue un asunto muy distinto, pero que obtuvo una mucha mayor repercusión en nuestra sociedad: la vuelta al mundo del primer buque blindado y con propulsión mixta de vela y vapor.

Eran los años de la «Unión Liberal» durante el reinado de Isabel II, y por un momento pareció que muchos de los males del pasado, especialmente los derivados del terrible primer tercio del siglo XIX, desde la invasión francesa a la «Emancipación Americana» o las luchas civiles entre españoles, estaban ya superados o en camino de superarse.

Acorde con este optimismo y con el evidente deseo de consolidarlo y capitalizarlo políticamente, los gobiernos de O'Donnell se enfrascaron en una política de prestigio en el exterior, que de un lado distrajera la atención de todos de los conflictos internos, y de otro realzara la vuelta de España a una posición internacional más que digna.

Fruto de esta decisión política fue la de enviar a América del Sur una escuadra, al mando nada menos que de un almirante llamado Pinzón y des cendiente de los famosos hermanos que colaboraron con Colón, para y como se decía en la época: «mostrar el pabellón», demostrando el resurgimento (bien cierto por entonces) del poder naval español, con todo lo que eso implicaba en la época, conduciendo además una Comisión Científica que se dedicaría a investigar la fauna, flora y la arqueología de esos países, renovando el impacto de las expediciones científicas del siglo XVIII, entre ellas la más sonada de Bustamante y Malaspina.

Todo fue muy bien en el Atlántico, y en cuanto a la parte científica, muchos de sus estudios y resultados son aún visibles en el Museo Arqueológico de Madrid, especialmente de especies animales ya extintas.

Pero en el Pacífico, y singularmente en Chile y Perú, las cosas se torcieron, en una serie de incidentes cada vez más graves, por razones francamente absurdas y que se debían más a susceptibilidades y temores por una parte y otra que a agravios reales, o, en ocasiones, a la ineptitud y manejos de diplomáticos y políticos de ambas partes. No entraremos en ellas, pues ya hemos escrito sobre el asunto, que ha merecido desde entonces una amplia bibliografía, por lo que nos ceñiremos al asunto que nos importa.

Pinzón, a quien se reprochaba una actitud excesivamente dura fue relevado por Pareja, un hombre cuyo padre había destacado en las luchas de emancipación de Chile, por lo que no estaba exento de resquemores, lo que terminó provocando una aguda crisis que alcanzó su «clímax» cuando la escuadra a su mando bloqueó las costas chilenas, como medio de presión diplomático.

Aún no había llegado lo peor, pero la ruptura total se produjo cuando la corbeta chilena *Esmeralda*, un buque de 24 cañones, atacó y apresó a la goleta española *Covadonga* de solo dos piezas, rompiéndose así las hostilidades entre los dos países, mientras que en Perú, una revolución triunfante llevaba al poder al partido que propugnaba la guerra con España, estimando que la escuadra quería reconquistar Perú y ponerlo bajo el dominio español.

Ante la agravación de la situación, desde España se enviaron refuerzos, y entre ellos, uno muy especial: la recién entregada fragata blindada *Numancia*, un buque tan novedoso para la época como potente, recién entregado por los astilleros franceses de Tolón, donde se había construido. En aquella época los buques de guerra, aunque ya con la propulsión de vapor, seguían teniendo arboladura completa y sus cascos eran de madera, pero la *Numancia*, aparte de la novedad de su blindaje que protegía todo el costado, tenía además el casco de hierro, lo que le permitía alcanzar más del doble de tamaño que una fragata normal. Era, por tanto, una magnífica muestra del renacimiento naval español, especialmente porque muy pocos países podían disponer de tan caros y potentes buques.

Pero aquellos auténticos «leviatanes» tenían también su talón de Aquiles, pues se temía que siendo buques tan pesados, no fueran seguros en alta mar, especialmente en temporales, pues se temía el efecto de los pesos altos del blindaje y arboladura sobre la estabilidad del buque. Y de hecho se perdió algún buque de esta manera, como el *HMS Captain* poco después. Así que enviar el buque al Atlántico y al Pacífico era todo un reto tecnológico y marinero. Para mandarla se designó al capitán de navío don Casto Méndez Núñez, que ya había mostrado sobradamente su profesionalidad hasta entonces, en navegación y en combate, y desde Guinea a las Filipinas.

El buque zarpó de Cádiz el 4 de febrero de 1865 y atravesó sin problemas el Atlántico e hizo escalas en Brasil y el Río de la Plata sin ningún problema, tanto en navegación como en el recibimiento en dichos países, y luego atravesó el Estrecho de Magallanes, siguiendo la ruta tradicional.

Pero al llegar a las costas chilenas se encontró con que el almirante Pareja se había suicidado al comprobar la pérdida de la *Covadonga* y temer infundadamente que la otra goleta, la *Vencedora* había sufrido el mismo destino.

Ello hizo al gobierno español ascender a Méndez Núñez a brigadier y darle el mando de la escuadra, que aparte de la *Numancia* y la pequeña *Vencedora* incluía cuatro fragatas convencionales más: las *Resolución*, *Blanca*, *Berenguela* y *Villa de Madrid* y algunos transportes.

Su primera misión fue exigir al gobierno chileno reparaciones y disculpas por el apresamiento de la *Covadonga* y la devolución del buque y de los prisioneros, a lo que se negó terminantemente, incluso cuando los españoles ofrecieron un intercambio por los prisioneros militares chilenos que habían apresado en un transporte: el llamado *Paquete del Maule*.

La fragata blindada *Numancia*.

Ante la negativa chilena, el gobierno español ordenó a Méndez Núñez que bombardeara como represalia el puerto de Valparaíso. Y la cuestión se hizo aún más tensa por cuanto dos escuadras presentes en el puerto, la británica al mando de lord Denman y la estadounidense al mando del comodoro Rodgers afirmaron que se opondrían por todos los medios al bombardeo.

A Méndez Núñez le desagradaba profundamente la idea del bombardeo, pero utilizando sabiamente de un lado su firme resolución de obedecer las órdenes de su gobierno a toda costa y lo indefendible de la postura del gobierno chileno, logró que británicos y estadounidenses terminaran por ceder y no interferir en el bombardeo.

Este se produjo finalmente el 31 de marzo, bien que con circunstancias muy especiales: se habían dado cuatro días para facilitar la evacuación de la ciudad y el fuego se dirigió solamente contra edificios oficiales y los almacenes del puerto, con lo que apenas se produjeron víctimas. Por otra parte, los chilenos habían desartillado sus defensas y fuertes, en un intento de impedir moralmente el ataque, ya que renunciaron a defenderse.

El hecho provocó la admiración en España, no por el mérito militar del bombardeo que fue evidentemente nulo, como por la firmeza y decisión de Méndez Núñez al imponerse a británicos y estadounidenses, lo que mostraba un carácter y una capacidad muy fuera de lo normal.

Por otra parte, la escuadra aliada, combinando buques peruanos y chilenos, se había refugiado en las muy complicadas aguas del archipiélago de Chiloé, en Abtao, donde esperaban que los buques españoles no les seguirían, pues desconocían sus fondos y sus enormes mareas y se arriesgaban a un desastre. De hecho, dos fragatas lo hicieron, al mando de Alvargonzález, teniendo lugar el poco decisivo combate de Abtao, con ventaja española, que hizo refugiarse a los buques aliados en un lugar aún más recóndito, Huito.

Ante la imposibilidad de tener un combate regular que zanjase la cuestión del honor, que para entonces era ya la única cuestión que enfrentaba realmente a ambos bandos, Méndez Núñez decidió bombardear el principal puerto peruano, El Callao, que se había artillado y defendido con grandes medios, para que nadie le achacase que su escuadra solo sabía bombardear ciudades indefensas.

A todo esto se le había reunido una quinta fragata, la *Almansa*, igualmente de casco de madera, y toda la escuadra hizo rumbo al puerto peruano.

Allí les esperaban unas fuertes defensas, con no menos de un centenar de cañones, algunos de ellos montados en torres blindadas y del calibre de 500 libras de bala. Pensemos que el calibre normal entonces en los buques de guerra iba de 32 libras a 68 de bala. Las defensas incluían minas submarinas accionadas por electricidad y una pequeña escuadrilla de buques peruanos, entre ellos dos pequeños blindados.

Según se afirma, el 1 de mayo llegó un emisario con despachos urgentes del gobierno de Madrid (las comunicaciones en la época a tan larga distancia no ayudaron precisamente a la gestión de la crisis) ordenándole que abandonara el proyecto de bombardear El Callao, que antes se le había ordenado taxativamente. Ante esto, Méndez Núñez, decidió que a esas alturas lo que estaba en juego era el honor, y mostró el famoso «ojo tuerto de Nelson» al negarse a obedecer aquel mensaje, diciendo al joven oficial que se lo transmitía: «Convengamos que ha llegado usted mañana».

Porque era al día siguiente, 2 de mayo de 1866, cuando el almirante pensaba realizar el ataque, fecha escogida precisamente por su significado para el patriotismo español, al ser la de la rebelión del pueblo de Madrid contra la invasión napoleónica de 1808.

Tras la dura lucha, y después de reparar las averías en los buques y dar sepultura a los muertos en la isla de San Lorenzo, frente al puerto peruano, Méndez Núñez ordenó la retirada, cumplida su misión. La escuadra se separó en dos divisiones: cuatro de las fragatas de madera hicieron rumbo al sur, para volver al Atlántico por Magallanes, en previsión de que la escuadra aliada saliera de su guarida y pasara igualmente y atacara el tráfico marítimo español, y la *Numancia* con la *Berenguela*, la pequeña goleta *Vencedora* y algún transporte hacia el Oeste, cruzando el Pacífico gracias a los vientos alisios, ahora bien conocidos. Méndez Núñez, que había sido herido en el combate, tomó el mando de las cuatro fragatas que volvían al Atlántico a montar guardia. Por su conducta fue ascendido a Jefe de Escuadra.

La *Numancia* había recibido nada menos que 52 cañonazos de las defensas peruanas, pero sin tener que lamentar más que algunos heridos. El de mayor calibre atravesó limpiamente el blindaje de hierro, pero no pudo hacerlo enteramente con el almohadillado de madera de teca que lo unía al forro del casco, y rebotó finalmente, cayendo al mar. La placa de blindaje con el impacto fue posteriormente desmontada y se conserva actualmente en el Museo Naval de Madrid.

La lenta travesía finalizó al arribar a la entonces colonia francesa de Tahití el 24 de junio, donde los numerosos enfermos de escorbuto pudieron recobrarse de las consecuencias de una larga campaña en que no pudieron bajar a tierra. Luego pasaron a Manila, entonces todavía española, y cruzando el Índico llegaron a la isla de Santa Elena en el Atlántico, donde su comandante, el capitán de navío Antequera, decidió seguir hasta Río de Janeiro, por si Méndez Núñez precisaba ayuda, y de allí de vuelta a España, llegando a Cádiz el 20 de noviembre de 1866. Había dado, y con exceso, la vuelta al mundo y participado más que dignamente en la «Campaña del Pacífico» tardando en todo ello un poco menos de 22 meses.

Plancha del blindaje de la *Numancia.* Museo Naval.

El recibimiento fue apoteósico, pues las noticias habían llegado antes y todo el mundo quería celebrar el papel de la fragata, de la escuadra toda y del propio Méndez Núñez, por el triple éxito de que un pesado buque acorazado de la época consiguiera dar la vuelta al mundo, y por la dignidad con que se llevó la campaña, incluyendo el imponerse a las escuadras británica y estadounidense.

El paralelismo con la gesta saltó a la vista concediendo una placa de honor al buque con la inscripción: «In loricata navis primus circumdedisti me», mientras todo el mundo repetía la frase atribuida a Méndez Núñez de «Más quiero honra sin barcos que barcos sin honra».

El entusiasmo popular, avivado por las sentidas crónicas de alguien como Gustavo Adolfo Bécquer en el semanario ilustrado *El Museo Universal*, donde narró toda la campaña en términos más que entusiastas, tuvo inmediato reflejo en las calles de cualquier ciudad española, donde empezaron a aparecer de forma masiva los nombres de «Méndez Núñez», «El Callao», «Abtao» o «Pacífico», aparte por supuesto del de «Numancia», y no precisamente por la ciudad celtíbera.

Cuando no en la misma plaza a la que da hoy el Senado, rebautizada de «La Marina Española», o incluso en la moda infantil, ante la reciente costumbre, al parecer con origen en la Familia Real británica, de vestir a los niños con atuendo de marineros, el complemento indispensable era que la gorrita llevara el nombre de la famosísima fragata, según nos cuenta Galdós en su inmortal novela *Fortunata y Jacinta*.

Y por si fuera poco, el gran novelista incluyó en sus *Episodios Nacionales* uno específicamente dedicado a todo ello: *La vuelta al mundo de la Numancia*, donde se narran los hechos detalladamente, si bien su redacción terminó en marzo de 1906, pocos años después del Desastre del 98, cuando las ilusiones habían sufrido una muy dura prueba, por lo que el relato está teñido de una evidente nostalgia y una nota triste.

Una gran idea: la *Nautilus*

Pero antes de que se consumara el «desastre» por antonomasia, que tanto ha influido y sigue influyendo y en tantos aspectos en la conciencia nacional española, hubo otra iniciativa para conmemorar la gesta de Elcano.

Como es bien sabido, la formación de los futuros oficiales de la Armada se regló por el ministro de Felipe V, José Patiño en 1717, con la creación de la Real Compañía de Guardias Marinas, con sede primero en Cádiz, para luego fundarse dos más en las otras dos cabezas de departamento marítimo, en Ferrol y Cartagena. La primera etapa de la formación, tan amplia como profunda, era básicamente teórica, para luego pasar los guardiamarinas a prestar servicio como oficiales subalternos en los buques, donde alternaban la continuación de los estudios con la práctica de la navegación. No existían, por tanto, los que hoy llamamos «buques escuela».

Tras varias reformas de estos estudios, en 1862 se decidió finalmente adscribir algún buque permanentemente a dichas labores de formación, normalmente buques de la Armada ya muy veteranos. Fue el primero la fragata *Esperanza* junto con la corbeta *Villa de Bilbao* y las urcas *Santa María* y *Trinidad*. Posteriormente lo fueron de forma sucesiva las viejas fragatas de hélice *Blanca*, *Almansa* y *Asturias*. Sin embargo, aquellos ya desgastados buques hacían pocas navegaciones por lo general, y casi siempre por aguas españolas o como mucho, europeas.

Pero hacia los años ochenta del siglo XIX, tales buques o estaban ya retirados o eran incapaces de navegar, por lo que servían más como sede fondeada de la Escuela que como buques para prácticas de navegación.

Hacia 1886 un oficial de la Armada, don Fernando de Villaamil Fernández-Cueto, se hallaba comisionado en Gran Bretaña para encargar allí un buque enteramente nuevo, el *Destructor*, un revolucionario tipo de buque de combate que sería el primero de los de su clase, a los que dio nombre desde entonces en todas las marinas del mundo.

Pero y aparte de realizar el encargo de forma más que notable, Villaamil sacó tiempo durante su estancia para convencer a sus superiores de la necesidad de adquirir un buque que sirviera de escuela a los guardiamarinas, ejercitándoles en la navegación y justamente a vela, aunque ya el vapor se había impuesto como propulsión principal en los buques de guerra.

Buscando lo más hacedero y barato, por las restricciones del presupuesto, terminó comprando un viejo pero muy hermoso clipper, el *Carrick Castle*, construido en los talleres de John Elder en 1866 por solo 60.000 pesetas de la época, y aprovechando además para traer a España diversos materiales para la Armada igualmente adquiridos de firmas británicas.

El buque, rebautizado como *Nautilus* y clasificado como corbeta, sirvió en la Armada como buque escuela hasta su baja hacia 1910, pero antes había realizado su mayor y más meritorio viaje: el de completar una nueva vuelta al mundo.

En 1892 y por primera vez, se conmemoró el IV centenario del Descubrimiento de América, con grandes celebraciones que recorrieron casi todo el mundo y que incluyeron una travesía del Atlántico y visitas a puertos americanos de las réplicas de las tres carabelas, que incluso visitaron Nueva York.

Para entonces Villaamil era capitán de fragata y comandante de la *Nautilus*, por lo que propuso al mando realizar con su buque una vuelta al mundo, que como sabemos era la idea original de Colón como colofón de los actos, siendo aprobado el proyecto.

Sin embargo, y por muy diversas consideraciones, la ruta no fue la de Magallanes y Elcano, sino que el buque, que zarpó de Ferrol el 30 de noviembre de 1892, hizo rumbo sur, tocó en Canarias y en Salvador de Bahía (Brasil) para luego dirigirse hacia El Cabo, y pasando junto a Buena Esperanza, cruzó luego el Índico hasta Australia y Nueva Zelanda, para cruzar el Pacífico y llegar a Valparaiso, doblar el cabo de Hornos, llegar a Montevideo y Buenos Aires, luego subir hasta San Juan de Puerto Rico y Nueva York, cruzar el Atlántico hasta Plymouth, Cherburgo y Brest para luego llegar a España en San Sebastián y Bilbao y regresar a su base de Ferrol el 11 de agosto de 1894.

Y para completar la tarea, Villaamil escribió un libro: *Viaje de circunnavegación de la corbeta Nautilus*, donde a las observaciones puramente marineras se encuentran curiosas reflexiones sobre los lugares que había visitado.

Pero al año siguiente comenzó la insurrección en Cuba y el largo y doloroso camino que llevó hasta el 98, por lo que la iniciativa no pudo repetirse. Solo en 1908 la *Nautilus* cruzó el Atlántico para ir a América, siendo el primer buque de la Armada en visitar Cuba, donde fue muy cordialmente recibida. Dos años después el ya muy veterano buque quedó como «Escuela Naval Flotante» y fue finalmente desguazado en 1933.

Sin embargo, Villaamil había sentado un precedente que tendría continuación en mejores tiempos.

Un hermoso velero

Tras la retirada de la *Nautilus*, los guardiamarinas volvieron a ser embarcados en viejos buques de guerra, como los cruceros *Carlos V*, *Reina Regente* y *Cataluña.*

Pero la idea de Villaamil seguía vigente y hacia 1923 se pensó en comprar en Italia y habilitar como buque escuela el veterano moto-velero *Minerva.* Pero pronto se pasó a considerar que aquello no era ni conveniente ni deseable, por lo que al año siguiente se decidió encargar al mismo astillero de Cádiz encargado de la remodelación del *Minerva* un nuevo buque escuela.

Decidido el asunto, se dispuso la nueva construcción, con arreglo al proyecto del ingeniero británico Charles V. Nicholson en los astilleros Echevarrieta y Larrinaga de Cádiz, el mismo encargado de la remodelación del *Minerva* y se le colocó la quilla el 24 de noviembre de 1925. Presenciaron el acto el Infante D. Carlos, el General Primo de Rivera, el Capitán General de Cádiz D. Pedro Mercader y otras autoridades. En el transcurso del mismo Don Horacio Echevarrieta expresó al General Miguel Primo de Rivera su deseo de que el barco llevase el nombre de *Juan Sebastián de Elcano*, lo que consiguió sin mayor problema.

El hermoso buque desplaza a plena carga 3770 toneladas y solo 2900 en rosca. Mide de eslora (largo) 113' 1 mts, 13'1 de manga (ancho) y 8'68 de puntal. Está provisto de cuatro palos, con aparejo de bergantín goleta y un total de 20 velas. Solo el trinquete (de proa) lleva velas cuadras. Curiosamente los palos reciben los nombres de buques escuela anteriores, de proa a popa: *Blanca*, *Almansa*, *Asturias* y *Nautilus.*

Su dotación son unas 190 personas de todas las graduaciones, aparte de más de 70 guardiamarinas en sus viajes de instrucción.

Lleva como armamento dos viejas piezas de 37 mm para salvas, dos ametralladoras de 12'7 mm y otras dos MG-42, como elemental autoprotección.

Se procedió a la botadura del barco el 5 de marzo de 1927, siendo madrina Carmen Primo de Rivera, hija del general. Cuatro siglos después de su muerte en 1526, el marino de Guetaria obtenía uno de sus más hermosos homenajes. El 9 de abril de 1928 y coincidiendo con la Exposición Iberoamericana de Sevilla, salió a la mar para llevar a cabo lo que sería su primer crucero de instrucción, que desde entonces realizará casi sin interrupción cada año. En los años 1937, 1938 y 1939 no se pudo realizar el viaje como consecuencia de la guerra civil española. Asimismo, en el año 1956 y posteriormente en 1978 el buque fue objeto de grandes obras de modernización en el Arsenal de La Carraca y no pudo efectuar navegaciones con guardiamarinas. Por el contrario, en 1933, 1942, 1943 y 1951 el *Elcano* realizó dos cruceros diferentes en cada uno de esos años. Por otro lado, de septiembre de 2001 a marzo 2002, de julio de 2005 a febrero de 2006, y de mayo de 2011 a marzo de 2012, se han realizado importantes obras de modificación para mejoras de habitabilidad, calidad de vida, cambio de la planta eléctrica y sala de máquinas. Hasta el presente año 2018, en que ha cumplido nada menos que 90 años de servicios, el *Elcano* ha realizado ochenta y nueve cruceros de instrucción, la mayoría largos, y de estos, diez vueltas al mundo.

En su larga y fructífera vida ha entrado en 197 puertos de 70 países diferentes. De todos ellos, los más visitados de nuestro país, como era de esperar, han sido Cádiz (donde el buque tiene su base), Marín (como sede de la Escuela Naval Militar) y las dos capitales de las islas Canarias, por ser el archipiélago el punto de partida frecuente previo a adentrase en el Atlántico rumbo a las Américas. De los puertos europeos el más visitado ha sido Lisboa y en América el de Nueva York.

Desde ese lejano 5 de marzo, el A-71, como reza su numeral, ha realizado 14 503 singladuras, es decir, ha pasado 35 de sus 90 años en la mar; y ha navegado 1 745 000 millas, el equivalente a 87 vueltas al mundo. En sus 90 cruceros de instrucción han embarcado en él más de 20 000 marinos y ha tenido 58 comandantes, siendo el primero de ellos Manuel de Mendivil y Elio y el actual, Ignacio Paz García. En él han embarcado como guardiamarinas el rey D. Juan Carlos I y su hijo y sucesor en el trono, D. Felipe VI.

El *Juan Sebastián Elcano* en la bahía de Bayona, a donde llegó la *Pinta* de vuelta de descubrir América.

Sus diez vueltas al mundo han sido las siguientes:

1ª.- Del 1-VIII-1928 al 28-VIII-1929: siguieron la ruta de Magallanes hasta el Río de la Plata, para luego pasar al Índico por el cabo de Buena Esperanza, Australia, San Francisco y luego por Panamá a Caribe, Nueva York y Cádiz.

2ª.- Del 4-VIII-1930 a 14-V-1931: por el Mediterráneo hasta Suez, luego Singapur, Manila, San Diego y por Panamá al Caribe, Nueva York y Cádiz.

3ª.- Del 17-VIII a 31-V-1935: prácticamente igual recorrido.

4ª .-Del 15-XI -1971 a 17-VIII-1972: cruce del Atlántico hasta Panamá, luego Los Ángeles, Japón, Filipinas, Buena Esperanza, Funchal, Marín y Cádiz.

5ª.- Del 1-XI-1978 a 15-VIII-1979: siguieron prácticamente el viaje de Magallanes y Elcano, pero a la vuelta evitaron Buena Esperanza y volvieron por Suez.

6ª.- Del 10-XII-1981 a 31-VII-1987: prácticamente igual.

7ª.- Del 15-IX-1987 a 12-VII-1988: Mediterráneo y Suez, Madagascar, Australia, Nueva Zelanda, Papeete, El Callao, Panamá, Halifax, Dublín, Marín y Cádiz.

8ª.- Del 26-X-1992 a 14-VII-1993: cruzaron el Atlántico hasta Santo Domingo, Panamá, Acapulco, Honolulú, Tokio, Filipinas, Ternate, Yakarta, Suez, Atenas, Túnez, Marín y Cádiz.

9ª.- De 8-XII-1996 a 17-VIII-1997: Tenerife, San Juan de Puerto Rico, Panamá, San Diego, Honolulú, Osaka, Manila y vuelta por Suez.

10ª.- De 13-X-2002 a 17-VII-2003: Las Palmas, Santo Domingo, Kingston, Panamá, San Francico, Honolulú, Japón, Shanghai, Manila, Bangkok, Sue, Túnez y Cádiz.

Curiosamente dos se realizaron bajo la monarquía de Alfonso XIII, una bajo la II República, dos más en los últimos años del régimen de Franco, y las cinco siguientes ya con la democracia, y justamente las más continuadas pese a la veteranía del buque.

Curiosamente su crucero de instrucción número 90, realizado en el actual año de 2018 cuando escribimos estas líneas, será el primero en que el buque afrontará pasar del Atlántico al Pacífico por la vía del Cabo de Hornos, o si no lo permite el estado del mar, por el Estrecho de Magallanes, lo que aún refuerza más el mérito de haber seguido en la primera vuelta semejante ruta, con medios incomparablemente más modestos en todos los sentidos. El objetivo es visitar ambos litorales americanos, el del Atlántico y el del Pacífico, utilizando Panamá para la vuelta.

El *Juan Sebastián de Elcano* también ha participado en numerosas regatas de veleros, compitiendo con los buques escuela de otras Marinas. A destacar que el *Esmeralda* chileno es una copia del español, construido en los años cincuenta.

Y bueno es recordar que, aparte de su función de instrucción, sus vueltas al mundo y también sus viajes anuales más cortos y limitados al Atlántico, han tenido un claro significado diplomático para mejorar las relaciones con los países visitados, y de contactar con los españoles allí residentes, sirviendo, entre otras ceremonias, de sede de «juras de bandera», al ser según el derecho internacional un buque de guerra territorio nacional de su país de origen.

Conclusión

Llegados al fin de este trabajo, habrá observado el lector que hemos presentado datos suficientes para demostrar nuestra tesis en la introducción: las gestas humanas no suelen ser obras de un solo hombre, por capacitado que esté, sino de una serie de ellos que persisten en la tarea, dando cada uno pasos sucesivos. Fue Colón el que ideó la posibilidad de llegar al Oriente navegando siempre hacia Occidente, pero ese proyecto se fue concretando y madurando con la labor de muchos otros, cuando se comprobó que el Nuevo Mundo era realmente nuevo, y no el soñado Oriente, explorando un paso a ese mar desconocido que descubrió Balboa, o buscando el paso, como murió Solís.

El inmenso mérito de hallar el paso interoceánico correspondió a Magallanes, así como el cruce del Pacífico, pero lo cierto es que fracasó en su misión, limitada a hallar un camino hasta las Molucas y ponerlas bajo el dominio español. Y una vez halladas, se planteó el problema de como volver a España, si cruzando de nuevo el Pacífico de vuelta a América o siguiendo adelante, decisión de Elcano que lamentablemente no ha podido ser hasta ahora debidamente comprendida ni documentada, pese a su inmensa trascendencia, pues es poco lo que todavía hoy sabemos sobre el gran navegante.

Y no es lo mismo, en casi ningún sentido, suponer la esfericidad de la Tierra que comprobarlo tajantemente con una de las más heroicas travesías de la historia de la navegación, y que solo admite comparación con la de Colón en cuanto a sus consecuencias, pero que fue mucho más larga, arriesgada, difícil y dolorosa para los que participaron en ella.

Libro copiador: Armada de Fernando de Magallanes
Archivo General de Indias,CONTRATACION,5090,L.4

Capitulación entre el Rey Nuestro Señor y Fernando de Magallanes y el bachiller Ruy Falero

El Rey

Por cuanto vos, Fernando de Magallanes, caballero natural del Reino de Portugal, y el bachiller Ruy Falero, así mismo natural del dicho Reino, queriéndonos hacer señalado servicio, os obligáis de descubrir en los términos que nos pertenecen y son nuestros en el mar océano, dentro de los límites de nuestra demarcación, islas y tierras firmes *[continentales]*, ricas especierías y otras cosas de que seremos muy servidos y estos nuestros Reinos muy aprovechados, mandamos asentar para ello con vosotros la capitulación siguiente:

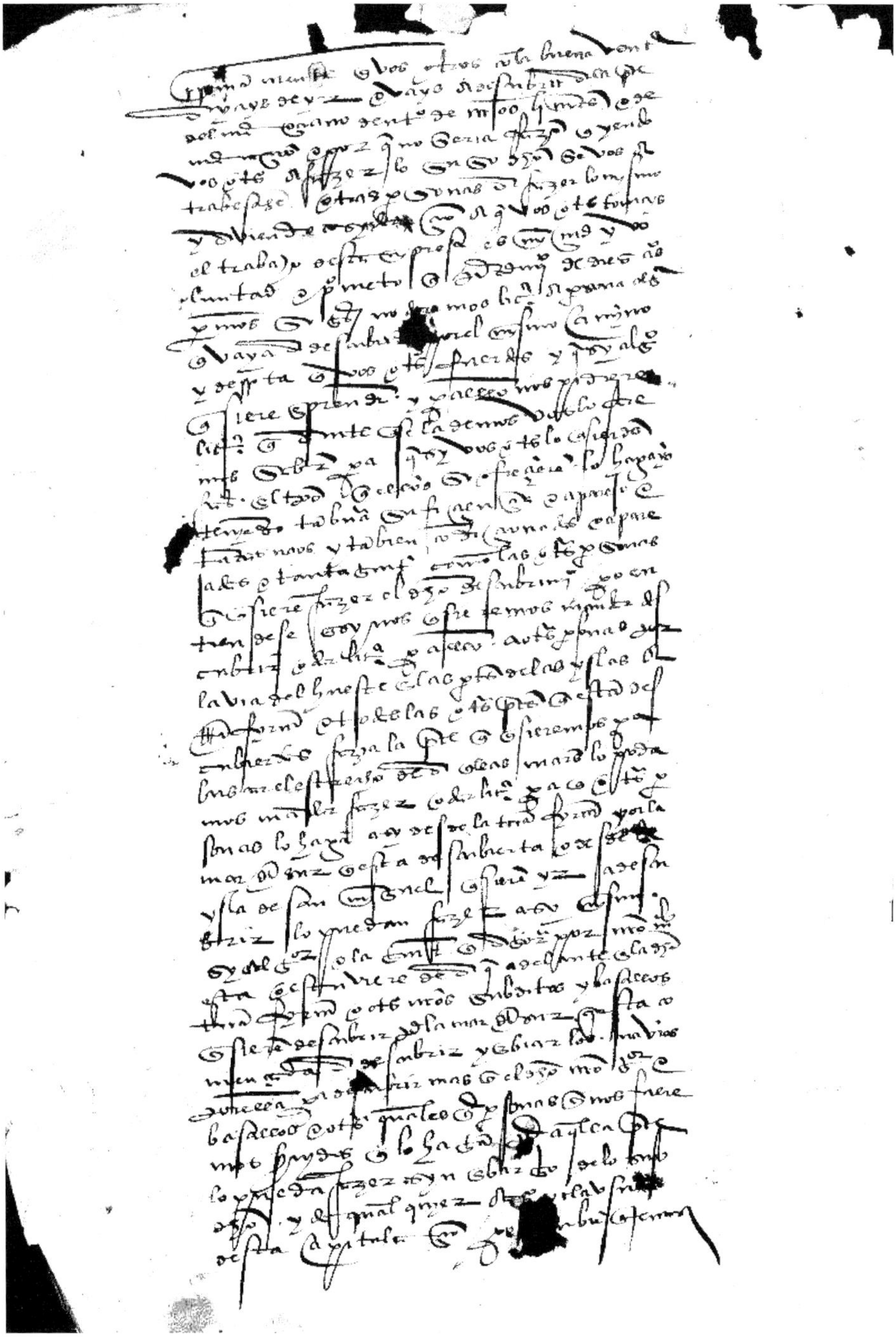

Libro copiador: Armada de Fernando de Magallanes
Archivo General de Indias,CONTRATACION,5090,L.4

—Primeramente que vosotros, con la buena ventura, hayáis de ir y vayáis a descubrir a la parte del mar océano dentro de nuestros límites y demarcación. Y porque no sería razón que, yendo vosotros a hacer lo susodicho, se vos atravesasen otras personas a hacer lo mismo, y habiendo consideración a que vosotros toméis el trabajo de esta empresa, es mi merced y voluntad, y prometo, que por término de diez años primeros siguientes no daremos licencia a persona alguna que vaya a descubrir por el mismo camino y derrota que vosotros fuereis. Y que si alguno quisiere emprenderlo, y para ello nos pidiere licencia, que antes que se la demos vos lo haremos saber, para que si vosotros lo quisiéreis hacer en el tiempo que ellos se ofrecieren, lo hagáis, teniendo tan buena suficiencia y aparejo, y tantas naos, y tan bien acondicionadas y aparejadas, y con tanta gente como las otras personas que quisieren hacer el dicho descubrimiento. Pero entiéndase que si Nos quisiéramos mandar descubrir o dar licencia para ello a otras personas por la vía del oeste, en las partes de las islas y tierra firme, y todas las otras partes que están descubiertas, hasta la parte que quisiéramos, para buscar el estrecho de aquellos mares, lo podamos mandar hacer o dar licencia para que otras personas lo hagan, así desde la tierra firme y por la mar del Sur, que está descubierta, o desde la isla de San Miguel, quisieren ir a descubrir, lo puedan hacer. Así mismo, si el gobernador y la gente que ahora, por nuestro mandado está o estuviere de aquí adelante en la dicha tierra firme, u otros nuestros súbditos y vasallos quisieren descubrir por la mar del Sur, que está comenzada a descubrir, y enviar los navíos por ella para descubrir más, que el dicho nuestro gobernador y vasallos, y otras cualesquiera personas que Nos fuéremos servidos, que lo hagan por aquella parte, que lo puedan hacer sin embargo de lo susodicho y de cualquier otro capítulo y clausula de esta capitulación. Pero también queremos que, si vosotros, por alguna de estas dichas partes

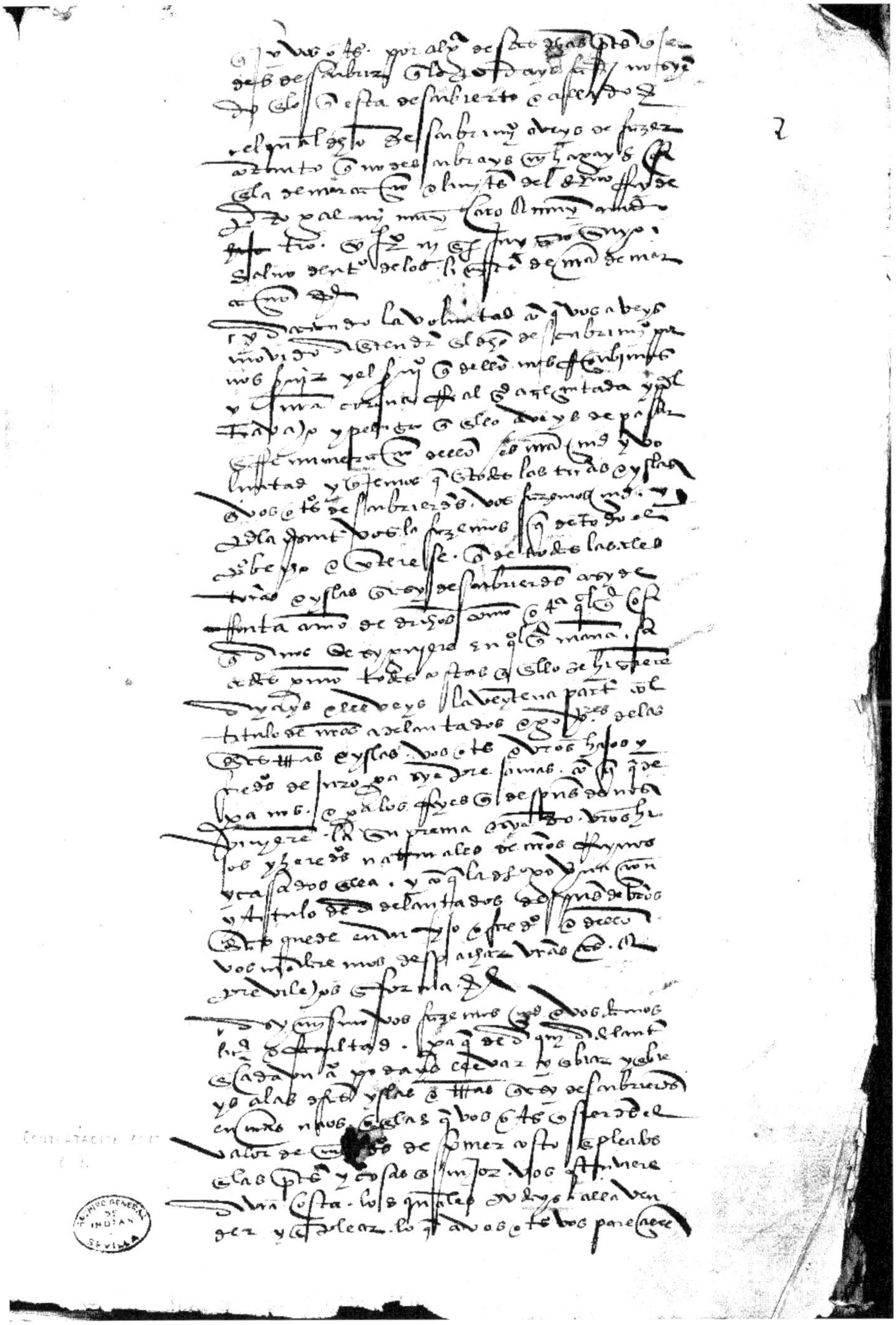

Libro copiador: Armada de Fernando de Magallanes
Archivo General de Indias,CONTRATACION,5090,L.4

quisiéreis descubrir, que lo podáis hacer, no siendo en lo que está descubierto y hallado. El cual dicho descubrimiento habéis de hacer con tanto que no descubráis ni hagáis cosa en la demarcación y límites del serenísimo Rey de Portugal, mi muy caro y muy amado tío y hermano, ni en perjuicio suyo, salvo dentro de los límites de nuestra demarcación.

—Y acatando la voluntad con que vos habéis movido a entender en el dicho descubrimiento por nos servir y el servicio que de ello Nos recibimos, y nuestra corona real es acrecentada, y por el trabajo y peligro que en ello habéis de pasar, en remuneración de ello, es nuestra merced y voluntad, y queremos, que en todas las tierras e islas que vosotros descubráis, vos haremos merced, y por la presente vos la hacemos, que de todo el provecho e interés que de todas las tales tierras e islas que así descubriéreis, así de renta como de derechos, como en otra cualquier cosa que a Nos se siguiere en cualquier manera sacadas y para todas cosas que de ello se hicieren, hayáis y llevéis la veintena parte, con título de nuestros adelantados y gobernadores de las dichas tierras e islas, vosotros y vuestros hijos y herederos, de juro para siempre jamás, con que quede para Nos y para los Reyes que después de Nos vinieren, la suprema, y siendo vuestros hijos y herederos naturales de nuestros Reinos y casados en ellos, y con que la dicha gobernación y título de adelantados, después de vuestros días, estos queden en un hijo o heredero. Y de ello vos mandaremos despachar vuestras cartas de privilegios en forma.

—Así mismo, vos hacemos merced y vos damos licencia y facultad para que de aquí adelante, en cada un año, podáis llevar y enviar, y enviéis a las dichas islas y tierras que así descubriereis, en nuestras naos o en las que vosotros quisiéreis, el valor

siguientes, so la dicha pena so la cual mandamos a cualquier escribano público que para esto fuere llamado, que de ende *[entonces]* al que vos la mostráreis, testimonio signado de su signo, porque Nos sepamos en como se cumple nuestro mandado. Dada en Valladolid, a xxii de este dicho mes de marzo, año del nacimiento de Nuestro Salvador Jesucristo de mil y quinientos y diez y ocho años. Yo el Rey. Yo Francisco de los Cobos, secretario de la Reina y del Rey, su hijo, Nuestros Señores, la hice escribir por su mandado.

[También están las firmas de Fonseca arzobispo, el licenciado don García, Juan de Samano y Guillermo Chanciller.]

Cartas a los dichos Magallanes y Falero

Capitanía a los dichos Magallanes y Falero

Doña Juana y Don Carlos, su hijo, por la Gracia de Dios Reina y Rey de Castilla. Por cuanto Nos habemos mandado tomar cierto asiento y concierto con vos, el bachiller Ruy Falero y Fernando de Magallanes, caballeros naturales del Reino de Portugal, para que vayáis a descubrir por el mar océano, y para hacer el dicho viaje vos habemos mandado armar cinco navíos con la gente, mantenimientos y otras cosas necesarias para el dicho viaje, confiando de vosotros que sois tales personas que guardaréis nuestro servicio, y que bien y fielmente entendereis en lo que por Nos vos fue mandado y encomendado, es nuestra merced y voluntad de vos nombrar, y por la presente vos nombramos por nuestros capitanes de la dicha armada, y vos damos poder y facultad para que, por el tiempo que en ella anduviéreis hasta que con la bendición de Nuestro Señor volváis a estos nuestros reinos, podáis usar y uséis del dicho oficio de nuestros capitanes, así por mar como por tierra, por vosotros y por vuestros lugartenientes, en todas las cosas y casos al dicho oficio anexas y pertenecientes, y viéreis que conviene a la ejecución de nuestra justicia en tierras e islas que descubriéreis, según y de la manera que hasta aquí lo han usado los nuestros capitanes de ende que han sido. Y por esta nuestra carta mandamos a los maestres, contramaestres, pilotos, marineros, grumetes, pajes y otras cualesquiera personas y oficiales que en la dicha armada fueren, y a cualesquiera personas que estuvieren y residieren en las dichas tierras e islas que descubriéreis, y a quien lo en esta carta contenido, toca y atañe, y atañer pueda en cualquier manera, que vos hayan, reciban y tengan por nuestros capitanes de la dicha armada, y como a tales los acaten y cumplan vuestros mandamientos, so la pena y prisión que vosotros de nuestra parte les pusiéreis y mandáreis poner, las cuales Nos, por la presente las ponemos y hemos por puestas, y vos damos poder y facultad para las ejecutar en sus personas y bienes. Y que vos guarden y hagan guardar todas las honras, gracias, mercedes, franquezas, libertades, preeminencias, prerrogativas e inmunidades que, por razón de ser nuestros capitanes, debéis haber y gozar, y vos deben ser guardados. Y es nuestra merced y mandamos, que si en el tiempo que anduviéreis en la dicha armada se movieren algunos pleitos y diferencias, así en la mar como en la tierra, los podáis librar y determinar, y hacer sobre ello cumplimiento de justicia bien y sumariamente en tela de juicio, y para librar y determinar los dichos pleitos, y para todo lo demás en esta nuestra carta contenido y al dicho oficio de capitanía anexo y concerniente, vos damos poder y facultad, con todas sus incidencias y dependencias anexionadas y conexionadas. Y los unos ni los otros no hagáis ni hagan en otra manera.

Dada en Valladolid, a xxii días del mes de marzo de mdxviii años. Yo el Rey. Yo, Francisco de los Cobos, secretario de la Reina y del Rey, su hijo, Nuestros Señores, la hice escribir por su mandado.

El Rey

Lo que vos, Fernando de Magallanes, caballero natural del Reino de Portugal, y el bachiller Ruy Falero, así mismo del dicho Reino, en el viaje que con la buena ventura habéis de hacer es lo siguiente:

—Primeramente habéis de ir derechamente *[directamente]* a la ciudad de Sevilla, a presentar vuestras provisiones y capitulaciones a los nuestros oficiales de la dicha Casa de la Contratación de las Indias que reside en la dicha ciudad, y solicitaréis que, conforme a ellos y a lo que yo, acerca de ello, les mando escribir, vos armen luego los cinco navíos que yo vos mando dar, y vos lo abastezcan de la gente y cosas necesarias. Y habéis de hacerme saber, algunos días antes que esté presto todo, para cuándo pensáis partir, y así mismo cuando estuviéreis prestos y a la vela, porque de todo quiero ser informado.

—Así mismo, como sabéis, yo he de nombrar personas que vayan con vos en la dicha armada por nuestros factores, contadores o escribanos, como Nos quisiéremos, para que tengan cuenta y razón de la gente y mercaderías nuestras que en ella llevaréis, y tomen y reciban todo lo que de ello resultare.

FERNANDO DE MAGALLANES

FERNANDO DE MAGALLANES, el hombre
que consiguió el sueño de Colón:
llegar a Oriente navegando
siempre hacia Occidente.

Isla de Palawan
Puerto Princesa
I. Negros
Mar de Sulu
Zamboanaga
I. Basilán
Sandakan
Islas Sulu
Brunei
Bandar Sri Begawan
Bintulu
Sibu
Mar de Célebes
Borneo
Estrecho de Macassar
Palu
I. de Célebes
Kendari
Parepare
Macasar
Banjarmasin
Mar de Java
I. Madura
Mar de Flores
I. Sumbawa
I. Flores
I. Sumba
I. Sawu

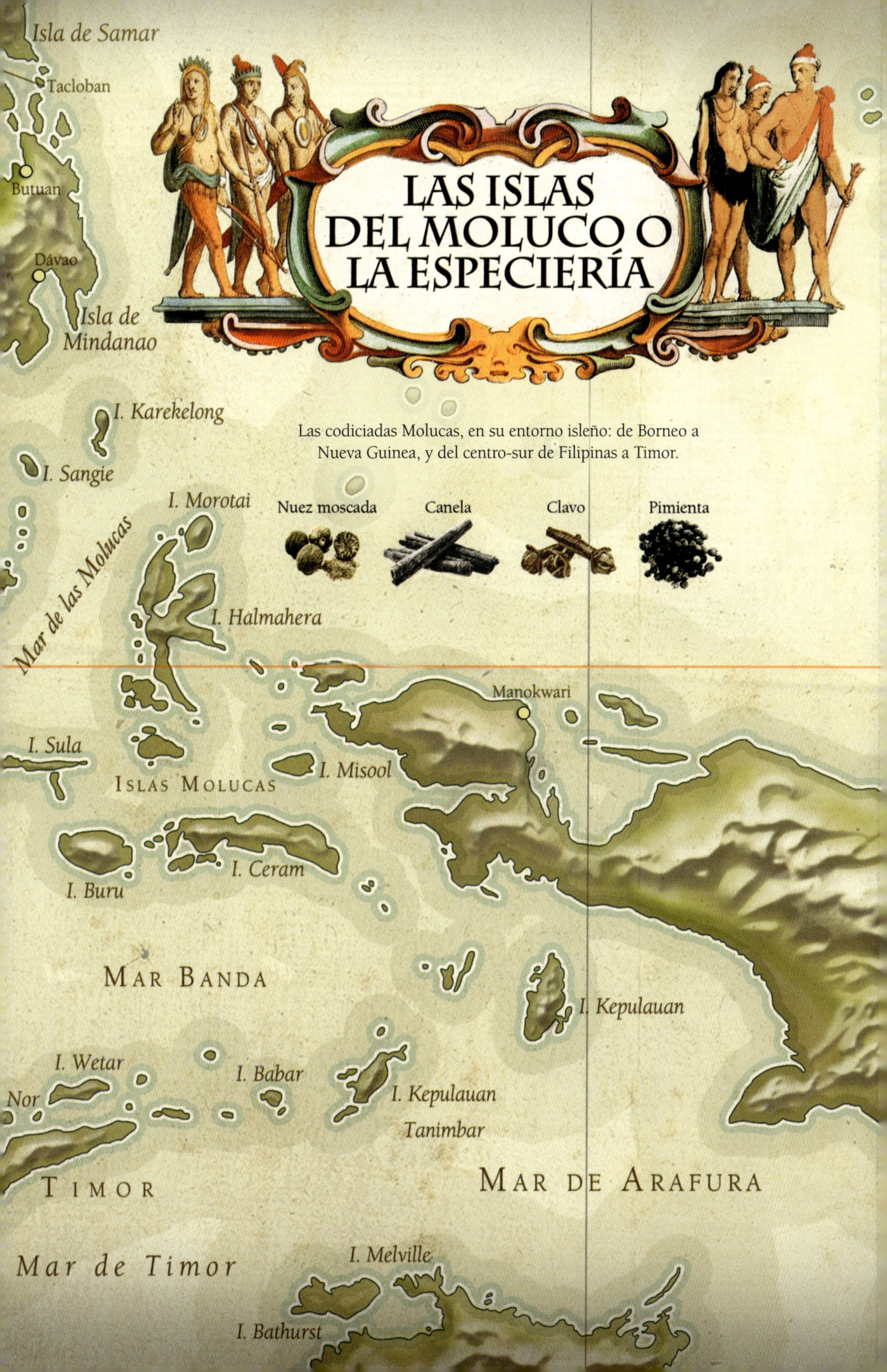

Las codiciadas Molucas, en su entorno isleño: de Borneo a Nueva Guinea, y del centro-sur de Filipinas a Timor.

J U A N   S E B A S T I Á N   E L C A N O

JUAN SEBASTIÁN DE ELCANO, el hombre que dio la primera y no planeada vuelta al mundo al mando de la nao *Victoria*.

—Habéis de tener mucho cuidado que en lo que hubiéreis de hacer en el dicho viaje, así en el regate y contratación de las mercaderías y cosas que en nuestro nombre se hubieren de hacer, se haga por las dichas personas que así nosotros nombraremos para ello, y no por vosotros ni por otra alguna *[persona]*, y por ante nuestro escribano de la dicha armada. Y que todo lo que hubiéreis de hacer que toque a nuestro servicio, lo hagáis tomando el parecer de las dichas personas, y con su acuerdo, y siendo todos juntos y conformes para ello, y sobre todo vos encomiendo la conformidad de entre vosotros.

—Otrosí, vos mando que todo lo que de la dicha armada nos perteneciere, así de rescate y contratación, como en otra cualquier manera, lo hagáis entregar luego libremente, por ante el escribano de la dicha armada, al nuestro tesorero o factor que en ella Nos enviaremos, conforme a nuestra instrucción que para ello llevare, para que él lo traiga a los nuestros oficiales de la Casa de la Contratación de las Indias de Sevilla.

Ítem, luego que con la ayuda de Nuestro Señor hubiéreis llegado a las dichas tierras e islas que así vais a descubrir, me hagáis saber vuestra llegada lo más presto que ser pueda, para que yo sepa como sois llegados en salvamiento, como yo espero en Su misericordia.

Hecha en Aranda de Duero, a *[en blanco]* de abril de (m)dxviii años. Yo el Rey. Por mandado del

Rey, Francisco de los Cobos. Y al pié están dos señales de firmas.

Lo transliteró, comentó y compuso Cristóbal Bernal (16-X-2014)

La transliteración del documento archivado con el Código de Referencia ES.41091.AGI/10.1.9//CONTRATACION,5090,L.4, (fragmentos)es la siguiente: Sevilla 2019-2022 / Documentos para el quinto centenario de la primera vuelta al mundo LA HUELLA ARCHIVADA DEL VIAJE Y SUS PROTAGONISTAS (Transliteración por Cristóbal Bernal)

FERNANDO DE MAGALLANES
CAPITAN DE LA EXPEDICION
ZARPO DE SANLUCAR DE BARRAMEDA
EL 20 DE SEPTIEMBRE DE 1519
PRIMUS
EL EXCMO. AYUNTAMIENTO, EL CIRCULO DE
BATO, TRES INSTITUCIONES DE ESTA CIUDAD,
DE EXCEPCION, QUE CONSIGUIERON LA GLORIA PARA
FINALIZARON CON EXITO LA GESTA DE CONSEGUIR
SANLUCAR DE BARRAMEDA

JUAN SEBASTIAN ELCANO
CAPITAN DE LA EXPEDICION
REGRESO A SANLUCAR DE BARRAMEDA
EL 6 DE SEPTIEMBRE DE 1522
NOS Y LA FUNDACION EDUARDO DOMINGUEZ LO
N EL FIN DE CONMEMORAR A ESTOS DOS MARINOS
CIUDAD, AL SER LOS PRIMEROS QUE INICIARON Y
A PRIMERA VUELTA AL MUNDO.
DE SEPTIEMBRE DE 2010
M. Gallego

Apéndice II
La curación del escorbuto, una atribución discutible

Con frecuencia se dice que la Historia la escriben los vencedores, y ello es muy cierto en ocasiones. Solo con un esfuerzo de investigación imparcial, y con un espíritu crítico, se pueden reconstruir, matizar o completar versiones que suelen ser interesadas.

Es comúnmente aceptado que la cura del escorbuto se debe al médico escocés James Lind (Edimburgo 4-X-1716-Gosport 13-VII-1794), que se encontraba destinado como cirujano naval (un grado inferior al verdadero médico en la época) en el HMS *Salisbury* en 1747, que patrullaba el Canal de la Mancha.

Al observar que, tras semanas de navegación sin entrar en puerto los marineros enfermaban de escorbuto, decidió hacer una prueba: seleccionó a los doce afectados y por parejas les suministró tratamientos distintos para averiguar cual de ellos era eficaz. A una pareja les dio vinagre, y sucesivamente, agua de mar, sidra, un purgativo de la época, nada menos que ácido sulfúrico muy diluido en agua, y naranjas y limones. Por supuesto, los únicos que sanaron fueron los últimos, aunque nos preguntamos que sucedió con algunos de los otros, sometidos a tratamientos que eran más auténticos venenos que medicinas.

Con los resultados de la primera encuesta médica de la Historia, según se afirma, redactó un tratado sobre el escorbuto, *A treatise of the scurvy*, publicado en 1753, en que se refería a la enfermedad y a su tratamiento. Pero no parece que acertara mucho en las causas de ella, pues la achacaba a razones tales como una dieta inadecuada, (aunque por causas distintas a las sabidas) el aire enrarecido y el confinamiento en los buques. Además, tropezó con la dificultad de conservar las frutas a bordo, incluso ya convertidas en zumo para su mejor conservación y envase a bordo. La única solución que se le ocurrió fue hervir los envases con el zumo «al baño maría», con lo que la vitamina C desaparecía o quedaba muy reducida.

Por todo ello, no se le hizo demasiado caso, y por su parte, al año siguiente dejó la *Royal Navy* y realizó su tesis doctoral sobre las enfermedades venéreas, lo que demuestra que ni el mismo estaba muy seguro de aquellos resultados. Actualmente se duda incluso de que realizara el mencionado experimento.

El tratamiento quedó en el olvido o poco menos, utilizando por entonces en la Royal Navy, a instancias del navegante Cook, otras presuntas soluciones como dar a los marineros coles, y malta o cebada fermentadas.

Pero uno de los discípulos de Lind, Gilbert Blane, observó que añadiendo un poco de alcohol destilado (ron o ginebra) el zumo conservaba sus propiedades, y tras dura batalla, consiguió que el Almirantazgo aprobara como obligatoria en todos los buques, la distribución diaria de 21 centímetros cúbicos de zumo de naranja o limón en 1795. Y como las naranjas y limones resultaban de precio prohibitivo en el Reino Unido y sus posesiones, se les reemplazó por limas, criadas en algunas colonias de ultramar, dando así origen al apelativo de «limeys» para los marinos ingleses.

Hasta aquí la historia oficial, comúnmente sabida, con algunas referencias a descubrimientos análogos muy anteriores, entre los cuales brilla por su ausencia de modo muy sospechoso cualquier referencia a aportaciones españolas sobre el particular.

La cuestión hubiera seguido así de no ser por un curioso artículo publicado en 1980 de un gran epidemiólogo de fama mundial, Don Julián de Zulueta y Cebrián, aparecido en el número de agosto de ese año en la *Revista General de Marina*, páginas 156 y siguientes.

En el artículo se refiere que, en el curso de sus investigaciones sobre enfermedades de épocas pasadas en navegaciones y colonizaciones, encontró en el Archivo de Indias de Sevilla la sensacional noticia de que el tratamiento con naranjas y limones era habitual a principios del siglo XVII tanto en el Galeón de Manila como en las flotas españolas que allí operaban. En concreto cita que en la flota al mando de Don Francisco de Tejada de 1617-18 se embarcaron nada menos que 44 fresqueras de «agrios de limón», cinco barriles de dicho «agrio» y una cantidad indeterminada (la cifra está ilegible en el documento) de «jarabe de limón». Y todo señala que tal práctica era normal, y desde hacía mucho, en los buques españoles que surcaban la Mar del Sur.

TRATADO BREVE
DE MEDICINA
Y DE TODAS LAS ENFERMEDA-
des, hecho por el Padre Fray Auguſtin Far-
fan, Doctor en Medicina, y Religioſo indigno de
la Orden de ſan Auguſtin, en la Nueua Eſ-
paña. Agora nueuamente añadido.
DIRIGIDO A DON LUYS DE VELASCO CAVA-
llero del habito de Santiago, y Virrey deſta Nueua España.
CON PRIVILEGIO.
En Mexico, en la Emprenta de Geronymo Balli.
Por Cornelio Adriano Ceſar.
Año de M. DC. X.

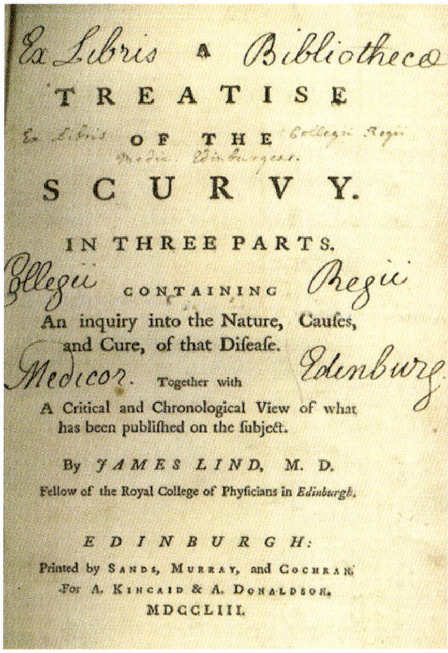
A
TREATISE
OF THE
SCURVY.
IN THREE PARTS.
CONTAINING
An inquiry into the Nature, Cauſes, and Cure, of that Diſeaſe.
Together with
A Critical and Chronological View of what has been publiſhed on the ſubject.
By JAMES LIND, M. D.
Fellow of the Royal College of Phyſicians in Edinburgh.
EDINBURGH:
Printed by SANDS, MURRAY, and COCHRAN.
For A. KINCAID & A. DONALDSON.
MDCCLIII.

Muchos años entre la publicación de Pedro García Farfán y James Lind.

El autor reclamaba alguna investigación sobre el sorprendente descubrimiento, que él no pudo realizar personalmente y que no ha parecido interesar a nadie, dándose generalmente por buena la versión acuñada.

Buscando por nuestra parte algún antecedente a tan importante noticia, nos encontramos con el hecho de que, efectivamente, el remedio no era en absoluto desconocido. Y hasta había merecido aparecer en la literatura médica.

Pedro García Farfán nació en Sevilla en torno a 1532, muriendo en Ciudad de México en 1604. Estudió Medicina en las universidades de Salamanca y Sevilla, donde concluyó sus estudios en 1552, pasando cinco años después a la

Nueva España (actual México) donde ejerció su profesión en Puebla, Oaxaca y la misma capital, doctorándose en Medicina en dicha universidad en 1567.

Dos años después falleció su esposa, lo que le hizo entrar en la Orden de los Agustinos con el nombre de fray Agustín Farfán. Y es de señalar que se trata de la misma orden que abrazó Urdaneta, pocos años después de su decisivo «tornaviaje» y que tal orden desempeñó un crucial papel en el conocimiento del Pacífico Español y de Extremo Oriente, como prueba aún hoy su Museo de Valladolid.

Pues bien, gracias a una oportuna dispensa, fray Agustín Farfán siguió ejerciendo la Medicina, y en 1579 publicó su *Tratado breve de anatomía y cirugía...de algunas enfermedades que más suele haber en esta Nueva España* donde se recomienda el uso de naranjas y limones para el tratamiento del escorbuto. Y la obra tuvo un gran éxito, prueba de su interés, pues fue reeditada (siempre en México) en 1592 y 1610, incluso tras su muerte. Seguramente el agustino no realizó por sí mismo el descubrimiento, pero recogió noticias que le llegaban desde Acapulco, base de partida y llegada del Galeón de Manila.

Y lo decisivo del caso es que la obra fue patrocinada para su publicación por el hijo y homónimo del mismo virrey de la Nueva España, Luis de Velasco, quien ideó y apoyó el viaje de Legazpi y Urdaneta, como requisito indispensable para la navegación regular entre Filipinas y América, ruta en la que un remedio contra el escorbuto era muy necesario por su larga duración.

Lo que requiere alguna explicación es que tal conocimiento se hubiera perdido, o al menos muy diluido, como para que Lind y Blane se pudieran hacer con la primicia más de dos siglos después.

Aunque y por supuesto, ni los españoles del siglo XVI ni los británicos del XVIII sabían porqué los cítricos curaban el escorbuto, la experiencia avalaba claramente el tratamiento.

El problema era otro: ¿cómo conservar durante una larga travesía a bordo las frutas sin que se pudrieran o su zumo en las condiciones de a bordo de entonces?

Como demuestra el artículo de Zulueta, los españoles lo intentaron envasando sin aire el zumo, los llamados «agrios», o calentándolo a baño maría, con lo que hacían el mencionado «jarabe», pero y aunque tales remedios evitaban se estropease el zumo (caso del jarabe) o lo retrasaban un tanto (envasando el zumo sin aire), sucedía que o bien perdía la vitamina C (jarabe) o se pudría en las largas travesías (envasado sin aire), con lo que el problema persistía.

Pero lo cierto es que aquello funcionaba, retrasando o paliando la aparición de la enfermedad, con lo que sin duda se salvaron muchas vidas o se evitaron penosas secuelas. De no ser por ello resulta inexplicable que se tomaran tantas molestias.

Indudablemente estas limitaciones explican que el remedio fuera desacreditándose con el transcurso del tiempo, añadiéndose a la dificultad y carestía en muchos países europeos para obtener cítricos, y que se intentaran otras soluciones. Pero resulta muy sintomático que el mismo Lind no supiera dar respuesta al problema que ya se habían planteado dos siglos antes los españoles. Y que solo Blane, y creemos más por un afortunado azar que por reflexión alguna, pues las investigaciones de Louis Pasteur sobre los efectos de los microorganismos en líquidos son muy posteriores, hallara una solución práctica.

A menudo en la Historia de la Ciencia y la Técnica se ha hablado del fenómeno de la «Prisca Sapientia», o «sabiduría perdida», de descubrimientos notables realizados en épocas antiguas que, por una razón u otra se perdieron o pusieron en discusión después, pero que la Ciencia y Técnicas modernas han reivindicado. Y cabe señalar que la vitamina C y el mecanismo y consecuencias de su carencia solo se han entendido plenamente bien entrado el siglo XX.

Pero, y ya que se habla de primacía en un descubrimiento, por problemático e inseguro que resultara, bueno es establecerla con toda justicia, pues Lind, a quien se atribuye, no dio siquiera un paso más que los españoles de dos siglos antes. Y bien se puede sospechar que simplemente encontró algún tratado español antiguo y se apropió del remedio, pues no tiene demasiado sentido que abandonara tan crucial investigación y se dedicara a otra muy distinta, en la que tampoco parece que consiguiera grandes resultados.

Por supuesto, nos somos expertos en tan técnicas y complejas cuestiones, que nos hemos encontrado en el curso de investigaciones históricas, pero creemos oportuno y necesario, a la vista de los datos aducidos, llamar la atención de los que si lo son, para aclarar finalmente un asunto que ha permanecido demasiado tiempo en la penumbra.

Apéndice III
El testamento de Elcano

Son tan escasos los documentos que nos han llegado de Juan Sebastián Elcano, que consideramos de gran interés el reproducir su testamento, hecho en la mar y durante la navegación de la expedición de Loaysa que siguió a la de Magallanes y con la que se quería establecer de modo firme la posesión española de las Molucas. Es todo un testimonio sobre el personaje, sus bienes, creencias, posesiones y deseos y un fiel reflejo de la época.

Para su mejor comprensión para el lector actual, hemos modernizado un tanto el lenguaje y ortografía de la época, respetando en todo lo posible el estilo.

> «En la nao *Victoria* en el mar Pacífico, a un grado de la línea equinoccial (Ecuador), a veintiséis días del mes de julio, año del Señor mil quinientos veintiséis, en presencia mía, Íñigo Ortes de Perea, contador de la dicha nao capitana de Sus Majestades, él, Juan Sebastián Elcano, vecino de Guetaria, estando enfermo en la cama de su cuerpo, y sano de su juicio y entendimiento natural, tal cual plugo a Nuestro Señor darle, temiéndose la muerte, que es cosa natural, estando presentes los testigos infraescritos, presentó esta escritura cerrada y sellada, que dijo ser su testamento y última voluntad, el cual dijo que otorgaba y otorgó por su postrera y última voluntad, y mandaba y mandó que se guardase y cumpliese, y efectuase todo lo en él contenido, y cada cosa y cada parte de él. Testigos

Documentos sobre Juan Sebastián Elcano: testamento y otros instrumentos relativos a su familia. Archivo General de Indias,PATRONATO,38,R.1

que fueron presentes y le vieron firmar de su nombre: Martín García de Carquizano, Andrés de Gorostiaga, Martín de Uriarte, Joanes de Zabala, Hernando de Guevara, Andrés de Aleche y Andrés de Urdaneta, los cuales firmaron con su nombre junto con el dicho Juan Sebastián Elcano, dentro de dicho testamento y fuera.»

Testamento

«In Dei nomine amén. Sepan cuantos esta carta de testamento vieren, como yo, el capitán Juan Sebastián Elcano, vecino de la villa de Guetaria, estando enfermo de mi persona y sano de mi entendimiento y juicio natural, tal cual Dios Nuestro Señor me quiso dar, y sabiendo que la vida del hombre es mortal, y la muerte muy cierta, y la hora muy incierta, y que para ello cualquier católico cristiano ha de estar aparejado como fiel cristiano para cuando fuese la voluntad de Dios. Po rende, yo, creyendo firmemente todo lo que la Santa Iglesia cree, fiel y verdaderamente, ordeno y hago mi testamento y postrera voluntad en la forma siguiente:

«Primeramente mando mi ánima a Dios, que me la crió y me redimió con su preciosa sangre en la Santa Cruz, y ruego y suplico a su bendita madre, Señora Santa María, Nuestra Señora, que ella sea mi abogada delante de su precioso hijo, y que me quiera alcanzar perdón de mis pecados y me lleve a su gloria santa.»

«Item mando que se me hagan mis aniversarios y exequias en la dicha villa de Guetaria en la iglesia de San Salvador, según a persona de mi estado, y enterrado en la sepultura donde lo está mi señor padre y mis antepasados.»

«Item mando a las órdenes de redención para sacar cautivos seis ducados, que son tres Órdenes, a cada cual dos ducados, y con tanto los aparto de todos mis bienes, los cuales mando que sean pagados después que S.M. y sus tesoreros hubiesen pagado todo lo que me debe S.M., y hasta tanto no lo sea...»

«Item mando para la obra de la iglesia del Señor San Salvador de la dicha villa de Guetaria seis ducados de oro.»

«Item mando a la iglesia del Sr. San Martín (patrón de los navegantes

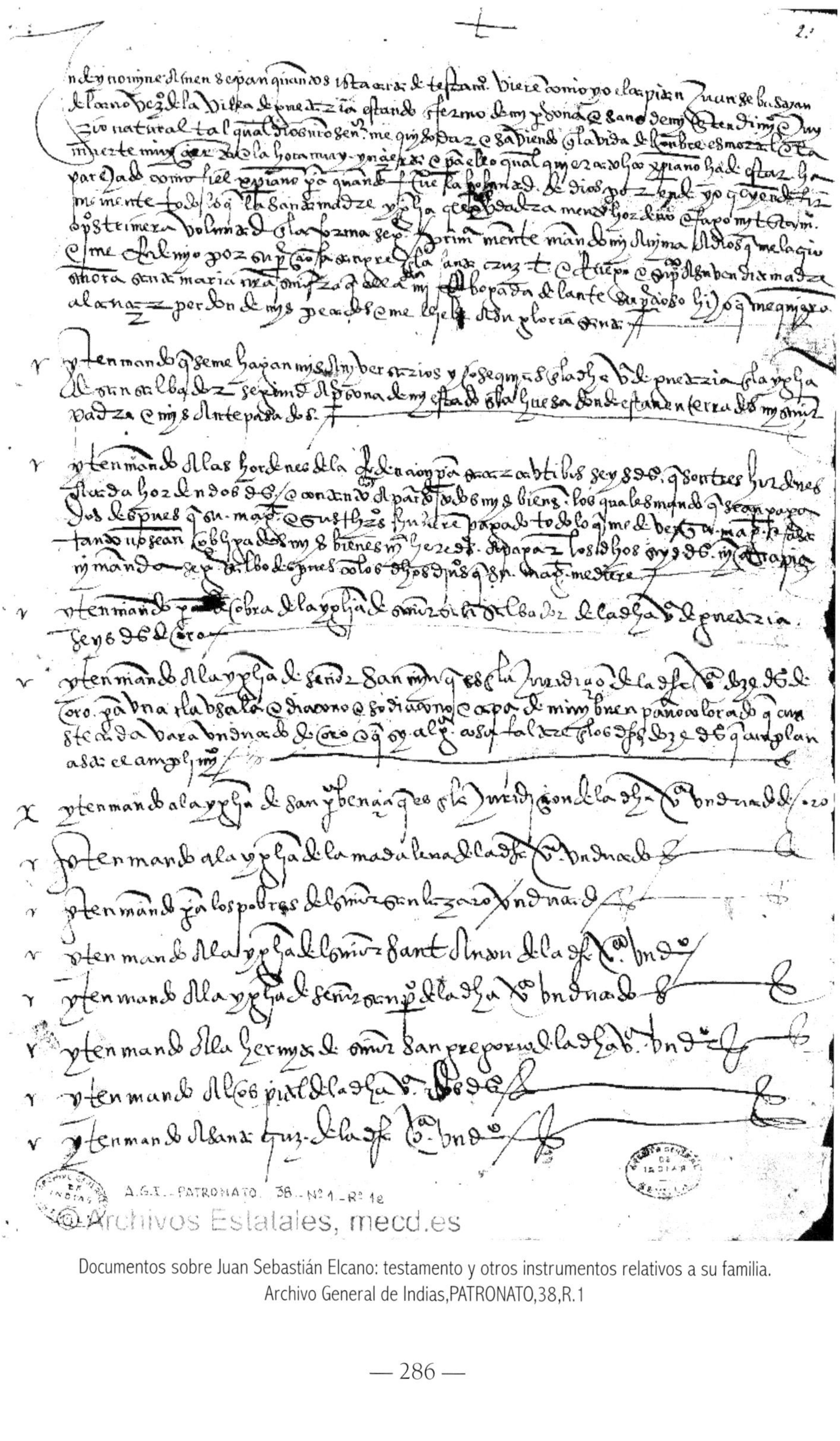

Documentos sobre Juan Sebastián Elcano: testamento y otros instrumentos relativos a su familia. Archivo General de Indias,PATRONATO,38,R.1

en la costa Cantábrica), que es en la jurisdicción de dicha villa, doce ducados de oro para una casulla de diácono y subdiácono y capa de buen paño colorado, que cueste cada vara un ducado de oro, y que si alguna otra faltare en los dichos doce ducados, que cumplan hasta el precio.

«Item mando a la iglesia de San Prudencio, que es en la jurisdicción de la dicha villa, un ducado de oro.»

«Item mando a la iglesia de la Magdalena de la dicha villa un ducado.»

«Item, mando para los pobres del Señor San Lázaro un ducado.»

«Item, mando a la iglesia del Señor San Antón un ducado.»

«Item, mando a la iglesia del Señor San Pedro de la dicha villa un ducado,»

«Item, mando a la ermita del Señor San Gregorio de la dicha villa un ducado.»

«Item, mando al hospital de la dicha villa un ducado.»

«Item a Santa Cruz de dicha villa un ducado.»

«Item, mando a la iglesia de Nuestra Señora de Icíar cuarenta ducados de oro, para que hagan con ellos unos ornamentos, que a mis cabezaleros (albaceas) y testamentarios bien visto fuere, que cuesten los dichos cuarenta ducados.»

«Item, mando a Santa María de Guadalupe seis ducados de oro.»

«Item, mando a Nuestra Señora de Aránzazu un ducado de oro.»·

«Item, mando a Nuestra Señora de Irunirdunzu un ducado de oro.»

«Item, mando al monasterio de Sasiola diez ducados de oro.»

«Item, mando a Santa Engracia de Ayazua un ducado de oro.»

«Item, mando por cuanto tengo prometido de ir en romería a la Santa Verónica de Alicante, y porque yo no puedo cumplir, que se haga un romero y mando para el dicho romero seis ducados. Allende (además) de ello, mando que le sean dados al dicho romero veinticuatro ducados para que los de a la iglesia de la Santa Verónica y traiga fe del prior y los mayordomos que recibieron los dichos veinticuatro ducados.»

«Item, mando a San Pelayo de Zarauz un ducado.»

«Item, digo que yo concerté con el guardián y frailes del monasterio de San Francisco de La Coruña para que dijesen una misa de

Concepción cada día, y tuviesen cargo de rogar a Dios por mi ánima, y de todos cuantos en esta armada veníamos y por la dicha armada hasta tanto que yo volviese a España, y para ello hizo una obligación de sesenta ducados por ante Cristóbal de Polo, escribano de número de dicha ciudad, para les pagar cuando la dicha armada volviese a la dicha ciudad de La Coruña, mando que sean pagados a dicho guardián y monasterio y frailes.»

«Item, mando a la iglesia del Señor Santiago de Galicia seis ducados.»

«Item, mando que se den a treinta pobres de la jurisdicción de la dicha villa de Guetaria a los más necesitados, sendas sayas de cordelate blanco, que a mis cabezaleros pareciese.»

«Item, mando que se digan por mi ánima y por la de mi padre y por quien yo soy encargo, en la dicha iglesia de San Salvador, una misa anual, la cual mando que la diga Don Lorenzo de Sorazabal, y otra misa anual mando que se diga en la Magdalena de la dicha villa, y la dicha misa diga mi hermano Don Domingo, y otra misa anual sea dicha en la iglesia de San Sebastián y la diga Don Domingo Gainza, mi sobrino, y mando que sean pagados de su capitanía lo acostumbrado en la dicha villa.»

«Todas las mandas susodichas que sean pagadas de los dineros que S.M. me debe, y hasta tanto los otros mis bienes no sean obligados a pagar ni cumplir ninguna de las dichas mandas, y que los comisarios de la Santa Cruzada de los dichos seis ducados de la dicha redención no puedan pedir, ni ningún mayordomo ni tesorero, ni oficial de otra las dichas iglesias, ni otra tercera persona alguna de las dichas mandas.»

«Item, mando a María Hernández de Hernialde, madre de Domingo de Elcano, mi hijo, cien ducados de oro, por cuando siendo moza virgen hube, y mando que le sean pagados los cien ducados dentro de dos años después que este mi testamento fuera en España.»

«Item, mando que la hija que yo tengo en Valladolid de María de Vidaurreta, que si fuera viva, que en cumpliendo cuatro años lleven a la dicha villa de Guetaria, y la sostengan hasta que venga a la edad de casarse, y después le sean cumplidos cuatrocientos ducados de oro, a su arreo y ajuar y vestido conforme la dote, con tal condición y pacto que ella sea casada con consentimiento y por mano de mi testamentarios y cabezaleros y de mi heredero, y si se casase sin licencia de ellos, que no le den blanca ni cornado, y desde ahora hago la desheredación como si entonces fuere vivo. Así mismo, que si por ventura antes de casar la dicha mi hija falleciese de esta presente vida, en tal caso no le mando nada, antes digo que los dichos cuatrocientos ducados y el arreo y vestidos dejo a mi heredero, asimismo después de casada, si muriese ella sin hijos, y puesto caso que haya, si los tales sus hijos murieren sin llegar a perfecta edad, en tal caso mando que la dicha su dote haya mi heredero o herederos que fueren.»

«Item, mando a la dicha María de Vidaurreta, madre de la dicha mi hija, por la crianza de ella y por descargo de mi conciencia, cuarenta ducados, los cuales mando que le sena pagados dentro de un año después que este mi testamento fuere en España.»

«Item, mando a Isabel del Puerto, mi prima, una saya de cuatro ducados.»

«Item, mando a mi sobrino, hijo de Sebastián de Elcano, mi hermano, veinte ducados, digo a Martín.»

«Item, mando a Domingo de Elcano, mi sobrino, hijo del dicho Sebastián, otros veinte ducados.»

«Y para cumplir y pagar las mandas susodichas nombro y declaro por mis bienes, mil y setecientos y cincuenta ducados que S. M. me debe en la casa de la Contratación de la Especiería; y para los dichos mil setecientos y cincuenta ducados S. M. me los dio con el armazón (preparación y alistamiento) de esta armada, cien mil maravedíes; de los cuales cien mil maravedíes de la dicha armazón para cierta necesidad que tuve me pagó cincuenta mil maravedíes Cristóbal de Haro, los cuales cincuenta mil maravedíes están en su cabeza de Cristóbal de Haro y á su cargo, y más otros once ó doce mil maravedíes que me los dio, y a la cantidad de ellos me refiero a una cédula que le hice al dicho Cristóbal de Haro, los cuales dichos once ó doce mil maravedíes están en cabeza de Cristóbal de Haro, en la forma é manera de los dichos cincuenta mil maravedíes.»

«Y más declaro por mis bienes los dichos cincuenta mil maravedíes en el armazón los cuales se han de recibir con la ganancia ó pérdida, según que fuere pagado conforme a los otros armadores; de estos cincuenta mil maravedís se han de sacar los dichos once o doce mil maravedíes de la dicha cédula de Cristóbal de Haro; de manera que, teniendo en la dicha armazón en la forma susodicha, los dichos cien mil maravedíes, S. M. me queda a deber para los dichos mil y setecientos y cincuenta ducados en fin de este presente mes de Julio de 1526 años, de mi acostamiento mil y cuatrocientos y ochenta y cuatro ducados.»

«Item más, declaro por mis bienes los mil ducados que S. M. me da de mi salario de la Capitanía, y para ellos he recibido de S. M. y de Cristóbal de Haro en su nombre cincuenta mil maravedíes en dinero, y otros cincuenta mil maravedíes en el armazón.»

«Item más, declaro por mis bienes ochocientas hachas poco más o menos.»

«Item más, nueve quintales de hierro poco más o menos que son setenta y nueve cubos. de este hierro se ha de dar un quintal á Luzón y otro quintal a Benavides.»

«Item más, declaro las mercaderías siguientes a medias con Diego de Cobarrubias Engliassa, los cuales están en una caja: Primeramente siete piezas de nabal grueso. Nueve piezas de nabal fino. Dos piezas de holanda, fino número 4. Tres piezas de media holanda á largo. Una pieza de manteles de ocho cuarteles. Cincuenta y una bacinejas, grandes é pequeñas. Cien mazos de matamundo. Cien mazos de abalorios. Cien libras de crispalino azul de lo común. Una pieza de angeos de veintisiete anas. Todo esto monta cincuenta mil novecientos setenta y dos maravedíes. «Más en la dicha caja cien piezas de bacinejas, que pesaron ciento. Más cincuenta manillas, que pesaron veinte y cinco libras. Treinta y nueve platos, que pesaron ciento veinte y cuatro libras. Más veinte aguamaniles. Más cincuenta saleros. Más cien libras de crispalino común. Una resma de papel. Doscientos mazos de matamundo y abalorio. Seis libras de margaritas. Cien docenas de cascabeles medianos é cincuenta de los pequeños. Veinte declas de cuchillos. Más otras seis docenas. Cuatro docenas de tijeras. Doce madejas de hilo de manicordio.

«Diez é ocho sombreros vedejudos. Una pieza de angeos que tiene veinte é siete anas, que son á razon de ciento cuarenta é dos el ciento, treinta y ocho varas é cuarto. Siete piezas de nabal de lo más basto, que tenían doce anas, catorce anas, trece anas, catorce anas, diez anas, doce anas,(respectivamente) que son ochenta y seis anas; a razón de 142 el ciento son ciento y noventa é dos varas. Nueve piezas de nabal fino, que tenian catorce anas, diez y seis anas y cuarto, trece anas, once anas, doce anas, diez anas tres cuartos, trece anas y media, trece anas, trece anas, que son ciento veinte y seis anas dos cuartos a razón de 170 el ciento son ciento noventa é ocho varas.»

«Dos piezas holandas bajas, que tenían cuarenta anas, cuarenta é cinco anas; son ochenta y cinco anas; a razón de 82 el ciento son sesenta y nueve varas. Tres piezas de holanda á largo que tenían treinta y seis anas, cuarenta y tres anas y media; treinta y siete anas; son ciento diez y seis anas y media; a razón de ochenta é dos el ciento, son noventa y cinco y media. Una pieza de manteles de ocho cuarteles que tienen cuarenta y tres anas, á razon de ochenta y dos el ciento, que son treinta y cinco varas, de manera que estas mercaderías susodichas tenemos á medias Diego de Covarrubias y yo, a saber telas anchas, y el resto son mías las siguientes también mías sin parte de ninguna persona.»

«Más diez piezas de bretaña con una camisa que fueron del fardel que teníamos Diego Covarrubias y yo, que partimos á medias, y sus cabezaleros recibieron lo suyo, en que son trescientas y cincuenta y dos varas y dos tercios, las cuales están en la caja de las ropas de vestir. Más ocho docenas de archileos, que tiene Martín Pérez. Item más, una caja y dentro de ella lo siguiente, todo mio, sin Veinte sartas de abalorios amarillos. Item, veintitrés sartas de margaritas mayores. Item más, diez y nueve sartas de margaritas menores. Cinco sarticos de matamundo amarillos. Nueve sarticos de abalorios pequeños. Una caja de antojos, Nueve varas tres cuartas de cordelate colorado en un pedazo. Otro pedazo de cordelate colorado, dos varas y tres cuartos.»

«Seis varas dos tercios de frisa amarilla. Item más, un fardel que tiene dentro lo siguiente: Un pedazo de paño amarillo fino, de cuatro varas dos tercios. Otro pedazo de paño colorado fino, de seis varas menos una cuarta. Otro pedazo de cordelate amarillo, ocho varas. Otro pedazo de paño colorado fino, de diez y siete varas una cuarta. Más otro fardel y dentro de él lo siguiente: Una pieza de media holanda, treinta y un varas. Otra pieza de media holanda de treinta y dos varas y media. Otra pieza de media holanda de treinta varas dos tercios. Item más un jarro de plata, que pesa dos marcos y medio pasados. Otro tazon que pesa dos marcos pasados. Otro tazon que pesa un marco y medio. Tres cucharas de plata que pesa cada una 12 reales. Item mis, cuarenta sombreros vedejudos, los cuales sombreros están en la caja de la mercadería que son míos propios los dichos sombreros. Más dos anillos de oro con sus piedras. Más uno de á cuatro ducados.»

Ropas de vestir.

«Una capa aguadera traida, de grana. Una chamara verde de paño. Una chamarra de chamelote leonado. Una chamarra de paño verde oscuro fino. Un sayo de raso todo aforrado. Un sayo añileto, su cuerpo de terciopelo plateado aforrado. Un sayo de Valencia negro, forjado de terciopelo, traido. Un sayo morado, viejo. Un jubón de tafetán doble. Un jubón de terciopelo plateado, traido. Un jubón de terciopelo negro, traido. Un jubón de terciopelo leonado y cubierto. Un jubón de raso colorado, cubierto de tafetan acuchillado, y traido. Un jubón de cañamazo acuchillado, traido. Un jubón de cotolina blanco, traido. Una cuera de paño verde oscuro, traido y aforrado. Una jaqueta de paño colorado. Unas calzas de grana con fajas de brocado, traidas. Otras calzas negras, traidas. Otras calzas nuevas blancas. Otras calzas negras, traidas. Otras calzas argentinas, traidas. Otras calzas de paño plateado, traidas. Unos calzones colorados, traidos. Unas medias calzas coloradas, traidas. Dos pares de medias calzas coloradas. Un bonetillo colorado de grana, nuevo. Un sacote colorado, traido. Un papahigo de terciopelo negro, traido. Paño plateado para unas calzas. Unas medias calzas negras viejas. Dos gorras de grana colorada é una negra. Una escofia de oro é de seda. Unos zaragüelles de sarga verde. Un chapeo francés con tafetán plateado. Dos bonetillos colorados de grana, viejos. Un pedazo de paño colorado fino. Dos colchones. Una manta frazada blanca. Una esclavina. Dos almohadas. Siete sábanas. Una chamarra encarnada. Diez y nueve camisas. Tres cobertores de almohadas.»

«Tres ollas de cobre, una con su cobertor. Un puchero de estaño. Ocho platos de estaño. Dos pares de trébedes de fierro. Tres sartenes de fierro, y tres asadores é tres parrillas de fierro. Item más, dos espadas. Un esfera roma del mundo. Un libro llamado almanaque, en latín. En cuanto a las deudas y recibos mios digo que yo no debo á persona alguna que supiese: más de cuanto si alguna persona de crédito pareciese a pedir alguna cosa que tuviese de recibir en mi, que sea creído bajo su juramento hasta un ducado, y sea pagado de mis bienes á tal persona, o personas de calidad; y en cuanto á los recibos suyos que me refería a las escrituras y cédulas que tengo, que mando que sean recibidas.»

«Item más, otro libro de astrología (astronomía), y si toparen a Andres de San Martin que se lo dén los dos libros al dicho Andres de San Martin. Item, mando que se den al dicho Andrés de San Martin tres varas de paño colorado de Lóndres para una chamarra. De todos los bienes que están en esta nao, las mercaderías que están en esta nao, mando que mis cabezaleros é testamentarios, de yuso declarados é nombrados, vendan en esta manera; las mercaderías y cosas de rescate por rescate en las Indias, como y de la manera que se vendieron los otros rescates de hombre de mi calidad.»

«Item más, mando de las ropas de vestir que se haga lo siguiente: Item, mando el jubón de tafetán plateado que se le dé a Andrés de Urdaneta. Item, mando a Hernando de Guevara el jubón de carmesí, cubierto de tafetán acuchillado. Item, mando a Estéban tres pares de calzas, tomando Martin Perez las mejores que él quisiere, tres pares y más la cuera de paño verde oscuro, y el jubón de catoniné, la jaqueta colorada, y la almejia colorada. Todos los otros vestidos si topare Martín Pérez con sus hermanos, los cuatro que los repartan como hermanos, sin diferencia ninguna, y si no se toparen aquí en las Indias, que los tenga el dicho Martin Perez para sí, y digo que con Guevara son los cuatro. Item, digo que él tenia recibidos cuatro ducados y medio de Juan de Iraeta, marinero del patache que fue en San Gabriel, y dos ducados de Juan Ortiz de Vilaósola: mando que al dicho Juan de Iraeta se le paguen los dichos cuatro ducados y medio de mis rescates al precio que costaban en La Coruña, y al dicho Juan Ortiz los dichos dos ducados en la misma manera en rescates: é si no se fallaren ellos en la India mando que sean cargados en el amazon, con los otros míos, é se le paguen como pagaren a mí en La Coruña. Item más, mando que la jarra, y los dos tazones y las tres cucharas se vendan á rescate, como las otras mercaderías. Item, mando á Martín Perez, mi hermano, que le den de mis rescates todo lo que hubiere de rescatar, como piloto, en todas las partes que llegaren así donde hay oro, perlas, piedras preciosas, seda, droguería, especia, como de otras cualesquiera cosas que se rescataren para que pueda rescatar sus quintaladas y caja de la manera susodicha. Item más, mando que de mis rescates les sean rescatados de especias sus quintaladas y caja a Andrés de Urdaneta y a Hernando de Guevara y a Estéban, mi sobrino. Item más, mando al dicho Estéban, mi sobrino, cuarenta ducados, los cuales mando que le paguen del primer oro o hacienda que para mí se rescatare, y ruego y suplico al Sr. Comendador que así lo quiera mandar y cumplir.»

«Item, mando que del trigo é de la harina que yo tengo aquí, que den una fanega de trigo y otra de harina, y del aceite una arroba a Andrés e Urdaneta y a Hernando de Guevara, y más de los pulpos, treinta y tres quesos. Item más, mando que den al capitán general un barril de quesos, que están diez quesos. Item más, mando que los otros quesos hayan el dicho Martin Perez y Esteban, y que coman con los que comen ahora en la mesa, y el trigo y el harina y los pulpos y congrio, lo mismo que coma con sus compañeros que tiene ahora. Digo que yo traje tres barricas de vino blanco y el uno de ellos recibió Montemayor para la despensa de su merced, el cual mandé á su merced, y el otro de los tres uno es de Martín Pérez y de D. Juan, y de Martín Ochoa. Mando a Martín Pérez que él tome lo suyo, y cumpla con sus compañeros, y la otra barrica mando á Martín Perez que lo beba. Item más; el vino que le dí á Diego de Covarrubias y se trajo, el cual recibió Montemayor, que le suplico á su merced, que lo reciba para sí, y mando que sea para él. Item más; mando que dén á Ayala, cordelate colorado con su forro para unas calzas que le debo. Item más; mando a maese Hernando, y al boticario, y al barbero que le den del aceite, cada media arroba a todos tres. Item más, mando que le dan á Torres el capellán que le den de la harina y del trigo media fanega, y media arroba de aceite y dos camisas.»

«Item, declaro que yo traía dos barriles de clavazón en la nao Sancti-Spiritus míos y de Francisco de Burgos a medias y a riesgo de los dos; y cuando se perdió la dicha nao, se escapó de la clavazón dos millares, y todo lo otro se perdió. Mando que se rescate éyque le acudan con su mitad a Francisco de Burgos. ltem, mando todas las otras cosas de comer y el vino y aceite que Martín Pérez que reparta con sus hermanos, si topare con ellos, y que los coma con sus compañeros. He cumplido y pagado todas las mandas y deudas susodichas, en lo remanente dejo por mi heredero único de todos mis bienes así muebles como raíces, y de todo lo que á mí me pertenece de cualquier causa y razón a Domingo del Cano, mi hijo y de María Hernández de Hernialde con esta condición y pacto, que mi señora (madre) D.ª Catalina del Puerto sea señora y usufructuaria de todos mis bienes en su vida, y que los reciba todos los dichos mis bienes habidos y por haber, por inventario y. que goce del usufructo de ellos en toda su vida, o antes hasta que fuese la voluntad de ella, y después de sus días deje los dichos bienes al dicho Domingo, mi heredero. Y si por ventura la voluntad de Dios fuere que el dicho Domingo fallezca de esta presente vida en vida de la dicha mi señora madre, en tal caso que el dicho Domingo ni su madre ni pariente cercano de él tenga derecho ni acción de él, antes dejo por mi heredero universal de todos mis bienes a la dicha mi señora madre, para que como madre legítima pueda heredar y disponer de toda la hacienda, como á ella bien visto fuere. Y por cuanto todos los bienes míos son bienes castrenses y ganados en servicio de S. M.

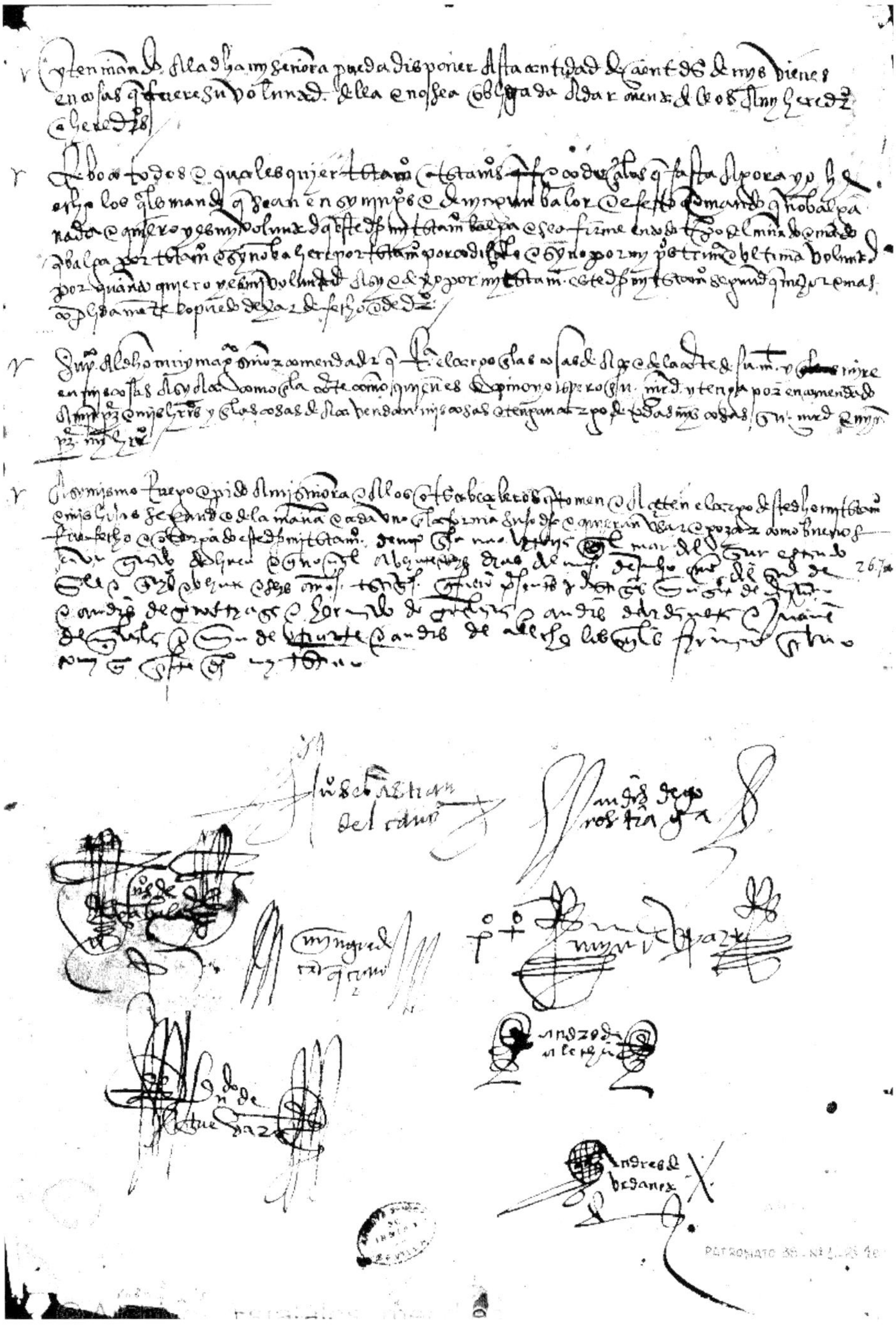

Documentos sobre Juan Sebastián Elcano: testamento y otros instrumentos relativos a su familia. Archivo General de Indias,PATRONATO,38,R.1

y mercedes de S. M. y puedo disponer de ellos como mi voluntad fuere, digo que la donación que hago á mi madre en falta de mi hijo, que hago con esta condición y poder que doy a ella, que ella pueda heredar y tomar por heredera de todos mis bienes a la dicha mi hija, si viva fuere, con las condiciones y pactos que ella quisiere, sin que para ello tenga acción ni derecho alguno ninguno de sus hijos de mi señora, y suplico y pido a la dicha mi señora, que siendo la dicha mi hija obediente a ella y siendo cual debe de ser semejante persona, que en tal caso en falta de mi hijo, que lo tome a dicha mi hija por mi heredera, y para ello doy todo mi poder bastante según y de la manera que mejor y más cumplidamente lo puedo dar. Así mismo, si por ventura mi señora madre muriese sin que el dicho mi hijo se casare, o hubiere hijos, y después de muerto ella, si el dicho mi hijo muriese sin haber herederos, en tal caso dejo por mi heredera universal á la dicha mi hija, siendo obediente á mis cabezaleros é testamentarios, y casándose por mano de ellos. Y si muriere ella sin haber hijos, dejo por mi heredero universal á Martin Pérez del Cano, mi hermano. Y para cumplir, y mandar pagar é efectuar todas las mandas susodichas, dejo por mis testamentarios y cabezaleros y administradores y ejecutores de las personas de mi hijo e hija y de mis bienes, al muy magnífico señor comendador Loaisa capitán general de esta armada de S. M. y a la dicha mi señora Doña Catalina del Puerto y al dicho Martín Pérez del Cano, y a D. Rodrigo de Gaínza mi sobrino y a Santiago de Guevara, mi cuñado, y al maestre Martín de Urquiola, y a Domingo Martínez de Gorostiaga, y a cada uno de ellos in solidum y juntamente; y especialmente a la gobernación de los dichos mi hijo e hija, dejo a mi señora y a mi hermano D. Domingo y a Domingo Martínez de Gorostiaga para que la dicha mi señora, y mi hermano D. Domingo y Domingo Martinez de Gorostiaga y Rodrigo de Gainza, rni sobrino, administren sus personas y gobierno, y cuando fueren de edad los casen; y ruego y pido que como buenos administradores y gobernadores quieran mirar por ellos é por sus cosas: é para todo lo susodicho doy poder cumplido á todos los susodichos.»

«Item, mando á la dicha mi señora pueda disponer hasta cantidad de cien ducados de mis bienes en cosas que fueren su voluntad de ella, y no sea obligada a dar cuenta de ellos á mi heredero y herederos. Revoco todos o cualquier testamento, o testamentos y codicilos que hasta ahora yo he hecho, los cuales mando que sean en sí ningunos y de ningún valor y efecto y mando que no valgan nada, y quiero y es mi voluntad que este mi dicho testamento valga y ser firme en todo tiempo del mundo, y mando que valga por testamento, y si no valiere por testamento por codicilo, y si no por mi postrimera y última voluntad, por cuanto quiero y es mi voluntad así, y dejo por mi testamento este dicho mi testamento, segun que mejor y más cumplidamente lo puedo dejar de fecho y de derecho.»

«Suplico al dicho muy magnifico señor comendador que tenga el cargo de las cosas de acá, y de la corte de S. M., y mire en mis cosas así acá como en la corte, como quien es, y como yo espero en su merced, y tenga por encomendado a Martín Pérez, y mis hermanos, y en las cosas de acá vendan mis cosas y tengan cargo de todas mis cosas su merced y Martín Pérez mi hermano. Asimismo ruego y pido a mi señor y a los otros cabezaleros, que tornen y acaten el cargo de este dicho mi testamento, y mis hijos, según y de la manera y cada uno en la forma susodicha y quieran usar y gozar como buenos.»

«Fue hecho y otorgado este dicho mi testamento dentro de la nao Victoria, en el mar del Sur; estando a un grado de la línea equinoccial, a veinte y seis días del mes de Julio, año del señor de mil quinientos y veinte y seis años. Testigos que fueron presentes por testigos, Martín García de Carquizano, y Andrés de Gorostiaga, y Hernando de Guevara, y Andrés de Urdaneta, y Juanes de Zabala, y Martín de Uriarte y Andrés de Aleche, los cuales firmaron en uno conmigo en este dicho mi testamento.— *Siguen las firmas.*»

Bibliografía

ARGENSOLA, Bartolomé Leonardo de: *Conquista de las islas Malucas*, Miraguano Ediciones-Ediciones Polifemo, Biblioteca de Viajeros hispánicos, Madrid, 1992.

ARTECHE, José: *Elcano,* Espasa-Calpe, Madrid, 1942.

ARTECHE, José: *Urdaneta,* Espasa-Calpe, Madrid, 1943.

CERVERA PERY, José y ESTRADA GIMÉNEZ, Rafael: *Juan Sebastián de Elcano, Embajador y Navegante*, LUNWERG EDITORES, S.A., Barcelona, 2004.

DÍAZ DEL RÍO, Ángel Luis: *La V vuelta al mundo del buque-escuela Juan Sebastián de Elcano*, Ministerio de Defensa, Madrid, 2003.

DIAZ TRECHUELO, Lourdes: «El Tratado de Tordesillas y su proyección en el Pacifico», *Revista de Estudios del Pacifico*, nº 4, 1994, pp. 11-21.

FERNÁNDEZ ARMESTO, Felipe: *Colón,* Biblioteca ABC, protagonistas de la Historia, Madrid, 1991, prólogo de Hugh Thomas.

FERNÁNDEZ DE NAVARRETE, Martín: *Colección de los Viajes y Descubrimientos que hicieron por mar los españoles desde fines del siglo XV*, especialmente Tomos IV y V, Imprenta Nacional, Madrid, 1837.

FERNÁNDEZ DE OVIEDO, Gonzalo: *Historia general y natural de las Indias*, Biblioteca de Autores Españoles, Madrid, 1959, 117-120.

Fernández Duro, Cesáreo: *Armada Española, desde la unión de los reinos de Castilla y Aragón*, Editorial Naval, Madrid, 1973, especialmente tomos I y II.

Kelsey, Harry: *Sir Francis Drake. El pirata de la Reina*, Ariel, Barcelona, 2002.

Langdon, Robert: *The lost caravel*, Canberra, 1975 y 1988, sobre la debatida y polémica suerte de la «San Lesmes».

Núñez de la Fuente, José Manuel: *Diario de Magallanes. El hombre que lo vio y anduvo todo*, Ediciones Doce Calles, Aranjuez (Madrid) 2017.

Pedreño, José Maria: «Estudio Histórico-Jurídico de la Expedición de García Jofre de Loaisa a las islas Molucas. La venta de los derechos sobre dichas islas a Portugal por Carlos I de España», en *Anales de Derecho*, Universidad de Murcia, nº 21, pp. 217-237.

Pigafetta, Antonio: *Primer viaje alrededor del Globo (la crónica en vivo de la expedición Magallanes-Elcano, 1519-1522)*, Fundación CIVILITER, Sevilla, 2012.

Rodríguez González, Agustín Ramón: *En la estela de Colón. Carabelas y singladuras del Capitán Etayo,* (sobre textos de Carlos Etayo Elizondo) Editorial Actas, Madrid, 1998.

——, *Mitos desvelados: Drake y la «Invencible»*, Sekotia, Madrid, 2011.

——, *La campaña del Pacífico, España frente a Chile y Perú, (1862-1871)*, Ed. Real del Catorce, Madrid, 1999.

Villaamil Fernández-Cueto, Fernando: *Viaje de circunnavegación de la corbeta Nautilus,* Editorial Naval, Madrid, 1989, reedición de la original de 1895.

VV.AA. *El Pacífico español, de Magallanes a Malaspina*, Ministerio de Asuntos Exteriores, Comisión del V Centenario del Descubrimiento de América, Comisión del Bicentenario de Carlos III, Lunwerg Editores, Madrid, 1988. Carlos Martínez Shaw editor.

VV.AA. *El galeón de Manila. La ruta española que unió tres continentes.* Ministerio de Defensa, Imprenta del MINISDEF, Madrid, 2016. Pedro Giner Lara y Mariano Juan Ferragut editores.

VV.AA. CUADERNOS MONOGRÁFICOS DEL INSTITUTO DE HISTORIA Y CULTURA NAVAL. Armada Española, servicio de publicaciones.

Nº 35, *Juan de la Cosa,* Madrid, 2000.

Nº 39, *La Casa de Contratación de Sevilla, aproximación a un centenario (1503-2003)*, Madrid, 2001.

Nº 50, *V Centenario del fallecimiento de Cristóbal Colón*, Madrid, 2006.

Nº 53, *Vicente Yáñez Pinzón y la carabela San Benito*, Madrid, 2007.

Nº 58, *V Centenario del nacimiento de Andrés de Urdaneta*, Madrid, 2009.

Nº 66, *España en Filipinas*, Madrid, 2012.

Nº 67, *V Centenario del descubrimiento del Mar del Sur por Núñez de Balboa*, Madrid, 2013.

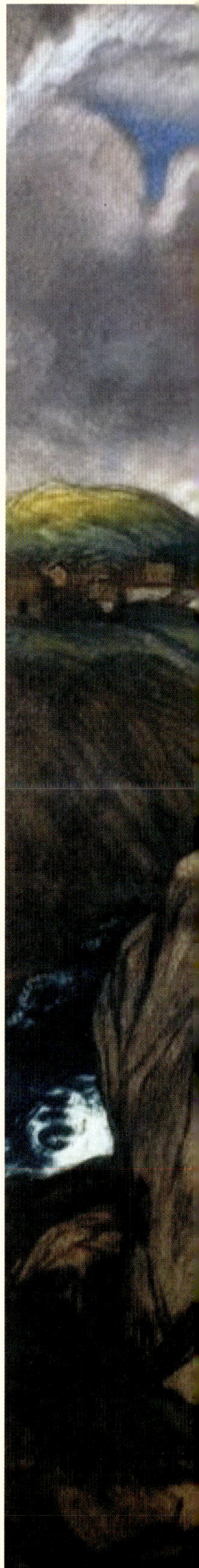

Ignacio Zuloaga: Retrato de Juan Sebastián Elcano,
Diputación Foral de Guipúzcoa (San Sebastián).